Die Umwelt ist kein Paradies

F. L. Boschke

Die Umwelt ist kein Paradies

Illusionen und Realität

Deutsche Verlags-Anstalt
Stuttgart

CIP-Kurztitelaufnahme der Deutschen Bibliothek

Boschke, Friedrich L.:
Die Umwelt ist kein Paradies : Illusionen u.
Realität / F. L. Boschke. –
Stuttgart : Deutsche Verlags-Anstalt, 1986.
ISBN 3–421–02743–9

Zeichnungen: Horst W. Auricht, Altenriet
Gesamtherstellung: Friedrich Pustet, Regensburg
Printed in Germany

Inhalt

Vorwort

Es ist kein Paradies, in dem wir leben. Tagtäglich ist unsere Existenz gefährdet. Umgeben von den Fluten der Ozeane leben wir zwischen Wüsten und Polareismassen, bedroht von Erdbeben, Hungersnöten, Krieg und Krankheiten. Doch wir haben uns damit abgefunden und uns in unserer Welt eingerichtet. Kein Wunder, daß wir nun ängstlich bemüht sind, unsere kleine »heile« Welt so zu bewahren. Erschreckend erkennen wir jedoch in diesen Jahren die unendlichen dunklen Tiefen unseres Kosmos und sehen mit Besorgnis, wie sich auch die uns nahe Umwelt verändert. Immer mehr Menschen kommen, leben mit uns, vergehen und lassen ihre Spuren zurück – Abfall. Im Verlaufe weniger Generationen werden schließlich sogar Gebäude, Industrieanlagen, ja selbst Straßen und Brücken zu »Abfall«, zu Strandgut der Kultur. Auch stellt jeder von uns Ansprüche an Lebensstil und Lebensqualität, wünscht sich Produkte, bei deren Herstellung Nebenprodukte anfallen, die eventuell sogar toxisch sind. Wie weit können wir uns solcherlei Luxus leisten, ohne Umweltschäden in Kauf zu nehmen? Diese Frage bewegt uns in wachsendem Maße. Wir wollen uns über unsere Situation klarwerden und fragen deshalb:

In welcher Welt leben wir?
Wo und wie bedroht uns die Natur?
Wo gefährden wir uns selbst durch Unfälle?
Wo verursachen wir Umweltschäden?
Werden wir die Erde unbewohnbar machen?

Diese Fragen alle zu beantworten, bedürfte es vieler gelehrter Bücher. Hier werden typische Beispiele untersucht. Das eigentliche Resultat ist bemerkenswert: Wir stehen, was die Erforschung unserer »Umwelt« angeht, erst am Anfang eines faszinierenden neuen Forschungsgebietes, das voller Überraschungen ist. Zwar haben wir vielerlei Naturforschung betrieben, doch über die Wechselwirkung Mensch–Umwelt gibt es noch viel zu lernen.

Selbstverständlich gibt es Unweltschäden, und mit ihnen wächst in uns die Angst, unser kleiner Planet Erde möchte auf Dauer Schaden leiden. Doch die Angst war immer ein schlechter Ratgeber. Wenn wir mit unserer Umwelt nicht allzu ungeschickt umgehen und uns mit unserem ärgsten Umweltfeind, der Natur selber, kraftvoll auseinandersetzen, dann können wir manche Sorgen hinter uns lassen. So leichtsinnig wir auch hier und dort mit unserer Umwelt umspringen mögen, noch reicht das menschliche Vermögen nicht aus, die Welt um uns zu ruinieren – sehen wir von der Atomenergie ab.

Es mag sein, daß wir uns mit unserer Existenz durchaus folgerichtig in das Naturgeschehen, in den Evolutionsablauf einpassen, selbst dann wenn wir »Böses« tun. Sehen wir uns also nun in unserer schönen neuen Umwelt etwas um.

Einleitung

Was wäre geworden, wenn ...? Das ist eine beliebte Frage unter Politikern und Generälen. Aber auch wir stellen sie uns gelegentlich, und so ist es gewiß verständlich, wenn auch ein bekannter Physiker sich einmal fragt: »Was wäre geworden, wenn – die Menschheit als erste Energiequelle die Atomenergie entdeckt hätte?« Der Forscher, der so fragte, war Otto Robert Frisch, ein Neffe von Lise Meitner; mit ihr hatte er 1939 die von Otto Hahn und Fritz Straßmann 1938 experimentell entdeckte Uranspaltung begreifbar gemacht. Er sah in der Frage zunächst nur ein witziges Kontra zur Diskussion der Gefahren der Kernenergieerzeugung. Aber was er 1954 veröffentlichte, ist inzwischen ein aktueller Beitrag zu unseren Umweltproblemen geworden.

1954 schien der Einfall Frischs eher skurril, niemand ahnte zu jener Zeit, daß ehedem auf der Erde wirklich atomare Feuer gebrannt haben; der Natur-Reaktor von Oklo/Gabun war noch nicht entdeckt. In seiner »Zukunftsschau« begründet Frisch die Notwendigkeit, sich mit der Kohlenenergie abzugeben, mit dem Wunsch, zusätzlich Energie zu gewinnen. Einige seiner Sätze: »An zahlreichen Stellen der Erde hat man kürzlich Kohlevorkommen entdeckt ... Die Möglichkeiten zur Energieerzeugung beruhen auf der Tatsache, daß Kohle verhältnismäßig leicht oxidiert werden kann ... und ungefähr 0,000 000 1 Megawatt je Tag und Gramm frei werden. – Ein Hauptvorteil ist der, daß die kritische Masse bei Kohle viel kleiner ist als bei irgendeinem anderen Spaltmaterial ...«

Und dann folgen die Überlegungen eines Kernenergiephysikers über die Möglichkeiten, Kohle zu nutzen, »Brennelemente« daraus zu formen, einen »Reaktionsbehälter« zu entwerfen und die Kohleverbrennung erst einmal zu »starten«.

Nun aber die Sorgen, wörtlich: »Die größten Gesundheitsschäden drohen von den gasförmigen Abfallprodukten. Sie enthalten nicht nur Kohlenmonoxid und das gleichfalls hochtoxische Schwefeldioxid, sondern auch eine Anzahl karzinogener (krebserregender) Verbindungen ... Sie einfach in die Luft abzulassen ist unmöglich. Man müßte sonst die Sicherheitszonen um den Reaktor (Kohlekraftwerk!) um mehrere Kilometer vergrößern ... In gewissen Intervallen, vielleicht sogar täglich, wird man auch die festen Abfallprodukte entfernen müssen ... Dieser Abfall wird dann im Meer versenkt werden können ...«

Was 1954 als guter Scherz gemeint war, ist heute für viele von uns eine Sorge geworden. Die Kernenergiewerke machen noch weithin Angst, und die Kohlekraftwerke werden exakt so als »Dreckschleudern« angesehen, wie Frisch sie spottend als »Zukunftsdrohung« ausmalte. Kaum eine Zeitung erscheint heute ohne Berichte über neue Umweltschäden, über »hoch«-toxische Abfälle, über die »Vernichtung« von Naturflächen.

Einen Augenblick sollten wir hier aufmerken: Ist das denn wirklich alles so neu? Ist das nicht alles bekannt, nur daß man es ehedem unter dem friedlich-moderaten Begriff »Naturschutz« diskutierte?

Haben wir nicht seit Generationen Naturschutz betrieben und uns dennoch über Fortschritte von Industrie und Wirtschaft, Forschung und Technik freuen können? Wo liegt die Grenze zwischen Sensationsberichterstattung und wirklicher Bedrohung? Was hat sich geändert?

1. Kapitel

Auf der Erde daheim

Ändert sich die Natur, unsere irdische Umwelt, denn überhaupt, und sind wir es, die Menschen, die die Umwelt ändern, schädigen oder zerstören?

Wer so fragt, findet rasch heraus, daß es eine beständige »*natürliche* Umwelt« gar nicht gibt. Die Erde hat ihre endgültige Form bislang nicht gefunden, sie ist noch immer in einem von der Natur vorgegebenen Entwicklungsprozeß begriffen. Sehen wir uns ihre gegenwärtige Situation etwas näher an:

Da zieht die Erde als ein kleiner Planet ihre Bahn um die Sonne. Sie ist fast kugelförmig. Wenn sie sich auf ihrer elliptischen Bahn der Sonne nähert, fliegt sie etwas schneller, dann wird sie wieder langsamer. Sie dreht sich während einer Sonnenumrundung rund 365mal um ihre leicht wackelnde Nord-Süd-Achse, was für uns das Jahr mit seinen 365 Tagen bedeutet. Ehedem drehte sie sich rascher; vor etwa 2 Milliarden Jahren hatte das Jahr noch 800 bis 900 Tage.

Die Tiefen der Erde

Woraus unser Erdinneres besteht, wissen wir nicht. Es gibt dazu rund ein halbes Dutzend Theorien, die nur darin übereinstimmen, daß es ein recht schwerer Stoff sein muß, der teils fest, teils flüssig ist. Doch von Theorien abgesehen, wie steht es um die harten Fakten? Wie einst bei Beginn der Satellitenforschung, so liegt heute die UdSSR an der Spitze der Versuche zur Erforschung des Erdinneren. Das Tiefbohrprogramm der UdSSR brachte den Geologen mehrere Überraschungen. Eine Bohrung auf der Kola-Halbinsel, die 1970 begann, hat bereits 13 km Tiefe erreicht. Wie

Die Erde, unsere Heimat, schwebt im Weltraum. Ihre rechte Hälfte wird eben von der Sonne beleuchtet. Die Nacht-Licht-Grenze geht etwa durch Europa, wo es also Morgen ist. Links im Bild ein Stück Mondoberfläche (Foto: NASA).

technisch aufwendig ein solches Unternehmen ist, zeigt die Tatsache, daß für die bisher letzten, tiefsten 1,5 km drei Jahre gebraucht wurden. Die Lehrmeinung hatte erwarten lassen, daß es in den tiefen Zonen der Erdkruste nur noch eine einheitliche Masse geben sollte, ohne Flüssigkeiten und ohne Mineralbildungen, weil es unter dem hohen Druck der Tiefe wohl keine Spalten mehr geben würde. Falsch, alles ein Irrtum, lautete das Resultat. Was wir von den oberen Erdschichten her kennen, gibt es auch noch in 13 km Tiefe! Ja, es gibt dort offenbar sogar flüssigen Schwefel. Und die Temperaturen? Vorausgesagt hatten die Wissenschaftler 100 bis 120 °C, aber gemessen wurden statt dessen mehr als 200 °C.

Also bestehen Aussichten nicht nur auf neue wissenschaftliche Erkenntnisse, sondern auch auf geothermische Energiegewinnung und Mineralschätze, somit also auf handfeste wirtschaftliche Möglichkeiten. Da ist es kein Wunder, wenn 1984 auch die USA, Japan, Schweden, Frankreich und Österreich in das Tiefbohrforschungsprogramm einstiegen. Die Deutsche Forschungsgemeinschaft verkündete zur gleichen Zeit, sie werde im Schwarzwald mindestens 7 km tief bohren. Warten wir's ab! Zunächst liegt die UdSSR weit in Front. Aber das gilt genau besehen nicht nur für die Bohrexperimente. Seit Jahrzehnten dienen Explosionen bzw. die Ausbreitung ihrer Druckwellen in der Erde dazu, die Ausdehnung von Lagerstätten – etwa von Erdöl oder Erdgas – zu erforschen. Anstelle üblicher Sprengmittel verwendet man jetzt in der UdSSR Atombomben und hat damit offenbar gute Erfolge. Insbesondere können mit deren starken Explosionen nicht nur weitere Gebiete der Landkarte als bisher erforscht werden, sondern speziell auch jene Landschaften im hohen Norden, die praktisch unbewohnt und unzugänglich sind. Was die Tiefenstruktur der Erdkruste angeht, so lassen sich Aufschlüsse über Schichtengliederungen bis 150 oder sogar 200 km Tiefe erzielen. Und die Resultate? Auch hier zeigt es sich: Der Erdmantel ist wesentlich ungleichmäßiger strukturiert, als die Spezialisten geglaubt hatten. Bisher gilt diese Aussage genaugenommen nur für die russische Landmasse, denn für andere Kontinente gibt es noch keine entsprechenden Untersuchungen, nicht einmal für den Bereich der sonst so fortschrittlichen USA.

Wir müssen bekennen, daß wir erst recht wenig über die materielle Zusammensetzung des Weltkörpers wissen, der uns trägt.

Rauch und Schadstoffe – die Vulkane

Immerhin, es besteht die Aussicht, daß wir mit Hilfe geologischer Vorgänge etwas lernen werden. Da ist zum Beispiel der Vulkanismus; ein Phänomen, das wir nicht nur von der Erde, sondern jetzt auch von der Venus und dem Jupiter-Mond Io kennen. Aus Tiefen bis zu rund 10 km fördern Vulkane flüssige Gesteinsmassen an die Erdoberfläche. Die erstarrten Schmelzen bieten indessen mineralogisch-erdgeschichtlich nur vergleichsweise wenige Aussagemöglichkeiten. Statt dessen bauen sich neue Rätselfragen vor uns auf: Woher stammen die ungeheuren Mengen an Wasser und Wasserdampf, die so oft mit vulkanischen Ausbrüchen die Erdoberfläche erreichen? Wie sind die heißen Gasmassen chemisch zusammengesetzt? Woher kommen gar die radioaktiven Isotope, die in diesen Gasen enthalten sind? Da wurden doch beim berühmt gewordenen St. Helens-Ausbruch 1980 die Uran-Isotope ^{234}Uran und ^{235}Uran in »unnatürlichen« angereicherten Mengen beobachtet! Mehr als das, auch ^{210}Polonium, ein radioaktives Metall, das wir als Folgeprodukt des ^{238}Uranzerfalls kennen, sowie ^{90}Strontium, das bei Kernwaffentests in unsere Atmosphäre eindringt, wurden gefunden. Sogar die Isotope ^{238}Plutonium, ^{239}Plutonium und ^{240}Plutonium, von der Atombombenproduktion bekannt, fanden sich in bemerkenswerten Mengen. Zwei Jahre später, also 1982, wurden beim Ausbruch des Vulkans El Chichón in Mexiko weitere radioaktive Substanzen nachgewiesen, speziell Thorium-Isotope (^{227}Th, ^{228}Th, ^{230}Th und ^{232}Th). Gibt es etwa in den Tiefen unserer Erde heute noch »Natur«-Kernreaktoren, wie wir sie seit 1972 von Oklo/Gabun kennen? Brennt atomares Feuer in der Tiefe der Erde, und fördern die Vulkane den »Kernenergieabfall« in unsere Umwelt? Was wir beobachten, spricht dafür, schließt diese Möglichkeit wenigstens nicht aus. Daß die Vulkane mit enormen Mengen an Schwefeldioxid zum »Sauren Regen« und mit nicht geringen Mengen Kohlendioxid zum »Greenhouse-Effekt« (falls es ihn so gibt) beitragen, ist schon seit längerer Zeit bekannt.

Der Vulkanismus – und die uns ständig bedrohenden Erdbeben, die häufig auch noch riesige Ozeanwellen auslösen – ist zumeist ein Nebenergebnis der Wanderung der Kontinentalmassen. Daß es die »Drift der Kontinente« gibt, wird nur noch von wenigen Forschern bezweifelt. Die Erdmassen, auf denen wir leben, sind ständig in Bewegung, und darüber hinaus zerteilen sie sich. Offenbar wirken hier Kräfte des Erdinneren, die wir noch nicht kennen. Eine kleine Übersicht macht das deutlich:

Wandernde Kontinente

300 bis 200 Millionen Jahre vor unserer Zeit trennt sich Nordamerika von Nordafrika und einem Europa, das noch keineswegs so »zerfahren« gegliedert ist wie heute.

Vor etwa 200 bis 100 Millionen Jahren setzt sich der Riß weiter fort, und Südamerika driftet von Afrika ab.

Vor 80 Millionen Jahren reißt Neuseeland vom antarktischen Kontinent ab.

Vor 60 Millionen Jahren reißen Norwegen und Grönland auseinander.

Vor ca. 50 Millionen Jahren prallt, aus dem Süden kommend, Indien auf Asien und preßt das Himalaja-Gebirge empor, ein Vorgang, der noch nicht abgeschlossen ist.

Vor 40 Millionen Jahren beginnt der Golf von Biskaya zu entstehen.

Vor 30 Millionen Jahren öffnet sich der Golf von Aden.

Seit 10 Millionen Jahren beginnt sich der Golf von Kalifornien zu bilden.

Auch in Nordostafrika entstehen jetzt Risse, und das sich ständig weiter öffnende Rote Meer wird sich in Richtung Totes Meer erweitern – so viel läßt sich bereits mit Sicherheit sagen. Der große Erdspalt Rotes Meer findet zur Zeit besonderes Interesse. In seinen Tiefen ist es warm, und das Meerwasser kann aus aufgerissenen Minerallagerstätten allerlei Salze, auch Schwermetallsalze, herauslösen. So wurde 1984 ein Spalt im Roten Meer gefunden, der 10 km lang und 6 km breit ist und bis in 1490 m Tiefe hinabgeht. Salzlaugen aus solchen Erdspalten brauchte man bei Bedarf nur heraufzupumpen und eindunsten zu lassen, ein vergleichsweise billiges Bergbauverfahren. Zunächst konzentrierten sich alle Bemühungen indessen auf die weltweiten ozeanischen Lagerstätten von Manganknollen, und die Politiker sind bemüht, die »Bergbaurechte« an diesen Mineralschätzen zu verteilen, so zu verteilen, daß Macht- und Rechtsansprüche ihren Nationen gegenüber am Ende einigermaßen tolerierbar sind.

Doch der Meeresboden bietet noch viel mehr Überraschungen, besonders vulkanischer Natur. Bei den Galapagos-Inseln im Pazifik, vulkanischen Gebilden, fanden Geowissenschaftler in 2500 m Tiefe 10 m hohe Schlote mit 40 cm dicken Wänden, aus denen etwa 300 bis 350 °C (!) heißes, dunkelfarbenes Wasser strömt. Dieses Wasser enthält so viel Schwefelwasserstoff, daß sich in weitem Umkreis Schwermetallsulfide ablagern. Man möchte nun meinen, daß in einer so lebensfeindlichen, im heutigen Jargon »hochtoxischen« Umwelt, wozu auch noch das Fehlen von Sonnenlicht kommt (!), kein Lebewesen zu existieren vermöchte. Irrtum! Eine vorher kaum bekannte spezielle Tierwelt hat sich dort entwickelt. Es sind darunter rätselhafte wurmartige Tiere, 30 bis 40 cm dick und bis zu 3 m lang, die weder Mund noch Darm besitzen und dafür mit der Hilfe besonderer Bakterien sich eines Stoffwechsels bedienen, der teils auf der Anwesenheit des Schwefelwasserstoffes beruht, teils auf einer speziellen Art von Kohlenstoff-Stoffwechsel, wie er zuvor von Zuckerrohr und Mais, also

Pflanzen, bekannt war. In Gemeinschaft mit den Wurmwesen leben bis zu 30 cm große Muscheln, Seeanemonen und Krebstierchen – in völliger Finsternis. Indessen, jede Spur von Pflanzen fehlt dort unten.

Dort, wo die großen Kontinentalplatten aufeinanderdrücken, und ebenso dort, wo Risse sich auftun und Lava emporquillt (s. Abb. unten), werden noch manche neuen Beobachtungen die Spezialisten aufhorchen lassen. Gut, wenn etwa längs des Risses im Pazifik Lava emporgedrückt wird, am Meeresboden hervorbricht und langsam erstarrt, dann läßt sich erwarten, daß sich der Druck nach Ost und West fortpflanzt und sich der Meeresboden im Osten unter die beiden amerikanischen Kontinentalmassen schiebt, im Westen unter die asiatischen Landmassen. Dabei werden im Westen wie Osten Gebirge emporgeschoben, und mit dem in der Tiefe verschwindenden Meeresgrund werden auch von den Kontinenten Landstreifen abgequetscht und mit in die Erdtiefe gezogen, wo das gesamte Material zu Magma schmilzt. Die großen Felsgebirge am Westrand der beiden amerikanischen Kon-

Kreislauf der Kontinente

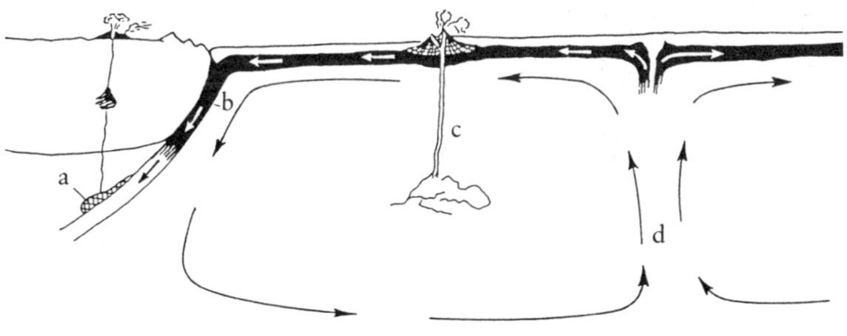

a) Geschmolzener ehemaliger Meeresboden steigt empor
b) Meeresboden schiebt sich unter die Kontinentalscholle
c) Ozeanischer Vulkanismus
d) Aufsteigendes Erdinneres
(nach F. L. Boschke: Die Welt aus Feuer und Wasser, Stuttgart 1981).

tinente und die dort vorgelagerten »Tiefseegräben« stützen diese Vorstellung. Vor Asien läßt sich gleiches beobachten.

Aber was ist zum Beispiel geschehen, als Indien auf Asien traf? Wir haben seit kurzer Zeit eine genauere Vorstellung von dem, was dort vor rund 50 Millionen Jahren begann: Vor 70 Millionen Jahren ist Indien, noch mit Ceylon verbunden, noch weit von Asien entfernt, aber schon unterwegs. Es treibt auf eine Küstenlinie zu, von deren Verlauf wir keine genaue Kenntnis haben. Doch ohne Zweifel war in Asien nicht ein »Loch«, in das Indien so paßte, wie sich ein Stein in ein Puzzle einfügt. Nach neuen Untersuchungen scheint es vielmehr so zu sein, daß Indien, seit es vor etwa 50 Millionen Jahren den ersten Aufprallkontakt mit Asien fand, eine 2600 km lange Landfläche vor sich hergeschoben, verfaltet, aufgetürmt und dahinter das Himalaja-Gebirge emporgedrückt hat. Gut, es gab damals noch keine menschlichen Lebewesen, doch allein die Vorstellung, daß eine Landfläche von 2600 km Breite, wie immer ihre Formen sich dargestellt haben mögen, mit ihrer Tier- und Pflanzenwelt einfach von der Erdkarte verschwunden ist, zeigt, wie gewaltig-grausam die Naturkräfte sind – und wie belanglos dagegen die Tätigkeit allen menschlichen Wirkens. Eine Preisfrage bleibt: Woher kam die Kraft, die den indischen Subkontinent mit Asien zusammenstoßen ließ? Wurde diese ungeheure Landmasse auf Asien hin gestoßen, geschoben, oder zogen unbekannte Kräfte Indien nach Asien hin? So seltsam es klingen mag, die neuesten Untersuchungen deuten darauf hin, daß Indien auf einer Landplatte liegt, die unter Asien »rutscht«, daß Indien also auf Asien hin *gezogen* wird. Dieser Vorgang läuft weiter! Noch heute preßt sich Indien weiter in Asien hinein. Zwei Landflächen verkeilen sich ineinander, ein gigantisches Schauspiel.

Nun möchte jemand einwenden, das alles sei doch nicht exakt zu messen – was ein Irrtum wäre. 1984 erklärten die USA weite Gewässer vor der US-Westküste zu ihrer »Exklusiven Wirtschaftszone«. Um zu sehen, was sie sich dort einverleibt hatten, baten sie England um Hilfe, denn dort ist das Sonarverfahren, das zur Ortung von U-Booten dient, so weit vervollkommnet worden, daß sogar von sehr tiefen Meeresböden exakte Bilder durch eine Art Schallphotographie gewonnen werden können. Es gelang mit diesem Sonargerät, in nur 112 Arbeitstagen ein Gebiet von 650 000 km^2 Seeboden so genau wie eine Straßenkarte aufzuzeichnen. Dieses Forschungsgerät hat uns aber auch gänzlich neue und einwandfreie Aufschlüsse über die Bewegung in den Grenzen der Kontinentalplatten geliefert. So wurden an der Rißlinie zwischen Afrika und Südamerika im Atlantik folgende Resultate gewonnen:

1. Es gibt eine sehr scharfe Grenzlinie der Ränder, »wie mit einem Messer geschnitten«.
2. Die Erdkruste über dem zähflüssigen Material, auf dem die Kontinente treiben, ist hier extrem dünn, stellenweise nur 1 bis 4 km stark (sonst ist die Erdkruste unter den Ozeanen 7 bis 8 km dick und unter den Kontinenten sogar 30 bis 40 km).
3. Südamerika und Afrika schieben sich jedes Jahr 10 mm nach West beziehungsweise Ost, entfernen sich also 2 cm voneinander. Zum Vergleich: Das ist etwa die Geschwindigkeit, mit der ein Fingernagel wächst – also durchaus merklich!

Kein Zweifel, wir leben auf einem Planeten der noch unfertig ist. Erdbeben und vulkanische Eruptionen erinnern uns ständig daran.

Mineralien entstehen

Solange noch solche grundlegenden neuen Resultate gefunden werden können, wird das Interesse von Wissenschaftlern und Industriellen an der geologischen Erforschung unseres Planeten nicht erlahmen. Wird sich die Energie des Unterseevulkanismus einst ebenso oder gar noch in größerem Maßstab nutzen lassen, als es bei Vulkanen und Geysiren bereits der Fall ist? Und gar die Mineralvorkommen! Sie scheinen mehr oder minder unerschöpflich zu sein. Noch vermag niemand genau zu sagen, welche

Mengen an Manganknollen vom Meeresboden gefördert werden können und ob und wie weit sonstige Unterseelagerstätten an Eisen, Kupfer, Chrom und Kobalt ausbeutbar sind. Entsprechende Überlegungen sind auch aus einem sehr erfreulichen Grunde zur Zeit noch gar nicht realistisch: Wir haben nämlich in den letzten Jahren einen Mechanismus näher erforschen können, der solche Lagerstätten wachsen läßt! Sein Prinzip ist sehr einfach. Wo vulkanische Erscheinungen heißes Wasser vom Meeresboden aufsteigen lassen, da muß ja logischerweise auch neues Wasser hinfließen. Dieses nachfließende Meerwasser sickert in weiten Bereichen um den Tiefseevulkan in den Meeresboden ein und löst dabei allerlei Salze auf. Es wandert durch tiefe Bodenschichten, bis es endlich den vulkanischen Eruptionsort erreicht. Wenn es dort eruptiert wird, so trifft es mit den schwefelwasserstoffhaltigen Vulkangasen zusammen, und das Resultat ist, daß um den Eruptionsort herum Metallsulfide »ausfallen« – wie der Chemiker sagt. Das heißt, in der Umgebung bilden sich Mineral-

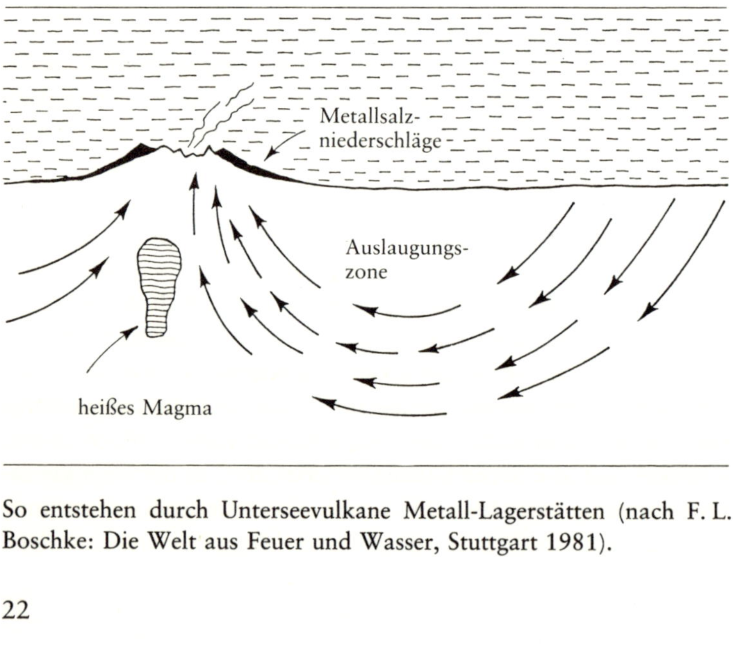

So entstehen durch Unterseevulkane Metall-Lagerstätten (nach F. L. Boschke: Die Welt aus Feuer und Wasser, Stuttgart 1981).

schichten, die gerade die für uns wichtigen und wertvollen Metalle enthalten! Die Möglichkeit eines Unterseebergbaues in noch unbekannter Größenordnung scheint sich abzuzeichnen.

Unklar ist auch noch, ob und welche wertvollen Stoffe sich aus dem Meerwasser selbst werden gewinnen lassen. Der Zusatz von »echtem Meersalz« in Lebensmitteln ist vielleicht nur ein Anfang. Die Hoffnung des deutschen Nobelpreisträgers Fritz Haber (1868–1934) – wir verdanken ihm das Prinzip der Gewinnung des Stickstoffs (zum Beispiel für Düngemittel) aus der Luft –, aus dem Meerwasser Gold rentabel gewinnen zu können und damit die hoffnungslos überzogenen Kriegsentschädigungen (Vertrag von Versailles) bezahlbar zu machen, endeten mit einer Enttäuschung: Die zugrunde gelegten Goldgehalte des Meerwassers erwiesen sich als falsch. Aber die Salzlaugen des Toten Meeres sind ebenso wie die Salzlösungen im Roten Meer hoffnungsvolle künftige »Lagerstätten«.

Die Hülle um die Erde

Wir schreiben das Jahr 1934. Es gibt zwar in Deutschland noch keine Luftwaffe, doch in Rechlin wird eine Station zum Studium der Ionosphäre, jener Zone der hohen Atmosphäre, an der sich Kurzwellen brechen und damit rund um den Globus zu empfangen sind, eingerichtet. Die Nachrichtenübermittlung, die Funknavigation, die gesamte Fliegerei werden bald von den Empfangsmöglichkeiten von Kurzwellen abhängen. Aber das Grundwissen über die Ausbreitung von Kurzwellen über die Ionosphäre ist 1934 noch sehr mangelhaft. Als 1939 der Zweite Weltkrieg ausbricht, ist die Ionosphären-Forschungsgruppe so weit, daß sie die Ausbreitungsmöglichkeiten für Tages- und Jahreszeiten für fast alle geographischen Zonen vorhersagen kann. 1943 wird ihre Tätigkeit auf alle Wehrmachtsteile erweitert, in der »Funkberatung« arbeiten jetzt etwa 250 Leute. Als 1945 der Krieg zu Ende ist, suchen die Alliierten, die zwar um diese Forschungsgruppe wissen, aber selbst nichts Gleichwertiges besitzen, nach diesen Spezialwissenschaftlern; eine schwierige Aufgabe, denn in den Kriegswirren ist die Arbeitsgruppe verlagert worden und in Österreich gelandet. In einem abenteuerlichen Unternehmen und nach mancherlei Irrungen und Wirrungen wird schließlich alles, was noch vorhanden ist, im März 1946 in Lindau am Harz, unweit Göttingen, konzentriert. Bald arbeitet man dort wieder, baut auf, hilft sich über die Nöte der Währungsreform (als 1948 jedermann nur 40 DM Startkapital erhält) hinweg und schafft erneut Spitzenleistungen. Heute findet der Besucher in Lindau ein modernes Institut von Weltstandard, das Max-Planck-Institut für Aeronomie und Institut für Ionosphärenphysik.

Was ist die Ionosphäre?

Um diesen Begriff zu verstehen, müssen wir uns an den Aufbau der Lufthülle unserer Erde erinnern. Zum Glück wissen wir über sie bereits weit mehr als über die Schalen des Erdinneren. Die Atmosphäre schützt uns vor der Kälte und Leere des Weltalls. Sie ist für unsere Existenz absolut notwendig, nicht nur weil sie uns, in ihrer untersten Schicht, den zum Atmen und also für unseren Stoffwechsel notwendigen Sauerstoff bietet. Sie schützt uns auch vor einem Zuviel an Strahlung, so vor den für Mensch, Tier und Pflanze sonst tödlichen ultravioletten Sonnenstrahlen. Mehr als das, sie bewahrt uns zum Beispiel auch weitgehend vor Meteoritenschäden – die Atmosphäre liegt als Puffer zwischen uns und dem Sonnensystem.

Betrachten wir die Situation etwas genauer. Die untere Atmosphäre, unsere Atemsphäre (saubere, trockene Luft, Meeresspiegel), ist in Prozentzahlen wie folgt zusammengesetzt:

Stickstoff	78,084	Helium	0,000524
Sauerstoff	20,9476	Krypton	0,000114
Argon	0,934	Xenon	0,0000087
Kohlendioxid	0,0314	Wasserstoff	0,00005
Neon	0,001818	Methan	0,0002

Stickoxid	0,00005	Stickstoffdioxid	bis 0,000002
Ozon (Sommer)	bis 0,000007	Ammoniak	Spuren
(Winter)	bis 0,000002	Kohlenmonoxid	Spuren
Schwefeldioxid	bis 0,0001	Iod	bis 0,000001

Einige dieser Werte werden uns in den folgenden Kapiteln noch beschäftigen, wenn es um atmosphärische Verunreinigungen geht.

Bis zu einer Höhe von rund 15 km ändert sich die chemische Zusammensetzung der Luft (der Anteil an Sauerstoff zum Beispiel reicht bereits in 8 km Höhe kaum noch zu menschlicher Existenz aus), und es besteht noch ein Substanzaustausch mit Verbindungen vom Erdboden beziehungsweise aus den ozeanischen Bereichen. Dann aber kommt die sogenannte »Troposphäre«, die Grenze zur »Stratosphäre«. Die »Ozonschicht« ist ein Bereich der Stratosphäre, und damit begeben wir uns auf den Weg zum Verständnis unseres Begriffes Ionosphäre, nach dem wir ja suchen. Sehen wir uns dazu das Ozon etwas näher an. Es ist eine Sauerstoffverbindung der Formel O_3, ein Gas, verflüssigt blau, leicht zerfallend in den Sauerstoff unserer Atmosphäre O_2 und ein Sauerstoff-Einzelatom O. Dieses Sauerstoff-Einzelatom ist äußerst reaktionsbereit, oxidiert zerstörend Farbstoffe, tötet Mikroorganismen und bekommt logischerweise auch dem Menschen nicht. An der alten Behauptung, ozonreiche Waldluft sei gesund, ist das beste, daß die Waldluft zum Glück kein Ozon enthält.

Wie aber kommt es denn nun dazu, daß in der Ozonschicht überhaupt Ozon entsteht? In etwa 45 km Höhe ist »die Luft« bereits äußerst »dünn«, aber es gibt noch etwas Sauerstoff. Er wird vom ultravioletten Lichtanteil des Sonnenlichtes gespalten, und wenn das mit zwei Sauerstoffmolekülen (O_2) geschieht, so *kann* die folgende Gleichung Ozon liefern:

$$O_2 + O_2 \xrightarrow[\text{Licht}]{\text{ultraviolettes}} O_3 + O.$$

Da haben wir also das O_3, das Ozon. Wie jede chemische Reaktion kann auch diese rückwärts laufen, so daß sich wieder zwei übliche Sauerstoffmoleküle ergeben. Nun haben wir aber in unserer Gleichung der Einfachheit halber eines nicht hingeschrieben und zwar, daß bei diesen und anderen Gasreaktionen die Reaktionsprodukte elektrische Ladungen erhalten, daß sie – wie der Chemiker es nennt – »Ionen«, geladene Teilchen, werden. Verzichten wir auf die chemischen Feinheiten, und merken wir uns nur den Begriff »Ionen«, so sehen wir, daß er es ist, der zu dem Wort »Iono-sphäre« gehört! Bei größeren Höhen wird die Energie der von der Sonne und aus dem übrigen Weltraum ankommenden Strahlung immer stärker. In etwa 400 km Höhe endlich finden wir mehr geladene Ionen als neutrale Gasteilchen und haben die Ionosphäre erreicht, die Schicht der Radio-Kurzwellen-Reflexion.

Bei der Erkundung der Atmosphäre haben Ballonaufstiege, das Studium von Radioempfangsstörungen und auch Nordlicht-Phänomene (ausgelöst durch Elektronen und andere geladene Teilchen, die im Magnetfeld der Erde zusammenströmen) vielerlei erregende Resultate gebracht. Da fand man in etwa 90 bis 100 km Höhe die »Thermosphäre« – und aus war es mit dem Glauben, oberhalb unserer Erdoberfläche würde es immer kälter! Wenn die Sonne normal strahlt, »ruhig« ist, also keine »Ausbrüche« (von Sonnenwind) auf ihr vorkommen, so beträgt die Temperatur dort ca. 400 °C, wenn die Sonne »aktiv« wird, sogar um die 1500 °C oder mehr. Auch Raketen- und Satellitenflüge haben selbstverständlich dazu beigetragen, unser Wissen um die Zusammensetzung der irdischen Atmosphäre zu mehren. Doch für die Forscher der westlichen Welt werden die bedeutendsten neuen Befunde die »Spacelab«-Flüge bringen. Schon wurde ein Spacelab-Flug mit 250 kg Forschungsgerät gestartet, der neue Erkenntnisse über die Zusammensetzung und das chemische Geschehen in der Ionosphäre brachte. Was wird sich bei weiteren tagelangen Flügen in 250 km Höhe mit einer Geschwindigkeit von 8 km/sec alles beobachten lassen! Ein zuerst verblüffendes Resultat wurde bereits mitgeteilt: Als von der Spacelab-Besatzung mit einem Elektronenbeschleuniger Elektronen (negativ) ausgestrahlt wurden, wurde der Flugkörper selbst so stark positiv geladen, daß der Elektronenstrahl gewissermaßen zurückgesogen wurde. Nun, das mag noch verständlich sein, doch wirklich überrascht war die Spacelab-Besatzung, als sie registrierte, daß einige der ausgesandten Elektronen mit einer höheren Energie zurückkamen, als sie abgestrahlt worden waren. Noch weiß niemand zu sagen, was die Ursache ist – gewiß ist nur, es wird noch langjähriger Untersuchungen bedürfen, bis wir verstehen, was sich alles in der irdischen Atmosphäre abspielt.

Das Meer, der große Feind

Da wir in die Tiefen der Erde aus technischen Gründen kaum und aus den gleichen Ursachen auch erst vergleichsweise wenig weit in die höheren Zonen der Atmosphäre vorstoßen konnten, ist es nicht verwunderlich, wenn uns hier noch manches an Wissen fehlt. Aber über die Wasser, Gewässer und Ozeane, die so offen vor uns liegen, haben wir doch wohl ein profundes Wissen? Oh ja, wir wissen, daß die Ozeane rund 71 Prozent der Erdoberfläche ausmachen, das heißt 362 Millionen km^2. Die nördliche Halbkugel ist zu etwa 50 Prozent von Ozeanen bedeckt, die südliche Halbkugel sogar zu 90 Prozent. Mit Sorgfalt ist errechnet worden, wie groß die Wassermenge ist, die die Ozeane füllt, es sind 1 349 929 000 km^3 Wasser. Das ist eine unbegreifbar große Zahl, die erst etwas verständlich wird, wenn wir sie zu dem Volumen der Erde insgesamt in Bezug setzen, das sind

1 038 000 000 000 km^3

und also abgerundet doch nur der 769. Teil des Gesamtvolumens unserer Erde.

Nun enthalten die Meere bekanntlich kein chemisch reines Wasser, sondern sind Salzlaugen. Als Mineralwasser abgefüllt, müßte auf einer Flasche stehen:

Chlorid-Ionen	19,3 g/l
Natrium-Ionen	10,7 g/l
Sulfat-Ionen	2,7 g/l
Magnesium-Ionen	1,3 g/l
Calcium-Ionen	0,4 g/l
Kalium-Ionen	0,39 g/l

Hinzu kommen noch Bicarbonate (0,14 g/Liter), Bromide (0,067), Strontium (0,008), Bor (0,004) sowie Fluor (0,001), von selteneren Ionen und speziellen sonstigen, örtlich bedingten Inhaltsstoffen ganz abgesehen (Rotes Meer, Totes Meer usw.). Normalerweise dürfen wir also damit rechnen, daß in jedem Liter Meerwasser natürlicherweise bereits 35 g Salze gelöst enthalten sind. Wenn ein Chemiker es ganz präzise analysiert, kann er in ihm auch winzigste Mengen der heute soviel diskutierten »hochtoxischen« Schwermetalle finden, Quecksilber, Blei und andere.

Wenn wir solche Werte messen und registrieren, so sollten wir darüber nicht vergessen, daß unsere Befunde sozusagen nur eine Momentaufnahme im Naturgeschehen darstellen.

Erinnern wir nur einmal an den Fall Nordsee: Wo heute im Sturm die Wogen an die Schiffsrümpfe knallen, wo das Wort »Nordsee ist Mordsee« gilt, da war vor 9000 Jahren noch trockener Boden. Als dieses Land zu sinken begann und das Meer nach Süden vordrang, war vor 7000 Jahren noch eine große Insel dort, wo heute die Seekarten sagen: Doggerbank. Die Themse floß damals noch in den Rhein! Den britischen Kanal gab es noch nicht, von Calais nach Dover hätte man zu Fuß gehen können. Vor 6000 Jahren war noch trockenes Land, wo heute das Meer 10 m tief ist. Seit dem Jahre 1300 v. Chr. ist das Land weiter 2 m gesunken, riesige Flächen sind vom Meer erobert worden! Was heute Dänemark heißt, ist der geringe Rest einer großen, weiten Landfläche.

Aber wir müssen uns gar nicht Jahrtausende zurückversetzen, denken wir nur einmal an die Landverluste in Nordfriesland: Die wohl größten Landverluste, von der die alten Chroniken wissen, brachte die sogenannte Rungholt-Flut des Jahres 1362. Rungholt

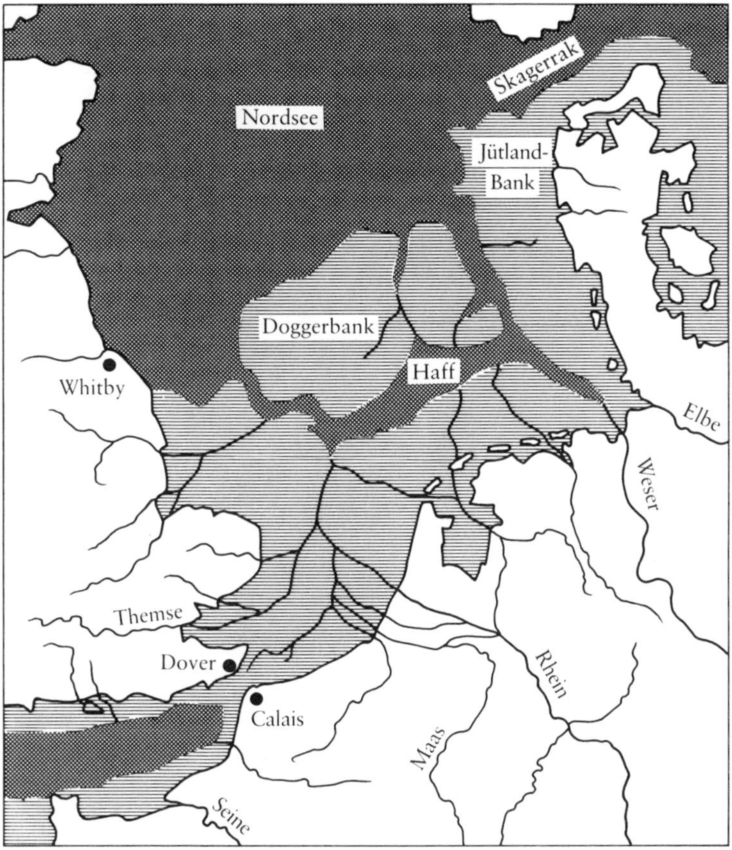

Vor 7000 Jahren war der Ärmelkanal noch nicht vorhanden, waren Frankreich und England noch eine fest verbundene Landfläche. Die Themse war ein Nebenfluß des Rheins, der südlich der Doggerbank in ein Haff mündete. Dänemark war keine Inselwelt, sondern ein großer Landblock (nach F. L. Boschke: Das Unerforschte, Düsseldorf 1975).

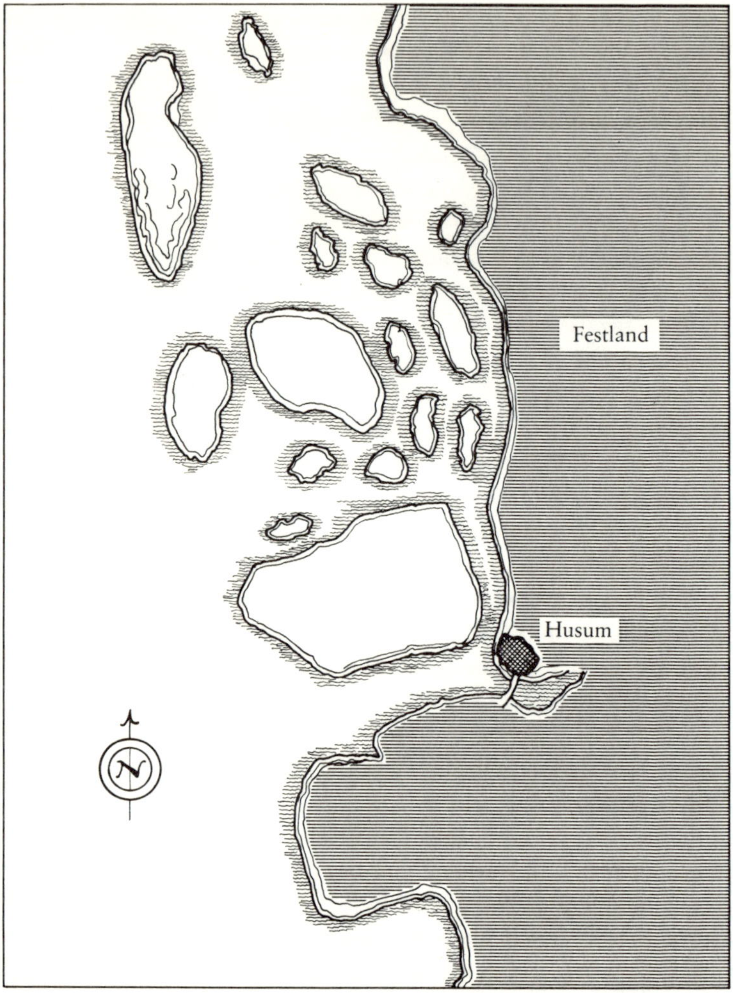

Dieser Ausschnitt aus einer Seekarte zeigt die inselreiche Welt der Halligen im Jahre 1589.
Eine wenig ältere Karte des Landes Schleswig-Holstein (von 1559) bildet an gleicher Stelle noch eine einzige, große Inselfläche ab.
Ein Vergleich mit einer Karte unserer Tage macht deutlich, wieviel Land inzwischen erneut verlorenging.

war der Hauptort der »Edomsharde«, vermutlich der Hafenort dieser Insel. Was bis heute geblieben ist, sind die Hallig Südfall, Spuren ehemaligen Ackerbaus sowie der Rest eines Brunnens im Watt. Frühere Generationen konnten gelegentlich noch die Reste alten Haushaltsgerätes finden, denn 1362 hat die Nordsee eben nicht nur den Ort Rungholt, sondern dazu sieben kleine Ortschaften, die wenigstens so groß waren, daß es dort eine Kirche gab, überflutet. Die Überlieferung besagt, zwei oder vier Frauen hätten sich damals retten können; die Zahl der Ertrunkenen wird mit 7600 angegeben.

Am 11. Oktober 1634 riß die See wieder große Landflächen weg. An 44 Stellen brachen die Deiche, 1339 Wohnhäuser, 28 Windmühlen und 6 Glockentürme wurden zerstört. Die Chronisten beziffern die Zahl der Ertrunkenen auf 6132 Menschen; 50 000 Tiere sollen umgekommen sein. Die Landverluste waren enorm, viele zuerst noch stehengebliebene kleine Inseln verschwanden in den folgenden Jahren.

Die nächste große Flut überrollte Küsten und Deiche im Jahre 1717. Die Verluste an Menschenleben überstiegen in Nordfriesland 1600, in Oldenburg starben 2471, in Jeverland 1649, in Ostfriesland 2752.

Eine letzte große Sturmflut traf Nordfriesland in der Nacht vom 3. auf den 4. Februar 1825. Wieder waren die Verluste an Land und Leuten enorm.

Es ist leicht vorherzusagen, daß Schleswig-Holstein und Dänemark weitere Landverluste werden hinnehmen müssen, daß die Deutsche Bucht größer werden wird und insbesondere die Niederlande, deren eingedeichtes Gebiet schon heute an vielen Stellen unter dem Meeresspiegel liegt, weiter absinken werden. Unterstützt werden die geologischen Vorgänge künftig wohl noch durch die steigenden Erdgas- und Erdölentnahmen aus dem Untergrund. Wenn die Stabilität des Meeresbodens durch die Entnahme von Erdgas und Mineralöl verringert wird, muß es im Laufe der Zeit zwangsläufig zu »Bergschäden«, zu Einbrüchen, kommen, wie sie vom Kohlebergbau bekannt sind. Deichbauten und Versuche zur Landgewinnung mögen den Ablauf des natürlichen Geschehens verzögern, mehr aber nicht. Was das Biotop Wattenmeer angeht, so heißt es, sich zu entscheiden zwischen »Naturschutz« und »Menschenschutz«. Wollen wir uns wirklich den Luxus leisten, mit dem Verlust von Siedlungsflächen, von Wald, Wiesen, Ortschaften und Erholungsgebieten (eventuell auch von Menschenleben) Brutgebiete für Seevögel usw. zu bewahren? Die Antwort ist einfach: Dem Meer Land abringen, soviel wie möglich, im ohnehin ungleichen Kampf!

Wogen rollen über das Land

Was sind die Ursachen der Landverluste an der Nordsee – und auch an der Ostsee? Vielerlei ist da diskutiert worden: ein generelles Ansteigen des Meeresspiegels durch Abschmelzen der polaren Eiskappen, die Drift der Kontinente, ja selbst die Schwankungen im Magnetfeld der Erde. Eine einheitliche Meinung hat sich bislang nicht herausgebildet. Sicher ist nur, daß es fast immer die großen Sturmfluten sind, die uns sichtbar das Land rauben.

Gewiß, vieles deutet darauf hin, daß sich selbst im tiefsten Erdinneren periodische Bewegungen abspielen (besonders das gar nicht so seltene »Kippen« der magnetischen Pole unseres Planeten ist ein Anzeichen dafür), und auch in den hohen Schichten der Atmosphäre gibt es noch echte Stürme, nicht nur magnetische Stürme; doch am besten erforscht sind die Stürme, Wellen und Sturmfluten unserer Ozeane. Zusammen mit den Gezeiten, dem Eintritt von Ebbe und Flut, bestimmen sie die Möglichkeiten der Schiffahrt und das Leben der Küstenbewohner. Ebbe und Flut sind berechenbar. Fragen wir nach den Ursachen von Ebbe und Flut, so hören wir selbst von Forschern, die es wissen sollten: Infolge des Schwerkrafteinflusses zöge der Mond das Wasser an; da die Erde sich drehe, wäre also stets in Richtung Mond ein »Flutberg«, und an der entgegengesetzten Seite müsse also dann auch Ebbe sein. Nun dreht sich die Erde aber am Tage nur einmal um ihre Achse, wieso gibt es dann (ungefähr) zweimal am Tage Ebbe und Flut? Hier werden die Befragten unsicher oder holen zu sehr langatmigen Erklärungen aus. In der Tat, die Dinge sind sehr kompliziert. Da »kreist« die Erde um die Sonne und wird selbst von einem kreisenden Mond umflogen, der sich kurioserweise in einem solchen Tempo dreht, daß er der Erde immer die gleiche Seite zuwendet; mehr als das: der zufällig (?) so weit von uns entfernt ist, daß er exakt so groß wie die Sonne erscheint und bei Sonnenfinsternis haargenau die Sonne abdeckt. Das alles ist überaus seltsam, doch das Phänomen der zweimaligen Ebbe und Flut läßt sich im Prinzip leicht verstehen, wenn wir nur bereit sind, unsere Erde nicht als »den festen Punkt« zu betrachten: Wir müssen Erde und Mond als ein einander beeinflussendes System ansehen! Gewissermaßen gleich einer Hantel mit einer sehr großen Kugel, der Erde, und einer sehr kleinen Kugel, dem Mond, am anderen Ende. Wo liegt dann der Schwerpunkt? In unserem System Erde/Mond bereits ein Stückchen in der großen Kugel! Die Folge ist eindeutig: Aufgrund der Anziehungskräfte muß das Wasser der Ozeane einmal in Richtung Mond und einmal in der Gegenrichtung zu einem »Flutberg« zusammenlaufen, also haben wir (etwa) zweimal täglich Flut und zweimal Ebbe. Aufgrund einer Vielzahl von allerlei anderen Nebenkräften und Bewegungen im Erde/Mond-System sind es nicht exakt 12 Stunden, die von Flut zu Flut vergehen, sondern rund 12 Stunden und 25 Minuten.

Jeder U-Boot-Fahrer weiß, daß die Wellen der Ozeane kaum mehr als 30 m in die Tiefe reichen. Ist die See zu »grob«, taucht ein U-Boot bis in diese Tiefe, wo es ruhig liegt, und die Besatzung sich von der Schaukelei an der Oberfläche erholen kann. So weit, so gut – doch 1981 machten Forscher der Ölfirma Exxon eine erstaunliche Beobachtung bei ihren Arbeiten an der Westküste der Malaien-Halbinsel: Durch das Tiefenwasser wälzen sich dort 60 m hohe Wellen in 100 km langen Fronten. Soviel wir bisher wissen, werden auch sie vom Erde/Mond-System gesteuert, ihre Periodizität liegt bei etwa 12,5 Stunden!

Doch natürliche Umweltereignisse vermögen noch viel erheblichere Wogen hervorzubringen, bilden Gefahren, über die wir uns gemeinhin gar keine Gedanken machen. Im Jahre 1984 haben zwei US-Geologen seltsame Ablagerungen auf Inseln der Hawaii-Inselgruppe untersucht und alles, was man darüber bisher vermutet hatte, genauer analysiert. Da liegt Kalkgestein, vermischt mit Korallen- und Muschelresten in Höhenlagen, die einfach unglaublich sind. Haben sich die Inseln gehoben, und liegen deshalb diese Schichten 200 m hoch oder höher? Haben Eingeborene das Material dorthin geschleppt? Nein, diese und ähnliche Vermutungen konnten ausgeschlossen werden. Was bleibt, ist die bestürzende Erkenntnis, dieses Gestein muß von einer etwa 380 m hohen Woge dorthin getragen worden sein. Ein Gebirge von Wasser! Wann? Vor etwa 100 000 Jahren. Weshalb? Die logischste Erklärung scheint zu sein, daß damals ein lokales Erdbeben einen riesigen Erdrutsch ausgelöst hat, der dann die gigantische Welle aufwarf.

Ein solches Geschehen liegt scheinbar außerhalb unserer Vorstellungswelt. Wer dergleichen liest, dem fällt aber ein, daß um 1600 v. Chr. beim Ausbruch des Vulkans Santorin eben doch ähnliches geschehen sein kann. Einige Forscher glauben seit langem, die minoische Kultur auf Kreta sei durch eine riesige Woge, die über das östliche Mittelmeer gerollt sei, buchstäblich mehr oder weniger »untergegangen«.

Nun, auch das ist lange her – aber unsere Zeit kennt doch ein ähnliches Ereignis! Im Jahre 1958 löste ein Erdbeben an der Küste Alaskas einen Erdrutsch aus, der eine Woge in einen Fjord rollen ließ, in dem sie bis auf 524 m Höhe kam. Ein halber Kilometer – ein Fischerboot segelte damals hoch über große Waldflächen dahin.

Eine spezielle Art oft sehr bedrohlicher Wogen können Seebeben, also Erdbeben auf dem Grund der Meere, auslösen. Da sie besonders in Japan oft erhebliche Schäden anrichteten, hat sich für sie der japanische Name »Tsunami« eingebürgert, was soviel wie »Hafenwelle« heißt. Tsunami-Wogen sind meist nicht höher als 17 m. Stellen wir uns einmal vor, auf der Fläche von einigen

Quadratkilometern werden – bei 3000 m Wassertiefe – einige Dutzend Kubikkilometer Wasser bei einem Seebeben 10 cm gehoben, gesenkt, erneut gehoben usw. Das gibt eine riesige Energiemenge, die nun als kaum wahrnehmbare, niedrige Welle auf eine Insel zurollt. Je flacher das Wasser wird, desto mehr konzentriert sich die Energie in einer dünner werdenden Wasserschicht. Erreicht die Welle den Strand, so bäumt sich eine hohe geschlossene Wasserwand auf, der nichts widerstehen kann. Tsunamis sind somit vielleicht das Heimtückischste, was die Ozeane bieten können. Gewiß, das Seebeben läßt sich registrieren, aber die anrollende Welle wird erst sichtbar, wenn sie auf den Strand trifft!

Über eines aber sollten wir uns hier ganz besonders klarwerden: Die Meeresfluten, wo immer sie unseren Erdboden wegreißen oder überschwemmen, sie sind nicht einfach »Wasser« oder gar gesundheitsdienliches Badefreudenwasser. Die Ozeane sind, mit den Augen eines Umweltfanatikers gesehen, »hochtoxische« Brühen, selbst im offenen Meer und nicht nur an den – zugegeben – meist miserabel verdreckten Badestränden. Alles in allem haben die analytischen Chemiker von den 92 klassischen chemischen Elementen 82 Elemente im Meerwasser nicht nur nachweisen, sondern mengenmäßig exakt bestimmen können (selbstredend auch alle Schwermetalle wie Blei, Quecksilber und Cadmium). Meeres-Trinkwasserkuren bleiben dennoch gesund, denn minimale Spuren von fast allen Elementen braucht der Mensch, um gesund zu bleiben.

Die großen *Überschwemmungskatastrophen* aufzuzählen, fehlt es hier an Platz. Stellvertretend für alle sei nur die vielleicht gewaltigste Flut genannt: Im September oder Oktober des Jahres 1887 riß der Hoang Ho 300 Orte fort; zwei Millionen Chinesen wurden obdachlos, 900 000 sollen ertrunken oder auf andere Art umgekommen sein.

Gewiß gibt es keine andere natürliche Umweltgefahr, die uns so sehr bedroht wie die Wasserfluten. Windhosen, Stürme, Erdbeben, Vulkanausbrüche, sie alle lassen uns doch wenigstens das Land, auf dem wir leben. Indessen sei nicht übersehen, daß Flüsse,

Seen und Ozeane uns auch unentbehrlich sind, nicht nur als billige Transportwege, sie tragen auch zu unserer Ernährung bei. Mehr als 55 Millionen Tonnen Seegetier werden heute bereits jährlich gefischt. Experten schätzen, daß bei einem weltweit wirtschaftlich organisierten Fischfang mehr als 200 Millionen Tonnen eiweißreiche Nahrung Jahr um Jahr aus den Ozeanen »geerntet« werden könnten – besäße die Menschheit nur die notwendige Vernunft, die Dinge zu regeln. Statt dessen erleben wir, wie um Seerechte gestritten wird und jeder Staat versucht, sich Besitzansprüche an Erdgas, Erdöl, Manganknollen, Fischreichtum und Transportwegen zu sichern. Alles sehr menschlich, aber auf längere Sicht eben auch sehr kurzsichtig.

Wetter und Klima

Wenn Trockenheit, Frost, Regenfluten oder Gewitter ehedem Schrecken verbreiteten, so galt das bei den frühen Chronisten, meist Kirchenleuten, als Gottes Werk, als eine Strafe des Himmels – ein durchaus christlicher Aberglaube. Fällt heute einmal ein Winter härter aus als gewohnt, so wird lang und breit diskutiert, ob eine neue Eiszeit drohe. Ist ein Sommer sehr trocken, so suchen »Umwelt-Schützer« die Ursache in einer Kohlendioxid-Zunahme der Luft und schieben die Schuld auf Kraftwerke und Industrieanlagen – ein unchristlicher, aber moderner Aberglaube. Wer sich dagegen in den alten Wetteraufzeichnungen umsieht, wird vorsichtiger urteilen und bald finden, es habe sich kaum viel geändert. Da wird wie heute von schweren Unwettern berichtet, von Überschwemmungen, anhaltender Dürre, harten Wintern und in deren Folge von schlechten Ernten, Hungersnöten, Schädlingsbefall usw. Wie auch heute noch wurden gewagte Zusammenhänge hergestellt, damals zum Ausbruch von Epidemien, zu Erdbeben, zum Erscheinen von Kometen und anderem Naturgeschehen. Mangelnde Kenntnisse sind bis heute eher Anlaß zu wirren Spekulationen, statt zu bescheidenem Mundhalten. Fast möchte man für den Alltag die Regel aufstellen: Je lauter einer schreit, desto dümmer ist er.

Sehen wir uns im historischen Wettergeschehen einmal etwas um, soweit es Mitteleuropa angeht:

860 Das Adriatische Meer und die Rhone frieren zu.
1117 In Winterthur im Januar ein Erdbeben, danach »grausamer Donner, Blitz und Regen«.
1133 Der Po ist mit Eis bedeckt.
1216 Po und Rhone gefroren.
1234 In der Schweiz die Kälte so enorm, »daß nicht allein alle Flüsse und Wässer zugefroren, sondern auch der Wein in den Kellern und Fässern«.
1236 Die Donau zugefroren.
1290 Lastkarren fahren bei Breisach über das Eis des Rheines.
1323 Reisende kommen zu Fuß und zu Pferd von Dänemark über die zugefrorene Ostsee nach Lübeck und Danzig.
1343 Hochwasser im Bodenseegebiet, »... darauf ein große Hungersnoth abermahl erfolgt ist«.
1408 Das Eis reicht ohne Unterbrechung von Norwegen bis Dänemark.
1473 »... es war ein solche Hitz gewesen, daß ..., im Schwartzwald und an anderen Orthen, die Walthungen vom Himmel angezündet und gebronnen haben ...«
1514 Große Kälte im Januar in Basel, am 20. Januar abends zwischen 6 und 7 Uhr ein Erdbeben. Am 29. September Schneefall, gefolgt von Gewitter.
1515 Riesige Regenperiode. Bericht aus der Schweiz: »... indem mehr als acht Monath an einander es unaufhörlich geregnet, und die Sonn diese gantze Zeit nur anderthalbe Tag geschienen hat ...«
1516 »Den 18. April sahe man an allen Orthen einen großen, förchterlichen Cometsternen etliche Tage lang an dem Himmel stehen. Darauf erfolgte eine große Trückhne ... eine starckhe Hauptkrankheit ...«. Große »Theuerung«.

1572 Am 2. Februar Beginn großer Kälte, »... daß man schier nicht Mess lesen kunte; kaum hat man den Wein in den Kelch gethan, war Alles schon lauter Eyß.« Am 27. September um 6 Uhr »Feuerkugel mit langem Schweif«. Bald darauf »große Kälte und viel Schnee«.

1587 In Stein am Rhein fällt noch am 4. Juli Schnee.

Diese Aufzählung ließe sich bis in unsere Tage beliebig verlängern, denken wir nur an die Sturmfluten in der südlichen Nordsee vom 31. Januar und 1. Februar 1953 (allein in den Niederlanden 1794 Tote), oder – großräumig betrachtet – an die Dürrekatastrophen in der Sahelzone, im Sudan und Äthiopien. In Basel wurde der Juli 1983 als der heißeste seit 1755 registriert. Wenn die Natur uns Umweltschäden beibringt, dann auch meist in »globalen« Größenordnungen.

Aber wie haben sich Wetter und Erdklima entwickelt, wenn wir weiter als ein Jahrtausend in die Vergangenheit zurückgehen? Die Bibel lehrt, 1000 Jahre seien nur ein Tag. Die Forschung hat in den letzten Jahren zu dieser Frage mancherlei Antworten gegeben, nicht immer stimmen sie überein.

Eiszeiten

Schon was die Eiszeiten angeht, gibt es neuerdings so viele kaum oder nur schwer erklärbare neue Befunde, daß Verwirrung sich breitmacht.

Als vor wenigen Jahren sich die Forschung in der Antarktis belebte – weil Politiker vieler Länder Forschungsgelder gaben, um einst auch Gebietsansprüche stellen zu können –, löste sich viel von unserem alten Schulbuchwissen in Luft auf. Daß auf dem antarktischen Kontinent nicht ewig niedrige Temperaturen geherrscht haben konnten, war bekannt. Woher sollten sonst die Kohlevorkommen stammen? Auch hatte die Forschung erkannt, daß diese große Landmasse nicht immer dort gewesen ist, wo sie heute liegt. Sie hat an der Drift der Kontinente teilgenommen. Doch alles das mußte viele Jahrmillionen zurückliegen. 1984 zeigten sich neue Aspekte zur Geschichte dieses Kontinents. Es ergaben sich Anzeichen dafür, daß sich vor bereits 30 Millionen Jahren dort eine riesige Eisdecke gebildet haben mußte – und das hieß, 15 Millionen Jahre früher als vermutet. Dieses Eis ist, so scheint es, dann weggeschmolzen, bevor sich die heutige Eiskappe bildete. Auf den ersten Blick mag das wenig bedeutend erscheinen, doch wenn das Eis einmal geschmolzen ist, so muß das zu einem geradezu unerhörten weltweiten Steigen der Ozeanfluten geführt haben, was wiederum für das Klima auf der Erde nicht ohne Folgen gewesen sein kann. Die Wassermassen wurden dann erneut am Südpol als Eis festgelegt. Schätzungen besagen, daß damit der Meeresspiegel um etwa 40 m sank, worauf weite, vorher »versunkene« Landstriche wieder aufgetaucht sind! – Das hört sich bereits gewaltig an, doch vor 18 000 Jahren, als das Eis weite Gebiete auf der nördlichen *und* der südlichen Erdhalbkugel bedeckte, mag der Wasserstand der Ozeane sogar mehr als 100 m (!) tiefer als heute gewesen sein.

Schwankungen des Meeresspiegels um 40 oder gar 100 m auf und ab – ein Blick auf eine Erdkarte zeigt, daß ein solches Geschehen unser Bild von der Form der Kontinente ganz entscheidend verändert. Wie viele und riesige Gebiete tauchen dann auf oder ab? Und mit allen Lebewesen! Was sind unsere heutigen »Umweltkatastrophen« gegen solches Geschehen?

Selbstverständlich haben die Forscher gefragt, was die Ursache zumindest der heutigen Vereisung der Antarktis sein mag, und sie wissen auch eine Antwort anzubieten: Das Abwandern der großen Südamerika-Landmasse und Australiens nach Norden hat die Klimaveränderung am Südpol bewirkt. Kalte Strömungen konnten den antarktischen Kontinent umkreisen.

Untersuchungen der Sedimente im Meeresboden des Nordatlantik erbrachten 1984 auch Neues über die dortige Eisbildung. Eines der Resultate ist eindeutig. Vor ca. 3 500 000 Jahren begannen die Wassermassen zwischen Grönland und Norwegen kälter zu werden. Das kalte Wasser sank Winter um Winter zum Meeresboden. Nach 1 Million Jahre war es soweit, die Meeresoberfläche bedeckte sich mit Treibeis, und die totale Vereisung des Nordatlantik begann. Es muß eine Vereisung gewesen sein wie jene, die wir als die jüngste Eiszeit kennen, die vor 18 000 Jahren ihren Höhepunkt erreichte und zwischen 11 000 und 6 000 vor unserer Zeit zurückschmolz.

Was bedeuten die winzigen Umweltänderungen durch den Menschen gegenüber so gigantischen Abläufen? Sie sind erdgeschichtlich nicht einmal erwähnenswert.

Erholen wir uns von so trübsinnigem Grübeln, indem wir noch einige kaum verständliche Kuriositäten betrachten, die nebenbei bei der Forschung über Eis und Klima aufgetaucht sind.

Da war die alte Frage, ob während der letzten Eiszeit in unseren Bereichen wirklich das ganze Land völlig von gletscherartigen Eismassen bedeckt gewesen ist. Der Grund für diese Frage ist nur zu verständlich, denn ihr liegt unausgesprochen die Hoffnung zugrunde, daß der Mensch in einer kommenden Eiszeit doch überleben kann. Aus dem hohen Norden Kanadas lagen Hinweise in diese Richtung bereits vor. Jetzt konnten schottische Geowissenschaftler zeigen, daß es in Nordschottland eisfreie Gegenden gegeben hat. Ob sich dort aber jemand hat am Leben halten können, auf einer kümmerlichen Vegetationsinsel im Eis, das bleibt wohl zu bezweifeln.

Das Eis selbst, sei es nun Polareis oder Gletschereis, hat aber noch einige Überraschungen für uns. Es ist ja nicht einfach gefrorenes Wasser, sondern entsteht weitgehend aus Schneefällen, die sich übereinanderlagern. Unter dem Druck immer neuer Schneeschichten werden die Strukturen dichter und dichter, bis wir sie schließlich Eis nennen. Dieses Geschehen kann 100 oder auch 3000 Jahre dauern. Was aber geschieht in dieser Zeit mit der Luft, die im lockeren Schnee enthalten ist? Soweit sie nicht rechtzeitig entweicht, finden wir sie als kleine Bläschen im Eis fest bewahrt. Nun kommt die Überraschung, die eigentlich doch keine ist, wenn man nur nachdenkt: Diese Bläschen enthalten notwendigerweise die Luft in der damaligen Zusammensetzung. Wir können also analytisch feststellen, wieviel Kohlendioxid und andere Gase, die uns heute als Umweltverunreinigungen Sorge bereiten, schon damals in der natürlichen Luft gewesen sind! Schicht um Schicht, die sich altersmäßig gut datieren lassen, wird man Veränderungen in der Luftzusammensetzung erfahren. Noch liegen nicht allzu viele Resultate vor; dagegen hat sich bereits ein seltsames Rätsel aufgetan: Wie kommt es, daß die Bläschen auch Wasserstoffperoxid in Spuren enthalten? Wasserstoffperoxid, ehedem Wasserstoffsuperoxyd genannt und in Verdünnung zum Gurgeln und zur Wunddesinfektion beliebt, ist chemisch ein oxidiertes Wassermolekül, H_2O_2. Hat eine starke kosmische Strahlung an der Bildung des H_2O_2 mitgewirkt? Ist es Ozon (chemisch O_3) gewesen, das die H_2O_2-Bildung über einen nicht ganz einfachen Reaktionsweg veranlaßt hat? Warum ist der Wasserstoffperoxidgehalt im Eis von Grönland und am Nordpol relativ hoch, aber im Antarktiseis deutlich niedriger? Fragen über Fragen. Es wird noch langer und sehr sorgfältiger Untersuchungen bedürfen, bis einigermaßen Klarheit gewonnen ist. Überraschungen sind zu erwarten.

Eine kuriose Beobachtung aus neuerer Zeit sei noch vermerkt. Da gibt es nämlich in den Salzwasserteichen der Anden, im Grenzgebiet von Chile, Argentinien und Bolivien, in rund 4000 m Höhe Inseln aus Süßwassereis, die bis zu 1,5 km lang sind und bis zu 7 m hoch aus dem Salzwasser ragen. Wie sie entstanden sind, ob sie gar noch neu entstehen, wird ihre weitere Erforschung ergeben müssen.

Wie entstand in den Eiszeiten das Eis, ja wie ist es überhaupt zu den Eiszeiten gekommen? Diese Frage zeugt von typisch menschlicher Vermessenheit, denn wir nehmen unsere Existenzperiode als normal, als durchschnittlich. Ein Besucher von einem anderen Stern würde mit gleichem Recht fragen können: Warum ist denn die Erde warm und zur Zeit fast frei von Eis?

Also, was ist die Ursache für den gelegentlichen Temperaturwechsel auf der Erdoberfläche?

Mit absoluter Sicherheit können wir sagen, daß es eine Reihe von Eiszeiten gegeben hat, seit mehr als einer halben Million von Jahren – aber über die Ursache der Eiszeiten bestehen nur Vermutungen, bestenfalls Meinungen, und die gehen weit auseinander!

Etwas anderes scheint gesichert: Die Temperatur war (im Durchschnitt) nur 8 bis 12 °C niedriger als heute. Es reichen also vergleichsweise geringe Temperaturabnahmen aus, um uns in eine neue Eiszeit zu versetzen, um unser Klima so zu verändern, daß die menschliche Kultur untergeht. Einige Forscher meinen, daß schon ein Absinken der Temperaturen um 4 °C in Mitteleuropa ausreicht, um unsere verbleibenden Kulturansprüche auf ein Minimum herunterzudrücken. Die Gletscher in den Alpen würden sich mit den Gletschern von Schweden vereinigen und uns nur geringe Überlebenschancen lassen! Pessimisten fürchten sogar, daß wir bereits einer Vereisungsepoche entgegengehen. Die Wetterschiffe im Nordatlantik melden, in den letzten beiden Jahrzehnten seien die Wassertemperaturen um 0,5 °C zurückgegangen! Können wir hoffen, daß die Kohlendioxid-Zunahme der Atmosphäre hier tatsächlich über den behaupteten und vieldiskutierten »Treibhaus-Effekt« einen Ausgleich schafft und uns am Leben läßt?

Heute sind 10 Prozent der Erdoberfläche von Eis bedeckt, 9 Prozent dieses Eises liegen am Nordpol, 90 Prozent am Südpol, 1 Prozent sind Gletscher.

Staub im Kosmos – Staub um die Erde

Zurück zu unserer Frage nach den möglichen Ursachen der Eiszeiten. Wenn die Wärmestrahlung der Sonne uns weniger stark erreicht, so muß es kälter werden, das klingt logisch. Doch was könnte hierfür wiederum die Ursache sein? Da ist einmal der interstellare Staub. Wäre es denkbar, daß unser Sonnensystem durch Gebiete der Milchstraße zieht, die mehr oder weniger dicht mit interstellarem Staub gefüllt sind, und die Erde so mehr oder weniger Sonnenwärme erhält, dadurch Hitze- und Trocken-(Wüsten)zeiten oder aber Eiszeiten unser Schicksal sind?

Dann aber gibt es auch die neue Entdeckung japanischer Forscher, die besagt: Um die Sonne selbst gibt es Staubwolken, welche die Sonnenstrahlung verändern können, schätzungsweise 700 Millionen Tonnen. Ob das nun winzigste Partikel oder auch Brocken bis zu einigen Kilometer Größe sein mögen, es ist nicht auszuschließen, daß dieses Material sogar eine Art Ring um die Sonne bildet, so wie wir Ringe von einigen Planeten kennen. Je nach der Lage eines solchen Ringes könnte uns auf der Erdbahn mehr oder weniger Sonnenenergie erreichen.

Immer wieder diskutiert wird auch, ob sich etwa Erd- und Sonnenbahn relativ zueinander im Verlauf von Jahrmillionen geändert haben. Diesem Gedanken benachbart ist die ältere These, die Sonnenaktivität schwanke nicht nur im 11-Jahres-Wechsel der Sonnenfleckenaktivität, sondern periodisch über Zeiträume von Jahrtausenden. Doch auch dafür fehlt der letzte Beweis.

Lange Zeit erwogen wurde die Möglichkeit, daß die Wanderung der Kontinente die Ursache für die Eiszeiten wäre. Wenn Landmassen in die Richtung der Pole wandern, sie dann mit Schnee bedeckt werden, so wird zweifellos von diesen weißen Flächen Sonnenenergie in das Weltall reflektiert und damit die Wärmebilanz der Erde verschlechtert. Das klingt sehr einleuchtend. Im Jahre 1984 erschien eine wissenschaftliche Arbeit, in der errechnet wurde, daß in der Nähe der Erdpole Eis auch wachsen kann, ohne daß dort Landmassen sind. Damit verschiebt sich das Problem zu der bereits angedeuteten Frage, warum es Wärmezeiten gibt. Wenn wir dafür einen Anstieg des Kohlendioxid-Anteiles der Atmosphäre verantwortlich machen wollen, stehen wir vor der Frage: Durch welche Vorgänge wurde dieses Kohlendioxid freigesetzt? Kein Zweifel, durch natürliche Prozesse muß es zeitweise geradezu riesige Kohlendioxid-Mengen in der Atmosphäre gegeben haben, so etwa in der Zeit vor 200 bis 250 Millionen Jahren, als die ungeheuren Ablagerungsschichten des Muschelkalkes gebildet wurden, der ja nichts als kohlensaures Calcium ist, Calciumcarbonat.

Damit sind wir dann bei jenen Hypothesen, die die Ursache der Eiszeiten in Vorgängen auf unserem Planeten selbst suchen. Wir kommen also zu der Theorie, eine Art großer Dynamo sei im Erdinnern, und er sei der Anlaß von Schwankungen des irdischen Magnetfeldes und zu Verlagerungen der Erdpole, die wiederum Klimaveränderungen auslösten. Ist das eine sehr gewagte Annahme? Noch können wir es nicht entscheiden.

Lange beliebt war eine Eiszeitentheorie, nach der vulkanische Ausbrüche an allem schuld wären. Nun, die größte vulkanische Eruption, von der wir wissen, war der Ausbruch des Tambora im Jahre 1815, eines Vulkans, der rund 300 km von der Ostspitze Javas entfernt auf einer Insel liegt. Damals kamen 88 000 Menschen ums Leben. Es wird angenommen, daß der Vulkan, der für erloschen gehalten wurde, über 4300 m hoch gewesen ist; heute liegt der Kraterrand nur noch 2850 m über dem Meeresspiegel; etwa 175 km^3 (!) Material sollen eruptiert worden sein. Im Jahre 1812 begann es, in und um den Vulkan zu »grummeln«, und an seiner Spitze zeigte sich eine dunkle Wolke. Eine mittelgroße Eruption wurde drei Jahre später, am 5. April 1815, bemerkt, am 10. und 11. April kam es dann zur Katastrophe: Das Donnern des Ausbruches war noch bis in 2600 km Entfernung auf Sumatra zu hören. Wir wollen hier nur festhalten, daß Staubmassen vermutlich bis in 50 km Höhe geschleudert worden sind und jahrelang wohl in Höhen von 10 bis 30 km verblieben:

Im Juni, Juli, September und Oktober 1815 beobachtete man in London mehrfach orangefarbene, rote und purpurne Sonnenuntergänge und dunkle Streifen am Abendhimmel.

Im September 1815 waren nachts viele Sterne nicht deutlich zu erkennen. Die Ursache war zweifellos Staub in hohen Schichten der Atmosphäre.

Am 9. und 10. Juni des folgenden Jahres 1816 war der Mond nicht klar erkennbar. Noch am 19. September 1817 vermerkte ein französischer Astronom, der in Glasgow arbeitete, Sterne, die sonst mit dem bloßen Auge sichtbar seien, wären selbst mit dem Teleskop »nur mit Schwierigkeiten« zu erkennen. Noch immer störte der vulkanische Staub die Himmelsbeobachtungen.

Für die Europäer und Nordamerikaner aber ging das Jahr nach dem Ausbruch des Tambora-Vulkans als »das Jahr ohne Sommer« in die Geschichte ein. Die Tagestemperaturen waren anomal niedrig, es gab viel Schnee und Regen, vielerlei Feldfrüchte wurden nicht reif, die Ernten blieben gering, Hunger und Unzufriedenheit der Bevölkerung waren die Folgen: Die Sonnenstrahlung wurde von den Staubwolken der Eruption absorbiert beziehungsweise reflektiert. Es ist nachgerechnet worden, die Temperaturerniedrigung betrug generell nur 0,4 °C, aber eben das genügte bereits! Eine winzige Umweltveränderung kann unsere Existenz aus dem Gleichgewicht werfen.

Als 1883 der Krakatau ausgebrochen war – diese bekannte Vulkaneruption war vergleichsweise viel geringer –, ließen sich meteorologisch ähnliche Beobachtungen machen. Die Wachstumsringe der Bäume waren deutlich schwächer als sonst.

Am 28. März 1982 brach der Vulkan El Chichón in Mexiko aus. Siebzehnmal starteten U 2-Aufklärungsflugzeuge der USA, um die in 30 km Höhe geschleuderte Eruptionswolke zu verfolgen. Wie groß die Klimawirksamkeit dieses Ausbruches anzusetzen ist, ist noch umstritten. In einem Bericht heißt es dazu: »Die möglichen Folgen eines weithin zunehmenden Kohlendioxidgehaltes der Atmosphäre dürften so jedenfalls durch diesen einzigen Vulkanausbruch für einige Jahre mehr als ausgeglichen werden.«

Die Natur reguliert die Folgen menschlichen Wirkens, vielleicht weil wir selbst eben nichts als ein Naturfaktor im großen Evolutionsablauf sind?

In einigen Zeilen müssen wir an dieser Stelle an die jetzt vieldiskutierten Klimafolgen eines weltweiten Atomkrieges erinnern. Das Schlagwort »Nuclear Winter«, also »Atomwinter«, geht um. Sicher ist, daß ein atomarer Schlagabtausch zuerst wohl kaum die großen Atommächte selbst treffen wird, sondern anderswo stattfindet. Es dürfte wenig Sinn haben, jetzt über Verlustzahlen zu spekulieren, doch scheint es gewiß, daß riesige Brände ausgelöst werden, deren Staub und Rauch um die Erde ziehen. Der Vergleich mit den großen Vulkanausbrüchen liegt nahe und also auch die Folgerung: Es wird auf der Erde kalt werden, es wird zu einem »Atomwinter« kommen.

Steine, die vom Himmel fallen

Nicht nur Vulkanausbrüche stäuben die Erde ein. Als das englische Forschungsschiff »Challenger« von 1872 bis 1876 unterwegs war, entdeckten die Wissenschaftler in Tiefsee-Ablagerungen winzige metallische Kügelchen. Eben diese Kügelchen fanden sich um die gleiche Zeit im Schnee und später auch im arktischen Eis. Die Analysen stimmten überein mit Meteoriteneisen. Heute wissen wir, daß die Erde auf ihrer Bahn um die Sonne tonnenweise kosmischen, meteoritischen Staub »aufwischt«, »vom Himmel fegt«. Um wie viele Tonnen derartigen außerirdischen Materials die Erde jährlich wächst, darum streiten die Gelehrten. Minimalschätzungen sprechen vorsichtig von mehr als 10 000 t, doch es mag ebensogut die hundertfache Menge sein. Ob solcher Staub klimaverändernd wirken kann, wir wissen es noch nicht. Nur eines dürfte gewiß sein, der Einschlag eines großen Meteoriten oder eines Kometenkopfes, gar eines Asteroiden, bleibt auf unsere Umwelt nicht ohne Folgen. (Wir werden noch darauf zurückkommen.) Es liegen indessen bereits ernsthafte Untersuchungen darüber vor, welches die Folgen für die Atmosphäre sein können. Da fiel im Juli 1908, fast exakt in der Mitte der UdSSR, mit Blitz und Donner der Tunguska-»Meteorit«. Ob es wirklich ein Meteorit war oder ein Kometenkern, ist umstritten. Ob er die Erde senkrecht traf oder nur tangential berührte, auch das ist nicht sicher. Gewiß aber ist, daß rund 50 km um den zentralen Punkt noch Bäume umgeknickt wurden; es war ohne Zweifel eine heftige kosmische Kollision. Die Stoßwelle muß so energiereich gewesen sein, daß die Moleküle der Luft miteinander reagierten. Resultat der Berechnung: Es entstanden damals 30 Millionen Tonnen (»hochgiftige«) Stickoxide (!), und die Ozonschicht der Erde dürfte zu 35 bis 40 Prozent vorübergehend verlorengegangen sein. In den Jahren von 1908 bis 1918 soll die Temperatur durchschnittlich um 0,3 °C gesunken sein. Keine Eiszeit, aber beachtlich wäre ja auch das schon.

Ob eine Gegend einmal vereist gewesen ist, bleibt für den Geologen nicht lange fraglich, doch auch ein Laie kann leicht typische Anzeichen finden wie die Endmoränen, die an den ehemaligen Abbruchkanten des Eises entstanden, die vom Schmelzwasser ausgekolkten Seen, Spuren von Gletscherschliff im Gestein und vor allem die »Findlinge«, vom Eis transportierte Felsstücke. In den letzten Jahren sind zusätzlich zwei Untersuchungsverfahren ausgebaut worden, die den historischen Verlauf von Kälteperioden zeigen können.

Das erste Verfahren ist die Untersuchung von Eiskernen, wie man sie zum Beispiel in der Antarktis erbohrt hat. Solche Eisbohrkerne wurden zu einer Art »Tagebücher« der Klimaentwicklung. Es ist möglich, sowohl die Temperaturen bei der Eisbildung als auch den Zeitpunkt des Entstehens der betreffenden Eisschicht relativ genau zu bestimmen. Eines der wesentlichsten Resultate solcher Untersuchungen war, daß Warm- und Kaltzeiten auf der südlichen und nördlichen Halbkugel der Erde keineswegs zeitlich übereinstimmen, zumindest im Zeitraum von 11 000 bis 8000 Jahren vor unserer Zeit gibt es Abweichungen.

Baumringe dokumentieren Umweltschäden

Das zweite Verfahren betrifft die Untersuchung der Wachstumsringe von Bäumen. Für viele Gegenden gibt es bereits Jahrtausende zurückreichende Baumringchronologien, die bisher vorwiegend für Datierungszwecke benutzt worden sind. Man studierte typische Ringfolgen, eng oder weit, schlechten oder guten Wachstumsjahren entsprechend, und tastete sich damit in immer ältere

Zeiten zurück. Die »Dendrochronologie« ist heute die exakteste Datierungsmethode überhaupt, für kulturhistorische Untersuchungen längst unentbehrlich. Die Klimaforscher fragen nun aber: Warum sind diese oder jene Baumringe so schmal, was war die Ursache des schlechten Wachstums? Schon zwei Nächte mit Temperaturen von −5 °C können Frostschäden für einen Baum bringen, das heißt, einen engen Wachstumsring. Wie wir sehen, kann der Staub großer vulkanischer Ausbrüche die Temperaturen auf der Erde senken.

Da verwundert es kaum noch, daß sich der Krakatau-Ausbruch von 1883 im folgenden Jahr in der Baumringchronologie finden ließ. Auch der Ausbruch des Mont Pelé auf Martinique von 1902 ließ sich als verminderter Wachstumsring erkennen (im gleichen Jahr waren auch die Vulkane Soufrière auf der Insel St. Vincent und Santa Maria in Guatemala tätig). Was aber ergab sich für den vorher so schwer datierbaren Ausbruch des Vulkans von Santorin (Thera) im östlichen Mittelmeer? Die Historiker sind an dem exakten Zeitpunkt sehr interessiert und haben lange mit den Geowissenschaftlern darüber gestritten. War die Staubwolke des Santorin-Ausbruchs Anlaß der »Ägyptischen Finsternis«, von der das Alte Testament berichtet? Nein? Ging durch den Santorin-Ausbruch die minoische Kultur unter? Ist Santorin gar das sagenhafte Atlantis gewesen? Die Radiokohlenstoff-(^{14}C)-Datierung erwies sich als schwierig. Nur wenig Untersuchungsmaterial war verfügbar, und so dürfte es kaum verwundern, daß die Resultate nicht viel besser waren als die der Historiker: 1675 vor Christus oder 1688 ± 57 Jahre vor Christus. Nun (1984) zeigte es sich: Die Frostringe in der Dendrochronologie sprechen für das Jahr 1626 v. Chr., vielleicht ein oder zwei Jahre früher.

Das Baumringwachstum kann aber auch für unsere Zeiten beziehungsweise auf unsere Umweltfragen Antworten geben. So zum Klima und den Regenmengen im US-Maisgürtel während der letzten 300 Jahre. Die Resultate sind so exakt, daß man fast eine Periodizität ableiten und vielleicht bei weiteren Untersuchungen einst Erntevorhersagen riskieren kann.

Ob es nun gefällt oder nicht, die Baumringe führen auch Buch über die Atmosphäre, in der die Bäume wuchsen, und über den Boden, auf dem sie gewachsen sind. In den Wachstumsringen von Nadelbäumen, die im Great Smoky Mountains US National Park gewachsen sind, fanden sich für die Zeit von 1863 bis 1912 erhöhte Mengen Eisen, offenbar verursacht durch den Betrieb einer Eisenhüttenanlage, 88 km entfernt. An anderer Stelle enthielten die Baumringe ab dem Wachstumsjahre 1950 nicht nur doppelte Konzentrationen an Eisen, sondern auch an Titan, und seit 1970 waren dann auch die abgelagerten Mengen an Aluminium, Kupfer, Mangan und Zink stark erhöht. Ursache: Verdoppelung von Kohlekraftwerkskapazitäten im 16-km-Umkreis. Hier tut sich ein neues attraktives Forschungsgebiet auf, die Umwelt-Verschmutzungschronologie, die es möglich machen wird, chemisch exakte Belege für Boden-, Luft- und Wasserverschmutzungen zu erbringen. Vorbei ist die Zeit, da das Baumringezählen mehr oder minder nur zur Datierung historischen Geschehens diente. Gewiß, über eine nun bereits 7272 Jahre zurückreichende Baumringchronologie für Westeuropa kann man sich schon an sich freuen, doch wenn wir daran denken, welche Möglichkeiten zur Klima- und Umweltforschung sich darin verbergen, so dürfen wir auf Überraschungen gefaßt sein.

Die Wüsten werden weiter wachsen!

Ob und wann uns eine neue Eiszeit droht, bleibt umstritten. Kaum einen Zweifel aber kann es daran geben, daß wir eben in eine Umweltkatastrophe entgegengesetzter Art hineinsteuern oder gar schon darin sind: Trockenzeit und Wüstenbildung! Seit mehr als 5000 Jahren trocknen die feuchten Tropenzonen der Erde aus. Die Vegetation verliert weite Gebiete. Wo einst »blühende Gärten« gewesen sind, treibt der Wind Dünen zusammen, und ehedem fruchtbare Böden werden zu trockenen Lößhügeln zusammengeblasen. Nun, Löß ist nichts anderes als ein gelblicher, mehlfeiner, durchaus fruchtbarer Boden, und er kann auch dem Ackerbau dienen; doch dort, wo er vom Winde weggetragen wurde, fehlt er eben. Die bis zu 60 m dicken Lößschichten in China sind Ackerkrume aus den Trockenwüsten Innerasiens. Hier sehen wir in aller Deutlichkeit die Katastrophe: Eine Landschaft wird zur Trockenzone, der Pflanzenwuchs verschwindet, der Wind bläst den Kulturboden fort und lagert ihn in unnütz dicken Lagen irgendwo anders wieder ab.

Um 1980 wurde deutlich, daß die Sahelzone zur Wüste wird. Wenn über Jahre kaum oder gar kein Regen fällt, ist das unausbleiblich. 1984 brach nach langer Trockenzeit in Äthiopien und Teilen des Sudans jede Lebensmittelversorgung zusammen. Die Welt raffte sich zu Hilfsaktionen auf, schickte Lebensmittel. Doch was kann eine solche Aktion gegen eine natürliche Umweltkatastrophe ausrichten?

Jedermann war überrascht. Warum eigentlich? Wir wissen es doch, die Sahara-Wüste ist vor wenigen Jahrtausenden noch ein herrlicher Landstrich gewesen. Felsbilder zeigen uns, wie reich die Tierwelt dort war, wie die Jagden verliefen, und das auf Tiere, die keine Wüstentiere sind!

Denken wir weiter an das Euphrat-Tigris-Gebiet. Das Alte Testament, Ausgrabungsfunde und überlieferte Texte zeugen von üppigen Feldern, hochentwickeltem Ackerbau, ja von großen Städten. Und heute: trostlose Wüste.

Erinnern wir uns an die Wanderung der Juden von »den Fleischtöpfen Ägyptens« in das »Gelobte Land«, da Milch und Honig flossen. Heute hungert Ägypten, und in Israel wird jeder Liter Regen zu einem Faktor der Handelsbilanz für Obst und Gemüse.

Karthago, am Nordrande Afrikas, eine ehemals blühende Stadt, Konkurrent Roms – was blieb? Wüste. Sizilien – einst war die Insel die Kornkammer des Römischen Reiches. Hier greift die Wüstenbildung bereits nach Europa, und schon trägt der Wind gelegentlich Staub aus der Sahara bis in unsere Breiten.

Allzu menschlich ist die Suche nach Schuldigen. Da heißt es, die

Nomaden, die in Zentralafrika verzweifelt um ihre Existenz ringen, hätten mit ihren Herden die Grasflächen »überweidet«. Welch eine Verkennung der Situation. So weit ist es eben schon, daß nur noch wandernde Stämme dem Wüstenwachstum Widerstand gegen die Entvölkerung entgegensetzen können. Anderenorts werden gar gefräßige Ziegen dafür verantwortlich gemacht, daß die Vegetation schwindet. Was bleibt denn sonst? Wo Großvieh nicht mehr gehalten werden kann, muß die Bevölkerung sehen, daß sie wenigstens noch im Kleinvieh einen Rückhalt für ihr Leben findet. Nein, wer so argumentiert, stellt die Dinge auf den Kopf!

Sind etwa außerirdische Einflüsse an der Misere schuld? Ist es doch der Mond, der das Wetter bestimmt? Entgegen der Volksmeinung hat der Mond kaum einen Einfluß auf das Wettergeschehen. Gut, in Nordchina läßt sich über einen Zeitraum von etwa 500 Jahren eine Übereinstimmung von Überschwemmungen und Dürrezeiten mit dem Mondzyklus nachweisen, und es mag auch sein, daß zwischen Monsunregen und Mondstand eine gewisse Parallelität vorhanden ist. Wer das aber anders als mit einem Gezeitenverlauf verständlich machen will, dürfte falsch liegen.

Sind Sonnenflecken an der Entwicklung von Dürrezeiten beteiligt? Auch hier sind Zweifel berechtigt. Vor allem aber, das Vordringen der Wüsten geschieht ja nicht in so kurzzeitigen Perioden wie das Auftreten von Sonnenflecken oder gar Mondstellungen. Da müssen schon grundlegendere Ursachen in Betracht gezogen werden.

Ackerbau als Umweltfeind

Ist die Ursache der Wüstenbildung nicht doch auf der Erde selbst zu finden? Vielleicht sogar bei uns selbst? Was haben wir verändert? Nun, zunächst einmal hat sich der Mensch geradezu phantastisch vermehrt! Immer größer wurde dementsprechend der Nahrungsbedarf. Also mußten zunehmend größere Mengen Acker-

und Wiesenland geschaffen werden. Wald, Buschwerk, der ganze natürliche Aufwuchs weiter Landstriche mußte verschwinden. Stellen wir uns die Rheinebene vor: Wenn die Helden der Siegfried-Sage auf die Jagd zogen, so strolchten sie durch Auwälder, belebt von vielerlei Beutetieren. Bis auf die Höhen des Odenwaldes dürften sie wohl kaum einmal vorgedrungen sein. Die Mosaike der Piazza Armerina in der Mitte Siziliens zeigen uns Jagdszenen aus der Zeit von etwa 1000: Ein Jäger stößt mit einer Art Neptunsdreizack in ein Gebüsch, um einen Hasen herauszugabeln. So einfach war es, Fleisch zu beschaffen. Als der Mangel an Land größer wurde, die Ebenen von Busch und Wald frei, zog man die Berghänge hinauf, legte Terrassen an, um Ackerboden zu gewinnen. In unserer Zeit wurde erst drainiert, um Feuchtgebiete zu entwässern, dann wurden Flußbegradigungen nötig, um das Wasser ableiten zu können. Als sich in logischer Folge Wassermangel einstellte, wurden Rückhaltebecken und Talsperren notwendig.

Wenig mehr als nur die Hälfte eines Jahres ist heute der Ackerboden so dicht bewachsen, daß Blattwerk den Boden vor dem Einschlag von Regentropfen schützt und Wurzelwerk den Boden festhalten kann. Also wird er abgeschwemmt (wenn er nicht vom Winde weggeblasen wird, wie es in den zwanziger Jahren unseres Jahrhunderts im Westen der USA in den Gebieten des Mais- und Weizenanbaues geschah). Im Jahre 1984 erschien in den USA eine Untersuchung, die behauptet, daß wir dank modernen Ackerbaues einer Katastrophe entgegengehen. Bauernwirtschaft und industrieller Ackerbau als die größte menschliche Umweltsünde? Man möchte es glauben:

Bei den heute üblichen intensiven Monokulturen von Mais, Weizen und Klee im jährlichen Wechsel sind bereits im Jahre 1936 im US-Staat Missouri jährlich 1,08 t Ackerboden pro Hektar (10 000 m^2) verlorengegangen.

Die dreifache Menge verschwindet, wenn ausschließlich Weizen angebaut wird. Bei reinem Maisanbau steigen die Ackerbodenverluste je Hektar (100 × 100 m) auf den siebenfachen Wert!

Ganz ausgezeichnet bewährt haben sich Versuche mit dem neuen Naßsaat-Begrünungsverfahren auf der Basis der Biomasse »Biosol« und dem 801-Konzentrat von Hüls. Auf dem völlig ausgehagerten Untergrund ohne jeglichen Mutterboden (oben) wächst bald kräftiges Gras (unten).

Und in der Dritten Welt? Für einen Hang mit 1 Prozent Neigung, der mit Cassava (Maniok) bepflanzt ist, ergab sich in Nigeria ein Verlust von 3 t Ackerboden pro Hektar und Jahr. Die Vergleichszahl für einen Hang mit 5 Prozent Neigung beträgt 87 t. Wird gar ein Hang von 15 Prozent Neigung mühsam bewirtschaftet, so ergibt sich der erschreckende Wert von 221 t Bodenverlust pro Jahr und Hektar!

Eine Vorausschau meint, daß uns im Jahre 2000 pro Person 32 Prozent Ackerbodenmenge weniger zur Verfügung stehen wird als heute. Solche Vorhersagen sind, da sie über mehr als 3 bis 5 Jahre gehen, meist von kaum mehr als zweifelhaftem Wert, aber sie rütteln uns auf. Wir dürfen nicht warten, bis uns nur noch verkarstete, felsige Hänge bleiben. Der Boden, von dem wir leben, muß festgelegt werden, und wie es aussieht, wird uns die Chemie dabei helfen können. Experimente haben bereits bewiesen, daß selbst kahle Felsflächen sich erfolgreich begrünen lassen, zuerst mit Gras. Wo das erst einmal Wurzeln geschlagen hat, ist wieder Hoffnung. Gras ist unser zentrales Lebensmittel, nicht nur als Viehfutter – auch Weizen und Roggen sind Gräser!

Gelingt es uns nicht, den Ackerbau zu erhalten, so droht Hunger. Hunger führt zu Unruhen, Unruhen zum Krieg. In Äthiopien ist nicht Hunger, weil Bürgerkrieg herrscht, sondern Bürgerkrieg, weil gehungert wird, weil der brauchbare Ackerboden verschwand und nun die Wüste weiter nach dem Lande greift.

Verständlicherweise sind von Generation zu Generation Pläne geschmiedet worden, Wüstengebiete kunstvoll zu bewässern, zur menschlichen Besiedelung zurückzugewinnen. Im Sinai-Gebiet gelang es zu römischer Zeit, in Süd-Israel wird es in unseren Tagen erneut versucht. Terrassenbauten mit kunstvoller Bewässerung findet man an vielen Orten, auf Kreta kann das Auge des Fachmannes ihre zerfallenen Reste noch erahnen. Eine Aufzählung solcher Unternehmen könnte Seiten füllen, doch wir müssen zugeben, daß es bisher wohl kaum und schon gar nicht auf Dauer gelungen ist, eine Wüstenlandschaft mit menschlichem Fleiß wieder zu kultivieren.

In militärischer Abschirmung und primär aus militärischem Anlaß, nur aus Satellitenaufnahmen bisher bekannt, hat der Irak seit etwa 1977 ein riesiges versalztes Wüstengebiet in einen See verwandelt. Östlich von Basra ist ein See angelegt worden, der etwa 50 km lang und bis zu 10 km breit ist. Er soll vor Angriffen des Irans schützen. Ob er letztendlich helfen wird, ein Stück Wüste wieder in fruchtbares Land zu verwandeln, wird die Zukunft zeigen müssen.

2. Kapitel

Der Umwelt-Stoffwechsel

»Das Haus verliert nichts.« Dieser bei langwierigen Suchereien in Büro oder Haus gerne gebrauchte Satz gilt auch für unsere Erde, sie verliert nichts. Gut, da gehen Gase, vor allem Wasserstoff, an den Weltraum verloren, aber dafür erhalten wir interstellaren Staub, kosmische Strahlung, Meteoritenmaterial. Selbst wenn wir gelegentlich einige Tonnen irdisches Material als Raumsonde in das Weltall schießen, die Bilanz wird Null auf Null aufgehen.

Wir müssen mit dem auskommen, was wir haben, und das bei einer rasant wachsenden Bevölkerung unseres Planeten. Doch sind denn nur die Menschenmassen zu veranschlagen, die auf und von der Erde leben? Kein Gedanke, hinzu kommen Pflanzen, Tiere und Mikroorganismen. Und wie ist es mit dem Zeitfaktor? Unsere Erde ist jetzt etwa 4,5 Milliarden Jahre alt und trägt seit etwa 3,5 Milliarden Jahren Lebewesen mit sich herum. Gewiß, diese Zeiträume mögen um Jahrmillionen ungenau sein, und das Leben mag sich anfangs nur an einigen begünstigten Stellen ausgebreitet haben – das ändert aber alles nichts an dem Schluß, daß irrwitzige Mengen des Erdbodens schon einmal Bestandteil eines Lebewesens gewesen sein müssen. Die dünne, heute von Pflanzen und Tieren belebte Oberfläche der Erde ist bereits ungezählte Male von Lebewesen »verwertet« worden, wurde immer neu zu Pflanzen und vielerlei Getier, das vermoderte und so wieder Rohstoff für neues Leben bereitstellte. Wir, auch wir Menschen, leben auf und von dem Friedhof vergangener Zeiten. Um nur einmal einen Eindruck von der Situation zu gewinnen, wollen wir von der Annahme ausgehen, daß bislang 80 Milliarden Menschen auf der Erde gelebt haben und gestorben sind. Diese Zahl dürfte etwa richtig sein. Dann ruhen auf der Erde je Quadratkilometer jetzt 537 Leichen. Da weite Gebiete stets nur dünn oder gar nicht besiedelt gewesen sind, gehen wir kaum fehl in der Annahme, daß wir in Europa ruhig mit dem doppelten oder gar dreifachen Wert rechnen dürfen, das heißt, bei uns kommen bereits 1000 oder 1500 Tote auf den Quadratkilometer, wenn nicht noch mehr.

Also leben wir wirklich auf einem einzigen großen Friedhof und, schlimmer noch, alles, was wir als Nahrung zu uns nehmen, ist längst von Lebewesen, die vor uns existierten, etliche Male durchgekaut worden. Das mag sich häßlich anhören, aber naturwissenschaftlich betrachtet ist es nun einmal so: Wir sind nur die gegenwärtigen Formen in einem großen Wiederverwertungskreislauf. Das Leben ist ein riesiges Recyclingunternehmen.

Der Kreislauf unseres Wassers

Ein Kreislauf? Seit Generationen exerzieren die Lehrer mit ihren Schülern den Kreislauf des Wassers. Vom Ozean treiben die Wolken über das Land, regnen ab, und schon fließen Bäche und Flüsse wieder zurück in die Ozeane. Über allem strahlt die Sonne, die die notwendige Verdampfungsenergie liefert. Einfach – so einfach? Nein, auch hier haben wir in Wahrheit ein sehr fein ausgewogenes System vor uns! Wo ist das Wasser?

In den Ozeanen	80 Prozent
in den Poren von Fels und Boden	18 Prozent
als Eis festgelegt	1,2 Prozent
in Seen und Flüssen	0,002 Prozent
in der Atmosphäre	0,0006 Prozent

Die 0,0006 Prozent sind es, die den Kreislauf des Wassers schließen, die uns den Regen bringen, die Ernten sichern.

Nun mögen sich Prozentzahlen für Handelsbilanzen und dergleichen recht gut ausnehmen; was den Kreislauf des Wassers in der Natur angeht, so sind sie letzten Endes recht unanschaulich. Versuchen wir einmal anders, einen Eindruck zu gewinnen. Stellen wir uns vor, wir hätten vor uns einen großen Würfel aus Eis,

50 km lang, ebenso breit und auch 50 km hoch. Eine Strecke von 50 km ist eine Entfernung, die für einen Autofahrer noch anschaulich ist; bei mittlerer Verkehrsdichte braucht er etwa eine halbe Stunde, um sie zu fahren.

In den Ozeanen sind dann 13 700 solcher 50-km-Würfel enthalten.

Der Regen über Ozeanen beträgt pro Jahr ca.	3,5 Würfel
der Regen über Land pro Jahr ca.	1 Würfel
die Verdampfung aus Ozeanen pro Jahr ca.	3,3 Würfel
die Verdampfung über Land pro Jahr ca.	0,6 Würfel
von Grundwasser und Flüssen in die Ozeane pro Jahr etwa	0,32 Würfel

Zu Eis gefroren liegen auf der Erde ca. 165 unserer 50-km-Würfel. An Wasser im Sediment, im Humus und in den Poren der Gesteine stecken 3200 unserer Einheitswürfel. Damit hätten wir ein grobes Bild.

Wie die Sonnenenergie den Wasserkreislauf antreibt, sollen einige wenige Zahlen andeuten. Von der Sonnenenergie, die die Erde erreicht, gehen gleich einmal runde 30 Prozent ab, die reflektiert werden von Eis, Schnee, Wolken und atmosphärischem Staub. 47 Prozent der Sonnenenergie erwärmen die Atmosphäre und die Erdoberfläche, und so stehen nur noch 23 Prozent zum Verdampfen von Wasser zur Verfügung. Von den minimalen Energiemengen, die Winde, Wellen und Strömungen hervorrufen, wollen wir nicht reden, auch nicht von den 0,0023 Prozent, die von Pflanzen zur Photosynthese verbraucht werden. Was geschieht also, wenn Schnee, Eis, Wolken oder Staub zunehmen, wenn die reflektierte Energiemenge steigt? Wir sahen es bereits, wir werden von einer Eiszeit bedroht, doch wir Landbewohner werden auch von unserer Regenzufuhr abgeschnitten! Also Gletscher- und Wüstenbildung.

Nun müssen wir uns noch veranschaulichen, daß einigermaßen reines Wasser – wenn auch nicht chemisch rein – nur als Regen vorkommt. Quellwasser enthält Stoffe aus dem Untergrund gelöst, Grundwasser ebenso. Um Seen und Flüsse ist es nicht besser bestellt. Was immer wir als »Trinkwasser« bezeichnen, ist ein Wasser, das keine für uns schädlichen Stoffe enthält. Die Lebensmittelchemiker formulieren es so: »Trinkwasser ist zum menschlichen Verzehr in jeder Form bestimmtes Wasser und demzufolge ein Lebensmittel.« Den Begriff »Mineralwasser« vermeiden die Chemiker, da dies ein Wort ist, das sich auf den Handel, die Wirtschaft, bezieht. Strenger chemischer Kontrolle unterliegen die »Heilwässer«. Sie *müssen* pro Kilogramm, also pro Liter, mindestens 1 Gramm gelöste Mineralstoffe enthalten. Wenn solche Wässer an der Quelle mindestens 20 °C warm sind, so nennt man sie Thermalwässer. Es werden je nach den Bestandteilen eisenhaltige Wässer (mindestens 20/1000 g Eisen pro Liter), iodhaltige Wässer (mindestens 1/1000 g Iod pro Liter) usw. unterschieden. Jedenfalls müssen Heilwässer eine medizinisch wirksame Substanz enthalten, können also kein (reines) Trinkwasser sein. Es mutete schon mehr als kurios an, als eine »Sensationsmeldung« im Oktober 1984 durch die Presse ging: Die Wiesbadener Heilquelle enthält augenblicklich 0,2/1000 g Arsen pro Liter! Man denke, wie giftig doch Arsen ist, und ist es nicht etwa vielleicht sogar krebserregend? Dabei hätte ein Blick in ein einfaches Lehrbuch ergeben, daß die sogenannten Arsenik-Esser in der Steiermark bis zu zweimal wöchentlich 400/1000 g Arsenik (As_2O_3) geschluckt haben, um noch im hohen Alter blühend auszusehen (nach einer gewissen Gewöhnungszeit!). Aber die peinlichen Vorschriften der Bundesrepublik Deutschland besagen, der Grenzwert liegt bei 0,04/1000 g je Liter Heilwasser, und 0,2/1000 g ist der fünffache Wert. Ob man bei solchem Wissen in Wiesbaden einen Steiermärker Arsenik-Esser vielleicht in eine Klinik geschafft oder gar eingesperrt hätte? Man denke nur, diese Überschreitung einer gesetzlichen Menge – und das auch noch zweimal wöchentlich! Die Wiesbadener Ärzte rechneten auch und fanden, wer über Jahre tagtäglich eine Badewanne voll des »Arsenwassers« trinkt, mag vielleicht Schaden nehmen, aber nur vielleicht, keine Garantie! Was den Gesetzeswert von 0,04/1000 g

Arsen pro Liter Heilwasser angeht, so ist er ohnehin fragwürdig. Kann eine so minimale Quantität Arsen überhaupt eine Wirkung haben? In Bad Dürkheim wurde einst, ob mit Heilerfolg sei hier nicht untersucht, ein Wasser verordnet, das 17/1000 g Arsen pro Liter enthielt, das also die 85fache Menge Arsen des Wiesbadener Wassers enthalten hat – und über einen Schaden ist nichts bekannt. Als tödlich gelten zur Zeit 200 bis 250/1000 g As_2O_3 für einen Erwachsenen.

Uns interessiert hier nur die grundlegende Beobachtung: Der Mineralgehalt eines Wassers kann sich ändern, je nach seinem veränderlichen unterirdischen Weg zur Quelle löst es einmal dieses, dann jenes Mineral in wechselnden Mengen.

Absolut reines Wasser schmeckt übrigens fade. Seien wir froh, es nicht trinken zu *müssen*. Zum Glück für unsere Geschmacksnerven »wäscht« jeder Regentropfen, bis er den Erdboden erreicht, schon aus der Luft etliche Chemikalien heraus, nimmt sie auf und wird damit zu trinkbarem, wohlschmeckendem Wasser. Nachweisen lassen sich unter anderem Natrium-, Kalium-, Magnesium- und Calcium-Ionen sowie Chlorid-, Nitrat- und Sulfat-Ionen. Im Meerwasser kommen selbstverständlich auch alle diese chemischen Produkte vor, dazu aber auch in Spuren Aluminium, Lithium, Rubidium, Phosphor, Barium, Eisen, Arsen (s. o.), Kupfer, Mangan, Zink, Blei, Selen, Zinn, Uran und weitere Metalle (s. S. 28). Ist das Meerwasser also »hochtoxisch«? Keineswegs, es wird ja gerade für Gesundheitszwecke bei Trinkkuren verordnet.

Woher stammen diese »Verunreinigungen«? Beobachten wir als Beispiel das Blei (»toxisch«). Wie kommt es in das Meer, etwa in die Nordsee? Mit dem Abwasser der Flüsse! Das ist ohne Zweifel richtig. Hinzu kommt aber, daß auch der Wind mit Staub Bleispuren in das Meer trägt. Doch schon müssen wir anfangen, uns zu wundern, denn eine genaue Untersuchung ergab: Obgleich viele große Flüsse wie Rhein, Schelde, Weser und Elbe – verrufen als »Kloaken« – in die Nordsee münden und logischerweise im Südteil der Nordsee die Bleiwerte höher sind als in ihren nördlichen Abschnitten, sind die Bleiwerte im Nordatlantik noch höher!

Warum? Sollten diese riesigen ozeanischen Wassermassen nicht optimal »sauber« sein? Leider müssen wir hier wieder einmal erkennen, daß unser »gesunder Menschenverstand« und unsere Vorstellungen vom Meer nicht der Realität entsprechen: Die Forscher glauben annehmen zu dürfen, daß der Westwind, aus den USA kommend, Blei in den Nordatlantik trägt!

Die Frage, was aus dem Blei, ja was aus all den »Fremdstoffen« wird, die in Meere, Seen und Teiche getragen werden, ist längst beantwortet. Sie sinken, chemisch in unlösliche Verbindungen umgewandelt, auf den Grund. Sie werden also Bestandteile des »Sedimentes«. Es kommt vor, daß etwa Metallverbindungen sich an bestimmten Stellen angereichert ablagern, dann kann man sie als neue Lagerstätten ansehen; die »natürlichen« Erzlager haben sich ja im Prinzip ähnlich gebildet. Es ist nur eine Frage der Größenordnung. Bilden sich dicke Schichten, die den Abbau lohnen, so werden sie vielleicht dereinst tatsächlich abgebaut werden. Zumeist aber finden wir in den Sedimenten nur dünnste Schichten – und damit wird die Angelegenheit für uns auch schon interessant: Die Sedimentschichten lassen sich ja heute sehr exakt zeitlich datieren, und also können wir aus ihrer Folge historische Umweltveränderungen ablesen. Die Sedimentschichten sind eine unbestechliche, über alle Diskussionen erhabene Buchführung dessen, was die Natur mit uns und was wir mit der Natur gemacht haben. Da finden sich feine Lagen von vulkanischem Staub und Bimssteinzonen, die von vulkanischen Ausbrüchen stammen, und metallische Kügelchen, die mit Meteoriteneinschlägen in Verbindung zu bringen sind. Ablagerungen von Cadmium deuten auf die Ausübung bestimmter industrieller Prozesse hin, und schon längst überlagerte (und damit unschädliche) Quecksilberreste vor der Küste Kaliforniens künden von der großen Goldgräberzeit. Ebenso wird man aus dem Sediment ablesen können, wie sehr unsere Hausfrauen zuviel phosphathaltige Waschmittel benutzten und wie unsere Bauern die Felder mit zuviel Dünger versorgten, denn beide erhöhen den pflanzlichen Bewuchs von Seen und Teichen, so daß dunkle Moderschichten die Folge sind.

Abwasserkläranlagen, von Industrie und Gemeinden gebaut, haben die Wasserqualität vieler Flüsse bereits wesentlich verbessert. Es bleibt aber die so menschliche Frage: Kann denn die Natur nicht selbst das Abwasser wieder klären und auch entgiften? Möglichst kostenlos? Ja, die Natur kann, sie kann es sogar besser als wir, wenn ihr dabei anfangs etwas geholfen wird. Wenn wir uns die Angelegenheit genauer ansehen, so scheint es fast, als habe die Natur sich bereits vor Jahrmillionen darauf eingestellt, einst riesige industrielle Abwasserquantitäten säubern zu müssen. Oder ist es gar umgekehrt, existiert unsere Kultur, damit eine bereits vorliegende Fähigkeit endlich Sinn bekommt?

Die Geschichte beginnt jedenfalls mit einer Biologin, die in ihrem Lehrbuch den Vermerk findet, daß Binsen nur an reinen Gewässern wachsen. Tausende haben das zum Examen gelernt, Zehntausende wissen es aus der Anschauung: Ein Bachlauf in der Wiese, durchsichtig bis zum Grund, am Rand wachsen prächtige, lange grüne Binsenhalme. Hübsch!

Jeder Umweltapostel, der so »unzerstörte Landschaft« sieht, fordert gewiß: Künftig müssen alle Bäche so sauberes Wasser erhalten, daß Binsen an ihnen wachsen können!

Unsere Biologin, Käthe Seidel, dachte hingegen erst einmal nach: Sauberes Wasser – Binsen; wie wäre es mit Binsen – sauberes Wasser?

Was war zuerst da, das saubere Wasser oder die Binse? Prüfen wir das doch einmal nach, meinte Frau Seidel und pflanzte Binsen an Wasser, das Haushalts- und Industrieabwasser enthielt. Die Binsen wuchsen – doch sogleich zeigte sich auch ein erstaunliches Resultat: Das trübe Wasser wurde sichtlich sauberer, wurde endlich zu einem klaren Wasser, durch das der Bachboden zu sehen war.

Folglich untersuchte Käthe Seidel, ob es technisch möglich ist, Abwasser durch Binsenkulturen zu reinigen. Der Großversuch gab ihr recht! Binsen zerstören nicht nur vielerlei Abwasserbestandteile, sie sammeln sie auch auf, selbst solche Stoffe wie Phenole. Eine Abwasserklärungspflanze war gefunden!

Abwasserreinigung nach Käthe Seidel. Links das Abwasser, wie es in die Reinigungsanlage (Ocala/Florida/USA) eintritt. Mitte: Passage durch Schilfbepflanzung. Rechts: Sauberes Wasser aus Binsenbepflanzung.

Können das auch andere Pflanzen? Etwa das Schilf? Wieder waren die Versuche erfolgreich. Auch Schilfbewuchs nimmt schädliche Stoffe auf. Winters braucht man nur das Schilf zu schneiden und kann mit ihm die Abwasserschadstoffe abfahren.

In unseren Tagen beginnt eine neue Methode der Abwasserreinigung sich durchzusetzen. Der Traum von einer naturgemäßen Abwasserreinigung, den die »Binsen-Käthe« träumte, wird Realität. Im Landkreis Goslar liegt die Gemeinde Othfresen mit 4400 Einwohnern. 1985 konnte sie das zehnjährige Jubiläum ihrer »Wurzelraum-Entsorgung« feiern. Inzwischen gibt es im In- und Ausland etwa 40 solche Anlagen, die kommunale, gewerbliche und industrielle Abwässer, auch Deponiesickerwässer (!), entsprechend klären. Sie sind sogar dann noch günstig und in ihrer Art konkurrenzlos, wenn nur ein einzelnes Haus oder Gehöft angeschlossen ist. Gefordert werden pro Einwohner 2 bis 4 m^2 Schilf, also reicht ein Garten. Das Abwasser wird unterirdisch in die Pflanzung geleitet (damit fällt jede Geruchsbelästigung weg), fließt fast waagrecht weiter und ist bald klar und neu verwendbar. Die bisher größte Anlage gibt es zur Zeit in San Diego/USA; sie klärt das Abwasser von 60 000 Menschen.

Ein mustergültiger Wasserkreislauf!

Doch kommen wir noch einmal auf die Ozeane zurück. Wo bleiben diejenigen Stoffe, die wir als »Abfall« so gerne in sie einleiten? Besteht die Gefahr, daß die Ozeane schon bald zu einer übervollen Müllkippe werden? Jedem besseren Atlas können wir entnehmen, daß es große Meeresströmungen gibt und wie sie verlaufen. Aus dem Schulunterricht ist uns beispielsweise der Weg des Golfstromes vertraut, der, warm aus der Karibik kommend, über den Atlantik zieht und das nördliche Europa heizt. Kein Zweifel, das Wasser der Ozeane mischt sich, und alle »Schadstoffe« werden also mit der Zeit verdünnt. Was wissen wir aber darüber, wie rasch das geschieht?

Da gibt es etwa den Abfall aus den großen Wiederaufbereitungsanlagen für Brennstäbe aus Kernenergieanlagen. Etwas davon gelangt ins Meer, das scheint unvermeidlich zu sein, sowohl bei der Wiederaufbereitungsanlage in Sellafield (ehemals Windscale) an der britischen Westküste gegenüber Irland, als auch bei der Anlage von La Hague nahe Cherbourg. Radioaktive Verunreinigung des Meeres – das scheint bedrückend, allein wir haben hier die Möglichkeit, die Strömungswege und auch den Verbleib der radioaktiven Verunreinigungen bequem zu verfolgen. Die Verfolgung des Radioisotopes Caesium-137 (Halbwertzeit ca. 30 Jahre), das in der Natur sonst nicht vorhanden ist, brachte höchst interessante Aufschlüsse: Das Wasser, welches aus dem Atlantik in den britischen Kanal strömt, teilt sich auf. Ein Teil passiert die Straße von Dover, fließt an der holländischen, der deutschen und der dänischen Küste entlang, passiert das Skagerrak-Gebiet und kommt wieder in den Atlantik. Der andere Teil fließt zwischen Irland und der Halbinsel Cornwall nach Norden durch die Irische See, umfließt Schottland, vermischt sich mit Atlantikwasser und erreicht in der Nähe der Shetland- und Orkney-Inseln die Nordsee; von dort bewegt es sich längs der englischen Ostküste nach Süden und vereinigt sich endlich mit dem Wasser, das die Straße von Dover passiert hat.

Nun die Frage: Wie lange dauert das? Wie ändern sich dabei die Konzentrationen an Schadstoffen, in unserem Fall an Caesium-137? Wie es bisher aussieht, bleiben die Abwässer von Sellafield etwa ein Jahr in der Irischen See, dann dauert es annähernd drei Jahre, bis sie die Nordsee erreichen; die Caesium-137-Konzentration ist dann auf rund ein Zehntel gesunken. Während sie etwa ein Jahr an der norwegischen Küste entlangstreichen, verdünnen sie sich noch einmal um die Hälfte. Wenn sie zwei bis vier Jahre später an die Küsten Grönlands kommen, beträgt die Caesium-137-Konzentration nur noch etwa ein Tausendstel ihres ursprünglichen Wertes.

Gewiß, dies ist ein Sonderfall. Für das Cadmium etwa, das in unseren Tagen so heftig diskutiert wird, würde das Verschwinden ganz anders aussehen, denn es ist vom Element Caesium chemisch sehr verschieden. Doch hier kommt es uns ja primär nur darauf an, zu zeigen, daß es im Meer ganz erstaunliche Strömungswege gibt. Vielleicht wird man sie in späteren Jahren berücksichtigen müssen, falls weiter Abfall ins Meer eingeleitet wird, oder wenn – schändlicherweise – sogar tonnenweise weiter radioaktiver Abfall im Meer versenkt wird. Sonst droht uns ein Müllkreislauf, der uns unsere Abfälle wieder an die Küsten spült.

Das Element Kohlenstoff

Die Chemiker haben alles, was um uns ist, grob gesehen in zwei Substanzgruppen geteilt. Enthält eine Verbindung Kohlenstoff, so rechnen sie sie zur »organischen« Chemie, den übrigen Rest zur »anorganischen« Chemie. Dabei gingen sie davon aus, daß alles pflanzliche, tierische und auch das menschliche Leben seine Funktion letztendlich Kohlenstoff-Verbindungen verdankt. So weit, so gut, doch stellen wir eine Mengenbilanz auf, so sieht sich die Sache anders an. Die Hauptmenge aller Lebewesen sind Wasser beziehungsweise Salzlösungen. Im schieren Fleisch macht Wasser gut 75 Prozent des Gewichtes aus, ja selbst unsere »festen« Knochen bestehen noch zu mehr als der Hälfte des Gewichtes aus Wasser. Doch wie gesagt, die Kohlenstoff-Verbindungen wie Stärke, Zucker, Fette, Eiweiß, die Vitamine und Hormone, sie erst garantieren die Lebensfunktionen, und also müssen wir uns fragen, welche Rolle der Kohlenstoff generell spielt, wie sein Kreislauf in der Natur aussieht und ob und wie er eventuell gestört ist.

Die Erdkruste enthält Kohlenstoff nur mit einem Anteil von 0,1 Prozent. Das scheint wenig zu sein, wenn wir an unsere Vorräte von Kohle, Erdöl, Erdgas, Torf, an Bäume und Felder denken. Aber schon wieder irren wir uns. Die Hauptmenge Kohlenstoff steckt im Muschelkalk und im Dolomit, auch im dunklen Schiefer, ist jedenfalls geologisch-mineralisch festgelegt! Indessen, woher stammt er denn überhaupt? Zumeist aus dem Erdinneren, sagen die Geologen. Von dort kam er als Kohlendioxid, Kohlenmonoxid und als Methan an die Erdoberfläche. Große Kohlendioxid-Anteile lösten sich im Meer und bildeten dort Calciumsalze. Allein die Muschelkalk-Ablagerungsschichten der Erde (Calciumcarbonat = Marmor = Muschelkalk) sind stellenweise mehr als 200 m dick, sie enthalten Riesenmengen Kohlenstoff. Machen wir es kurz, und sehen wir uns die von der Natur vorgegebene Kohlenstoff-Verteilung einmal an.

In unserer Erdatmosphäre ist Kohlenstoff in einer Menge von 657 870 000 000 t (1 t = 1000 kg) enthalten. Auf der Erdoberfläche stecken in lebendem und totem Material 2 027 000 000 000 t. In den Ozeanen sind 39 447 400 000 000 t.

Gewiß, das sind bereits unvorstellbare Mengen, und genaugenommen sollten wir die Zahlen anders sehen, um unserem Gedächtnis wenigstens etwas zuführen zu können, etwa so:

Auf der Erdoberfläche ist etwa die dreifache Menge des Kohlenstoffs zu finden, der in der Atmosphäre ist, und in den Ozeanen ist die 60fache Menge enthalten.

Doch nun wird es kritisch: In den festen Gesteinen, in der »Lithosphäre«, stecken 73 000 000 000 000 000 t Kohlenstoff. Bevor der Mensch daranging, erst Wälder, dann Kohle und heute Mineralöl und Erdgas zu verheizen, gab es eine »ausgeglichene« Mengenbilanz. Nun aber haben wir sie verschoben. Wir geben Jahr um Jahr möglicherweise 5 000 000 000 t Kohlenstoff in Form von Kohlendioxid in die Atmosphäre ab.

Über alle oben genannten Werte wird man lange und mit Genuß streiten können, wobei sich die Naturwissenschaftler zurückhalten werden, denn sie wissen, daß alle Messungen eine gewisse Fehlerbreite haben und daß, wenn man sie verallgemeinert und Abschätzungen vornimmt, ein Fehler von 10 Prozent mehr oder weniger zwar ein politisches, aber kein naturwissenschaftliches Unglück bedeuten kann.

Die absoluten Zahlen können uns ohnehin egal sein. Worauf es letzten Endes ankommt, sind die Relationen. Da fragt man sich, ob 5 Milliarden Tonnen Kohlenstoff, pro Jahr in Kohlendioxid umgewandelt, irgend etwas verändern können? Wir werden uns später dieser Frage genauer zuwenden. Vorerst genügt es uns, zu wissen, daß es riesige Mengen Kohlenstoff auf der Erde gibt, der stabil festgelegt ist und dessen Kreislauf sich etwa darauf begrenzt:

$$\text{Gestein} \xrightarrow{\text{Verwitterung}} CO_2 \xrightarrow[\text{an Calcium}]{\text{Bindung}} \text{Gestein.}$$

Sauerstoff – ein Wunder?

Wie es scheint, glauben Verfasser von Zukunftsromanen und ihr Leserpublikum, daß die Erde einst Besuch von Außerirdischen erhalten kann, daß wir also so entdeckt werden wie »die Wilden« in Amerika – wobei alle hoffen, daß man mit uns freundlicher umgehen wird. Wie dem auch sei, falls wir je Besuch von anderen Sternen erhalten sollten, das Bemerkenswerteste in deren Expeditionsbericht werden wir kaum sein, sondern das rare Phänomen, einen Weltkörper entdeckt zu haben, der große Quantitäten Sauerstoff in seiner Atmosphäre enthält, rund 20 Prozent. Das ist enorm, denn jeder andere Planet und das Weltall sind zwar voll von Wasserstoff, aber Sauerstoff? Möglicherweise ist dieser Sauerstoff eben sogar ein Anlaß zum Entstehen alles irdischen Lebens gewesen. Ohne Sauerstoff gäbe es jedenfalls gegenwärtig, sagen wir besser seit den letzten drei Milliarden Jahren, auf der Erde kein Leben.

Warum enthält die Erdatmosphäre einen so erstaunlich hohen Sauerstoff-Anteil?

Aus unseren Schulbüchern haben wir gelernt, daß der Sauerstoff einen Kreislauf durchmacht, der etwa so aussieht:

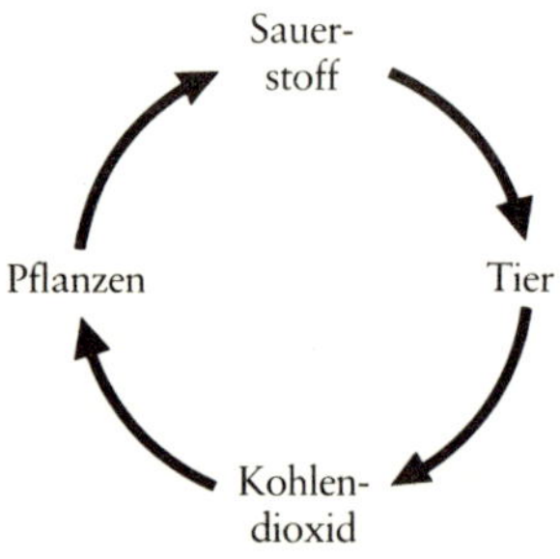

Das heißt: Beim Stoffwechsel der Pflanzen wird Kohlendioxid aufgenommen und Sauerstoff freigesetzt. Beim Stoffwechsel der Tiere wird der freigesetzte Sauerstoff in Kohlendioxid gebunden ausgeatmet und steht so den Pflanzen wieder zur Verfügung.

Ein mustergültiger Kreislauf, so scheint es, wenngleich eine genaue Beschreibung dieses Stoffwechsels mit seinen Zwischenstufen Bibliotheken füllen könnte. Aber leider ist diese Beschreibung in Wahrheit äußerst mangelhaft. Wir müssen uns vorerst eingestehen, daß die Sauerstoffbilanz unserer Erde wesentlich komplizierter ist, als meist angenommen wird, ja daß wir sie erst äußerst oberflächlich kennen!

Nein, da kommen wir noch lange nicht zu dem Verbrauch von Sauerstoff durch die Heizanlagen in Industrie und Haushalten, die spielen ja erst seit etwa hundert Jahren eine nennenswerte Rolle. Die Natur selber verbraucht ständig Sauerstoff, wenn Mineralien aus dem Boden freigelegt und oxidiert werden; dieser Sauerstoff wird endgültig festgelegt. Hinzu kommt der Verbrauch an Sauerstoff durch das Vermodern pflanzlicher und tierischer Reste, was letztlich weitgehend eine Oxidation ist und Kohlendioxid gibt. Auch darf nicht übersehen werden, daß natürliche Brandkatastrophen, Waldbrände und dergleichen große Sauerstoffmengen verzehren. Nur in groben Zügen können wir uns eine Vorstellung von der Sauerstoffbilanz machen. »Die Verhältnisse von Produktion und Verbrauch von Sauerstoff sind nicht einmal mit genügender Genauigkeit bekannt, um sagen zu können, ob das System sich in der Nähe eines Gleichgewichtes hält«, formulierte ein US-Spezialist unsere Situation. Vier möglichen Reaktionen, die Sauerstoff liefern, stellte er in seiner Bilanz neunzehn Sauerstoff-Verbrauchsreaktionen gegenüber. Seine Folgerungen sind unerfreulich, und er unterdrückt nicht den Hinweis: Verwitterungserscheinungen können innerhalb weniger Millionen Jahre den gesamten Sauerstoff der Atmosphäre verbrauchen. Bei wieviel Prozent Sauerstoff in der Atmosphäre wird das Leben verlöschen? Wird die Erde dann ein Planet wie andere auch? Es gibt noch viel, was wir erforschen müssen.

Stickstoff erst erlaubt das Leben

Die Chemiker zählen den Stickstoff zu den »inerten« Gasen und wollen damit sagen, daß er sehr reaktionsträge ist. Dem steht gegenüber, daß es eine schier endlose Menge an Stickstoffverbindungen gibt, sowohl in der anorganischen als auch in der organischen Chemie; kein Lebensvorgang und kein Lebewesen kommt ohne Stickstoffverbindungen aus. Für unsere Betrachtungen zur Umweltchemie können wir uns glücklicherweise auf einige wenige Stickstoffverbindungen beschränken.

Da ist zunächst der Stickstoff selbst, ein farbloses Gas, das rund 80 Prozent unserer Luft ausmacht. Wir atmen ihn ein und unverändert wieder aus, denn was wir aus der Luft brauchen, ist ja nur der Sauerstoff.

Im Gerede sind die Stickoxide. Genaugenommen versteht man darunter ein Gasgemisch, das für Politiker unbegreifbar kompliziert ist und im Schnitt aus drei Gaskomponenten besteht:

a) N_2O, einem farblosen Gas, wenig reaktionsbereit,
b) NO, ebenfalls farblos, reaktionsfähig, wenig wasserlöslich,
c) NO_2, rotbraunes Gas, sehr reaktionsfähig.

Die Chemie kennt noch weitere Stickstoff/Sauerstoff-Verbindungen, doch die sind von geringerer Bedeutung (s. S. 176). Damit Zeitungsleser mit chemischen Formeln nicht überfordert werden, schreibt man für das Gemisch »nitroser Gase« gerne NO_x, wobei jedermann das x selbst ausfüllen mag.

Dann spielt noch das Ammoniak, NH_3, eine Rolle, stechend riechend, in Haushaltsreinigern oft enthalten und seit Generationen als Mittel gegen Ohnmachten weiblicher Wesen beliebt. (Siehe »Faust«, erster Teil: »Frau Nachbarin, Euer Fläschchen!« Es geht hier um ein Fläschchen mit wäßriger Ammoniaklösung als Wiederbelebungsriechmittel.)

Wieviel Stickstoff auf der Erde vorhanden ist, darüber gehen die Angaben in der wissenschaftlichen Literatur weit auseinander. Es handelt sich eben nicht nur um den Stickstoff der Erdatmosphäre, sondern ein vielfacher Betrag dieser Menge ist in Gesteinen und geologischen Ablagerungen enthalten. In den Land- und Ozeanlebewesen (und ihren modernden Resten) sind auch erhebliche Stickstoffmengen gebunden. Da führen Mengenschätzungen leicht zu unterschiedlichen Resultaten. Nur eines ist gewiß, es sind riesige Quantitäten vorhanden.

Das seltsamste aber ist nun, daß der Stickstoff trotzdem in der Lebewelt Mangelware ist! Um von Pflanze und Tier verwertet werden zu können, muß er nämlich erst einmal in chemische Verbindungen umgewandelt werden, die von Organismen aufgenommen werden können. Es sind zwei eher kuriose Wege, die die Natur bietet.

Erstens sind da die Knöllchenbakterien: Sie wachsen in Symbiose am Wurzelwerk von Leguminosen. Die Pflanzen geben ihnen Kohlenhydrate (Zucker), und von den Knöllchenbakterien erhält die Pflanze stickstoffhaltige Eiweißstoffe, denn eben die Knöllchenbakterien können im Boden befindlichen Luftstickstoff chemisch umwandeln. Einzigartig! Im Zeitalter der Drei-Felder-Wirtschaft haben die Bauern rein erfahrungsmäßig diesen Weg zur Stickstoffdüngung beschritten. Auf dem gleichen Acker wurde erst Sommergetreide angebaut, dann folgte Wintergetreide, und im dritten Jahr wurde der Acker zum Beispiel mit Lupinen eingesät, und die wurden untergepflügt! Nun hatte der Boden eine Stickstoffdüngung, die die beiden kommenden Jahre mehr schlecht als recht genügen mußte. Heute kann jeder Acker jedes Jahr beliebig bestellt werden, da genügend Stickstoffkunstdünger vorhanden ist. Bei der Drei-Felder-Wirtschaft standen jeweils nur zwei Drittel der Ackerfläche für den Nahrungsmittelanbau zur Verfügung, und wer sich das einmal klarmacht, wundert sich wohl nicht mehr, daß in jener Zeit Hungerjahre nicht als außergewöhnlich galten.

Der zweite Weg der Natur, Stickstoff für den Lebenskreislauf zu aktivieren, ist geradezu eine Rarität: Gewitter! Unsere Vorväter mußten für jeden Blitzschlag dankbar sein. Wenn ein Blitz das atmosphärische Sauerstoff-Stickstoff-Gemisch durchzuckt, so wird es etwa 4000 °C heiß, und das genügt, um zwischen Sauerstoff und Stickstoff eine Verbindung zu bilden, die, nach einigen Tagen weiterer chemischer Reaktionen, als Stickstoff-Dünger den Erdboden erreicht.

Bis etwa zum Ausbruch des Ersten Weltkrieges stand es schlecht um die Versorgung der Äcker mit Stickstoff. Zum Glück gab es in Chile einige Lagerstätten von »Salpeter«, von Nitraten, also den Salzen der vom Stickstoff stammenden Salpetersäure. Es waren bis 80 m dicke Ansammlungen von Seevogelmist, in Jahrhunderten in Wüstenzonen entstanden. Im Jahre 1898 sprach es ein Engländer aus: »Die Weizenernte der Welt hängt von Chiles Salpeterlagerstätten ab. Eine Welthungersnot ist unvermeidlich, wenn es nicht gelingt, künstlich den Stickstoff der Luft in die Form von Düngemitteln zu bannen.«

Mehr als das, diese Salpetervorkommen waren auch die Basis für Schießpulver und Sprengmittel. Als im August 1914 der Krieg begann, ließ sich seine voraussichtliche Dauer aufgrund der Salpetervorräte absehen. Ein halbes Jahr, dann würde es keine Munition mehr geben, so glaubten viele.

Irgendwoher mußte eine Möglichkeit kommen, den Stickstoff der Luft in Salpeter zu verwandeln, sei es für die Verwendung als Düngemittel oder Sprengstoff. Sollte es möglich sein, ein Verfahren zu entwickeln, das auf künstlichen Blitzschlägen aufbaute? In Norwegen standen um die Jahrhundertwende große Wasserkraftanlagen zur Verfügung, die billig elektrischen Strom liefern konnten. 1903 versuchten denn auch zwei Forscher, die Methode des Blitzes nachzuahmen. Das Birkeland-Eyde-Verfahren wurde von der mit einem Kapital von 38 Millionen Mark gegründeten Norsk-Hydro betrieben; die BASF/Ludwigshafen beteiligte sich. Die Welt-Stickstoff-Lage konnte aber grundlegend so nicht verbessert werden.

Am 9. Januar 1910 wurde ein Deutsches Reichspatent angemeldet, es kam aus der BASF, und zur Erfindergruppe gehörten Carl Bosch, Alwin Mittasch, Georg Stern und Hans Wolf. Die ursprüngliche Anmeldung beginnt mit dem Wort »Kontaktmassen«. Dieses Wort wird heute kaum noch benutzt, wir sprechen statt dessen von »Katalysatoren«. Was war geschehen? An der Technischen Hochschule Karlsruhe hatte man sich mit hochdruckchemischen Versuchen beschäftigt und 1908 entdeckt, daß bei 500 bis 600 °C und 100 bis 200 Atmosphären Druck an einem Katalysator (Osmium, ein platinähnliches Metall) aus Stickstoff und Wasserstoff Ammoniak (NH_3) entsteht. Der Institutsleiter, Fritz Haber, ging mit diesem Resultat zur Geschäftsleitung der BASF, und dort kaufte man dieses Resultat, ein reguläres »Verfahren« gab es ja noch gar nicht, an. Es wurde sogar sogleich beschlossen, das noch nicht existierende Verfahren »Haber-Verfahren« zu nennen. Abenteuerlich? Nun, die Chemie hat immer wagen müssen.

Es kommt zur Zusammenarbeit von Fritz Haber und dem BASF-Technologen Carl Bosch. Die ersten größeren Versuche endeten zwar in Explosionen, doch im Herbst 1914 stehen in Oppau bereits Anlagen, um 100 000 t Ammoniak erzeugen zu können. 1916 wird der Bau der Leuna-Werke bei Merseburg begonnen, ein Werk, das 1917 bereits 100 000 t Ammoniak erzeugt.

Doch mit dem Ammoniakverfahren ist nun zwar der Stickstoff aus der Luft endlich greifbar, man kann mit verflüssigtem Ammoniak im Prinzip sogar direkt düngen; doch was gewünscht ist, sind die Salpetersäure und ihre Salze. Es geht also chemisch darum, das Ammoniak zu Stickoxiden zu verbrennen. Wieder ist eine »Kontaktmasse« erforderlich, und so beginnt erneut die Suche nach einem optimalen Katalysator. Das Problem ist schwierig, die Grundkenntnisse über Katalysatoren und ihre Wirkung sind noch sehr gering. Sicher ist nur, daß an den Katalysatoren die chemischen Reaktionsteilnehmer gemeinsam zusammentreffen müssen, sich dort aneinanderlagern und unter der Wirkung der Katalysatoroberfläche auch chemisch verbinden, was sie ohne Katalysator gar nicht oder nur in geringem Maße bei hohem Druck und hoher Temperatur tun würden. Also sind die Grundforderungen: eine katalytisch wirksame Substanz zu finden, die auch durch Nebenbestandteile der Gase nicht zu rasch unwirksam (»vergiftet«) wird, große Oberflächen davon müssen wirksam werden können; rasche Gasbewegungen hin zum und weg vom Katalysator werden gefordert. Was in Deutschland 1914/15 auf dem Stickstoff/Salpetersäure-Gebiet geforscht und entwickelt worden ist, liegt in den Maßstäben der USA-Atombombenforschung während des Zweiten Weltkrieges – mit einem Unterschied: Die Atombomben und die Atomkriegsdrohung haben sich als Teufelswerk erwiesen. Als der Erste Weltkrieg beendet war, stand Stickstoffdünger in beliebiger Menge zur Verfügung. Für Europa konnte es keine Hungerjahre mehr geben!

Von den Knöllchenbakterien, der Drei-Felder-Wirtschaft, der Stickstoff-Düngung durch Gewitterblitze sind wir unabhängig geworden. Wir holen uns nach Haber/Bosch aus dem Stickstoff-Kreislauf der Natur den uns zeitgemäß zustehenden Anteil – und führen ihn auch wieder in den Naturkreislauf zurück. Die Rechnung, wie weit unsere Luft an Stickstoff »verarmt«, mag anstellen, wer immer sich politisch profilieren möchte.

Die Schwefelbilanz

Der Schwefel und die Schwefelmineralien sind das Entzücken aller Mineraliensammler. Da ist zunächst der Schwefel selbst, der »elementare« Schwefel, gelb oder honiggelb, in kantigen Kristallen oder feinen Nadeln. Seit den Zeiten des klassischen Griechenlands wird er in Sizilien abgebaut und auf den Liparischen Inseln gewonnen. Da Schwefel brennbar ist, wurde auf Sizilien das schwefelhaltige Gestein einfach zu großen Haufen aufgeschichtet und angezündet. Was an unverbranntem, geschmolzenem Schwefel herausfloß, war noch so reichlich, daß sich diese primitive Art der »Gewinnung« rentierte. Um das stechend riechende, in seiner hohen Konzentration ohne allen Zweifel giftige Verbrennungsprodukt, das Schwefeldioxidgas, hat man sich offenbar keine Sorgen gemacht. Auf Lipari, wo der Schwefel Bestandteil austretender heißer vulkanischer Gase ist, deckte man die Gasaustrittsstellen mit Kisten ab und kratzte aus ihnen die abgeschiedenen Kristallnadeln heraus.

Die schier unerschöpflichen Lager elementaren Schwefels in Louisiana und Texas werden rationeller ausgebeutet: Durch Bohrlöcher wird überhitzter Wasserdampf hinabgepumpt, der Schwefel schmilzt und wird an die Erdoberfläche gedrückt, wo er in scheunengroßen Bretterkisten abkühlt und erstarrt. Die Natur selbst verfährt gelegentlich ähnlich; aus einem japanischen Vulkan ergoß sich 1936 ein 1,5 km langer, 25 m breiter und bis zu 5 m dicker Schwefelstrom!

Der goldgelbe Pyrit (FeS_2), der silberne Bleiglanz (PbS), das fahlgelbe Auripigment (As_2S_3) und der schwärzliche Kupferglanz (Cu_2S) sollen hier nur als Farbenbeispiele für die Hunderte von Schwefelverbindungen genannt sein, die die Natur uns bietet.

Erdgas enthält häufig große Mengen Schwefel in der Form von Schwefelwasserstoff (H_2S), dem bekanntlich so intensiv nach faulenden Eiern riechenden Gas. Für die Werkstoffingenieure ein Problem, denn H_2S zerstört übliche Eisenrohre sehr schnell.

Wir können uns kurz fassen: Schwefel ist ein Element, das chemisch gebunden überall vorkommt, in der toten mineralischen wie in der lebenden Welt; wir selbst würden ohne Schwefelverbindungen nicht existieren können. Weil aber der Schwefel so allgemein verbreitet ist, können wir keine rechte Bilanz unseres irdischen Schwefelreichtums aufstellen. Geschätzt wird, daß allein in den fünf oberen Metern unserer Erdkruste, von den Wissenschaftlern »Pedosphäre« genannt, die unvorstellbare Menge von 1 600 000 000 000 000 t, also 1600 Millionen · Millionen Tonnen Schwefel stecken.

Die Atmosphäre der Erde enthält mehr als das Dreifache, in den Gewässern und Ozeanen befindet sich gar die 865fache Menge, und von dem, was in den Tiefen der Erde sein soll, glaubt man annehmen zu dürfen, daß es 19 000mal so viel ist.

Eines allein bleibt seltsam, es gibt selten »genug« Schwefel; einmal ist zuviel Schwefel auf dem industriellen Markt, oder es ist gerade eine Schwefelmangelzeit. Das große internationale Schwefelinstitut in London muß seine Leute entweder aussenden, um zu erklären, wo und wie (eventuell selbst mit Hilfe von Mikroorganismen) noch Schwefelreserven erschlossen werden können, oder aber um die Forschung anzuregen, nach neuen Verwendungszwecken Ausschau zu halten. Fest steht indessen, daß die gewinnbaren Schwefelmengen, besonders aus Erdgas und Erdöl, für Ewigkeiten ausreichen sollten. Bislang hat sich der Schwefelverbrauch etwa alle zehn Jahre verdoppelt, doch ebenso haben sich die statistisch verfügbaren Reserven alle zehn Jahre verdoppelt. Mindestens 2 Milliarden Tonnen betragen die Schwefelreserven zur Zeit; wenn die Entwicklung entsprechend weitergeht, werden es also in zehn Jahren 4 Milliarden Tonnen sein – und das ist bestimmt nicht das Ende.

Riesige Mengen Schwefel werden von der Natur immer neu in Luft, Boden und Wasser »umgeschaufelt«, doch bevor wir uns das näher ansehen, sollten wir uns klarmachen, daß das Naturgeschehen nicht konstant ist. Die Geologen, die sich nicht nur mit dem Schwefelzuwachs in der Atmosphäre (zum Beispiel durch Vulkanausbrüche) beschäftigten, haben beispielsweise ermittelt, wie sich der Gehalt der Ozeane an Sulfat (SO_4^{2-}, das ist der salzbildende Säurerest der Schwefelsäure) in den letzten eineinhalb Milliarden Jahren entwickelt hat. Er betrug vor

3,5	Millionen Jahren	29,0 Vergleichseinheiten
45	Millionen Jahren	30,0 Vergleichseinheiten
90	Millionen Jahren	30,8 Vergleichseinheiten
210	Millionen Jahren	34,3 Vergleichseinheiten
251	Millionen Jahren	35,7 Vergleichseinheiten
530	Millionen Jahren	40,3 Vergleichseinheiten
1000	Millionen Jahren	31,3 Vergleichseinheiten
1500	Millionen Jahren	18,0 Vergleichseinheiten

Da haben wir also Werte zwischen 18,0 und 40,3, und jeder begreift, einen Normalwert gibt es nicht. Wer bei einer Zunahme oder Abnahme glaubt, von einem unnatürlichen Geschehen reden zu müssen, von einer Umweltkatastrophe oder dergleichen, müßte die Natur selbst als den größten »Umweltsünder« anklagen.

Wie sieht nun aber der Schwefelkreislauf heute aus? Es gibt in der wissenschaftlichen Literatur mehr als ein halbes Dutzend umfassende, kritische Übersichten; doch bei manchen Faktoren herrscht keineswegs Übereinstimmung, die Abweichungen betragen oft viele hundert Prozent. Lassen wir Extremwerte beiseite, so dürften vielleicht die folgenden Umsetzungswerte einigermaßen richtig sein:

Es entstehen im Jahr durch	
biologische Prozesse an Land	60 Millionen t (H_2S, SO_2 usw.)
biologische Prozesse ozeanisch	50 Millionen t
Verschmutzung (menschl. Wirken)	~60 Millionen t
Meeresgischt (SO_4^{2-}	44 Millionen t
vulkanisch	8 Millionen t
Flußläufe bewegen	132 Millionen t
Erosion, Verwitterung	65 Millionen t
Regen schlägt nieder	140 Millionen t
als Staub fallen	20 Millionen t
Absorption in Ozeanen	25 Millionen t
Pflanzen verbrauchen	15–20 Millionen t
Düngung, geschätzt	10–42 Millionen t

Wie gesagt, das sind grobe Werte, mehr nicht. Leider ist es um unser Wissen um die Gleichgewichtslage im Schwefelkreislauf der Natur nur wenig besser bestellt.

Die Großzahl aller Autoren meint, der Schwefelgehalt der Atmosphäre sei konstant. Was die 5-m-Bodenschicht (Pedosphäre) unter unseren Füßen angeht, so gibt es keinerlei Übereinstimmung. Lassen wir aber wieder extreme Werte weg, so scheint es eine Zunahme an Schwefelverbindungen zu geben. Auch in den

Flüssen, Seen und Ozeanen scheint der Schwefelgehalt zu steigen; ein Wert von ungefähr 85 Millionen t pro Jahr mag unter Umständen nicht falsch sein, wenngleich eine neue Veröffentlichung den Wert auf Null setzt. Was die Mineralbilanz (Lithosphäre) angeht, so wird die Abnahme von Schwefel auf Werte zwischen 8 und 110 Millionen t pro Jahr beziffert.

Solche Unterschiede sind unbefriedigend! In dieser Lage bleibt uns nichts, als uns an einigen Beispielen wenigstens einen Eindruck von den Schwierigkeiten zu verschaffen, die unsere Kenntnisse so unsicher machen.

Da ist etwa der Staub verwitterter Mineralien, der Ackerbauböden und vulkanischer Ausbrüche. Winde tragen ihn von Kontinent zu Kontinent. Vom Staub der Sahara wissen wir, daß er nicht etwa nur bis Südeuropa und auf die Gletscher der Alpen getragen wird, sondern daß er über den Atlantik sogar die Bermuda-Inseln und Barbados erreicht!

Der Gips, in vielen Ablagerungs-(Sediment-)gesteinen enthalten, und auch der Pyrit verwittern und wandeln sich chemisch um (zu SO_4^{2-} oder Schwefelsäure). Nach neuen Veröffentlichungen kann aus Pyrit (FeS_2) sogar das vieldiskutierte Schwefeldioxid (SO_2) in der Atmosphäre, ganz natürlich, entstehen.

Schwefel, von Vulkanen ausgestoßen, verdampft in die Luft und wird großteils in der Nähe der Vulkane niedergeschlagen. Gewiß, nahe der Krater gibt es dann keinen oder nur geringen Pflanzenwuchs, doch in wenigen Kilometern Entfernung grünt und blüht es oft tropisch. Wer auch nur einmal bis zum halbstündlich eruptierenden Stromboli reist, kann sich leicht davon überzeugen. Schwefel ist nun einmal ein für die Pflanzen lebensnotwendiges Element. Weltweit dürften die Pflanzen unserer Erde jedes Jahr 15 Millionen Tonnen Schwefel aufnehmen, weil sie ihn brauchen! Was noch erstaunlicher klingen mag, sie nehmen ihn größtenteils in der Form des Schwefeldioxids (SO_2) auf, das doch so giftig (heute »hochtoxisch«) ist.

Es fehlt noch viel an unserem Bild des Schwefelkreislaufs in der Natur, und wir sollten deshalb vorsichtig sein, wenn wir meinen, dies oder jenes sollte geändert werden, müßte als »umweltschädlich« gar verboten werden. Wissen wir, was wir da tun? Nein, wir wissen es nicht und ahnen nicht einmal, welchem Mitlebewesen wir da vielleicht die Existenz schwermachen.

Der Phosphor im Kreislauf

Ohne Phosphor ist auf der Erde kein Leben möglich. Keine Zelle, sei sie tierisch oder pflanzlich, kann ohne Phosphor leben, denn sie braucht ihn zum Wachsen, zur Energiegewinnung und zur Vermehrung. Alles Erbgut enthält Phosphoratome.

Gewichtsmäßig macht der Phosphor 0,1 Prozent der Erdkruste aus, er ist das zehnthäufigste Element. In der Umwelt ist er nur in einer Form chemisch stabil, als Phosphat, als Salz der Phosphorsäure. Als Phosphat kommt er in Gesteinen und Gewässern vor, in der Atmosphäre fehlt er. Aus Böden und Gesteinen wird Phosphat leicht ausgewaschen. Das führt zu zwei Resultaten: Der Boden verarmt an Phosphat, und wo der Mensch nicht durch Düngung eingreift oder keine phosphathaltigen Abfälle lagert, fehlt den Lebewesen Phosphor. Andererseits sammelt sich Phosphat am Boden von Teichen, Seen und Tümpeln, ja selbst im Meer, und wenn er erst einmal den Boden solcher Gewässer erreicht, ist er dort für Lebewesen kaum oder gar nicht mehr erreichbar. Das im Wasser greifbare Phosphat aber wird innerhalb von Monaten von Pflanzen und Tieren mehrfach umgesetzt. Auf dem Lande geht die Umsetzung viel langsamer vonstatten, es kann Jahre dauern, bis es, von einem Lebewesen ausgeschieden, Bestandteil eines anderen Organismus wird.

In einer Gesamtschau haben wir das Bild einer Chemikalie, die von einer Lagerstätte (Gestein) zu einer anderen Lagerstätte (Seeboden) wandert, über Bach, Fluß, Lebewesen (Pflanzen und Tiere) in das Sediment auf dem Meeresboden. Schätzungen besagen, daß auf den Meeresböden etwa 300 Milliarden Tonnen Phosphatknollen abgelagert sind. Wie beim Stickstoff bildeten auch beim Phosphat die Guanolager eine wichtige Rohstoffbasis für die Düngemittelindustrie. Wo reichlich Fisch vorhanden ist, gibt es eben auch reichlich Seevögel, und deren Kot enthält massenhaft Phosphat, denn die Phosphatausnutzung ist bei Seevögeln gering. Also bezog man ehedem aus den Wüsten Chiles und von einigen Pazifikinseln (bis 1919 in deutschem Kolonialbesitz Nauru) Guano als natürlich kombinierten Stickstoff- und Phosphordünger. Heute werden von der Industrie geologische Phosphatlagerstätten ausgebeutet, so in der Spanischen Sahara, Marokko, Tunesien, Ägypten, Israel und Syrien; aber auch in den USA (Alter dieser Lagerstätten ca. 200 Millionen Jahre), der UdSSR und an anderen Stellen der Erde gibt es ausgedehnte Phosphatvorkommen, die einen Abbau lohnen.

Nur eine Kuriosität bleibt zu vermerken: Mit Meteoriten erhält die Erde eine kosmische Phosphatzufuhr aus dem Weltraum. 100 Milliarden Tonnen dürften es bislang etwa sein, jährlich kommen rund 35 Tonnen hinzu!

3. Kapitel

Einige Metalle

Quecksilber

Das silberglänzende flüssige Metall, Quecksilber, hat den Menschen schon früh fasziniert. Es wird berichtet, maurische Fürsten hätten in ihren Gärten mit Quecksilber gefüllte Teiche als Liegestätten geschätzt (wegen des hohen spezifischen Gewichtes trägt es den menschlichen Körper ja leicht). Doch die Geschichte des Quecksilbers läßt sich in noch viel frühere Zeit verfolgen: Im frühen China soll der rote Zinnober, Quecksilbersulfid (HgS), bereits zur Herstellung roter Tinte wie auch als lebensverlängerndes Elixier gedient haben. Im 5. Jahrhundert v. Chr. haben auch die Griechen die Zinnoberfarbe geschätzt. Die ersten technischen Anwendungen sind durch römische Schriftsteller bekannt geworden: das Amalgamieren und damit Herauslösen von Goldfäden aus Textilien (Quecksilber löst Gold und Silber auf). In Mexiko und Südamerika diente ein entsprechendes Verfahren zur Silbergewinnung, und es ist überliefert, daß 750 g Quecksilber benötigt wurden, um 500 g Silber zu gewinnen; das Quecksilber wurde verdampft, Gold beziehungsweise Silber blieben dann zurück. Bei dieser Arbeitsweise war die Luft stets voll Quecksilberdampf, und so ist es kein Wunder, wenn in Mexiko und Südamerika die Arbeiter bereits nach sechs Monaten starben. Indessen, die Gewinnung von Gold mit Hilfe des Amalgamverfahrens war bis in unsere Zeit gebräuchlich. Auch die Goldwäscher am Rhein haben das Amalgamverfahren benutzt, um die letzten feinen Goldflitter zu gewinnen.

Als Heilmittel wurden Quecksilberpräparate bis ins 19. Jahrhundert gegen die Syphilis verwendet, und auch zur Schädlingsbekämpfung bediente man sich einige Zeit verschiedener Quecksilberverbindungen. Besonders pflanzliche Pilzerkrankungen wurden damit erfolgreich bekämpft. Bis etwa zum Jahre 1950 ging man relativ unvorsichtig mit dem Quecksilber und seinen chemischen Verbindungen um, und das, obgleich Gesundheitsgefahren bekannt waren. Kopfschmerzen, Schwindelanfälle, Zahnausfall und Gedächtnisstörungen galten als Anzeichen für Quecksilbervergiftungen. In England litten die Hersteller von Haarfilzhüten häufig an Quecksilbervergiftungen, da Quecksilberverbindungen zur Desinfektion der Haare dienten; das Wort »mad as a hatter« kennzeichnet die Folgen.

Im Jahre 1981 entdeckte man, daß die typischen Anzeichen einer Quecksilbervergiftung mit Krankheitssymptomen eines der ganz großen der Wissenschaftler übereinstimmen: Sir Isaac Newton.

Newton wurde nach unserem Kalender am 4. Januar 1643 in Woolsthorpe/Lincolnshire geboren, nach der damaligen Kalenderzählung allerdings am 25. Dezember 1642, war also ein Weihnachtskind. Seine schulischen Leistungen waren mäßig, doch ein Onkel förderte seine Ausbildung. Wir kennen ihn dann als den Mann, der beobachtete, wie ein Apfel vom Baum fiel, und der daraufhin fragte, ob die Kraft, die sich in den bereits bekannten Keplerschen Gesetzen zeigt, nicht auch hier wirksam sei, eben die Gravitationskraft. Nach Newtons eigenen Worten hat sich die Sache tatsächlich so abgespielt und ist nicht etwa eine hübsche Anekdote. Seine Leistungen als Physiker und Mathematiker sind einmalig, sind genial. Aber da ist das kritische Jahr 1693. Schlaflosigkeit, geistiges Versagen, Appetitmangel, Gedächtnisstörungen, ja eine Art geistiger Verrücktheit überfielen ihn. Seine Freunde zogen sich bedauernd von ihm zurück. Ein Nervenzusammenbruch wegen des Todes seiner Mutter (1689), der Verlust wichtiger Manuskripte, Enttäuschung, einen Verwaltungsposten nicht erhalten zu haben? Vieles ist erwogen worden. Einem Forscherteam gelang es 1981, vier Haare Newtons zu erhalten und mit modernen Methoden analytisch zu untersuchen. Das Resultat: anomal hohe Gehalte an Chlor, Gold, Arsen, Antimon, Blei und

Quecksilber! Fast 39mal soviel Quecksilber, wie normal ist. Aus Newtons Laborbuch wissen wir, daß er viel und mit großen Mengen Quecksilber gearbeitet hat und große Quecksilberquantitäten dabei verdampften. Überdies huldigte Newton dem Brauch der frühen Chemiker, auch stets geschmacklich zu prüfen, was das Experiment ergeben hatte!

Hat Newton eine Quecksilbervergiftung erlitten? Es scheint so. Nach 1693 hat er zwar noch viele akademische Ämter innegehabt, wurde englischer Münzmeister, wurde geadelt und erwarb ein beachtliches Vermögen, doch seine Genialität war dahin. Newton starb am 20. März 1727, er ist in der Westminster Abbey beigesetzt worden.

Auch in unserem Alltag ist Quecksilber noch zu finden, in Thermometern, Barometern, in Quecksilberdampflampen und Minibatterien. Die »Knopfzellen« enthalten zu etwa einem Drittel ihres Gewichtes Quecksilber.

Der bedeutendste Quecksilberverbraucher ist heute wohl die Chloralkali-Elektrolyse-Industrie, allerdings geht man hier so sparsam und vorsichtig wie nur möglich mit dem Metall um, schon aus Kostengründen, denn Quecksilber ist teuer.

Ein eigenartiger »Betriebsunfall« bleibt hier allerdings zu vermerken. Im Oak Ridge National Laboratory der USA gibt es unter der Bezeichnung Y 12 die Abteilung, in der Wasserstoffbomben gebaut werden. Man sollte annehmen dürfen, daß dort besonders sorgfältig gearbeitet wird. Wie die US-Zeitschrift *Science* 1983 zu berichten wußte, ergab sich in den Jahren 1953 bis 1963 der seltsame Verlust von etwa 1200 t Quecksilber, von denen vermutlich rund 240 t allein in ein Gewässer abgewandert sein dürften.

Ein gänzlicher weltweiter Verzicht auf Quecksilberverbindungen ist bis heute noch nicht möglich. Für Spezialfarben, den Ackerbau, zur Herstellung von Kunststoffen und pharmazeutischen Präparaten werden immer noch kleine Mengen benötigt. Schließlich sind auch geringe Mengen Quecksilber im Erdöl, Erdgas, in der Steinkohle und in vielerlei Erzen enthalten. Mit dem Erdöl beispielsweise, das wir verheizen, bringen wir pro Jahr ca. 100 t Quecksilber in die Umwelt. Die Natur selber aber setzt über Vulkane, Geysire und Felsverwitterung in der gleichen Zeit einige tausend Tonnen frei! Vermutlich sind es sogar weit mehr als »einige tausend Tonnen«, die Forscher waren bei ihren Angaben wohl allzu vorsichtig. Der Ausbruch des Vulkans St. Helens im Jahre 1980 war genaugenommen der erste Vulkanausbruch in der menschlichen Geschichte, bei dem die ausgestoßenen Gase qualitativ und quantitativ analysiert worden sind. Es zeigte sich, daß während des wochenlangen Ausbruchs an einigen Tagen jeweils 1,7 t Quecksilber ausgestoßen worden sind. Man glaubt daher heute, schon allein den Vulkanen die weltweite »Verseuchung der Atmosphäre« mit Quecksilber zwischen 1000 und 7000 t pro Jahr anlasten zu müssen.

Mit diesem Wissen ausgerüstet, wurde 1984 der Frage nachgegangen, woher der Quecksilbergehalt des Mittelmeeres stammt. Geschwätzige Gerüchteküchen hatten ja behauptet, das Fleisch der Thunfische aus dem Mittelmeer sei wegen seines Quecksilbergehaltes gesundheitlich höchst bedenklich, ja gefährlich. Dazu muß man wissen, daß als »ungefährlich« der Quecksilbergehalt der Atlantik-Thunfische gilt, der vergleichsweise etwa den Wert 1 hat (1 ppm). Mittelmeer-Thunfisch hat den Wert 3. Hinsichtlich der Gesundheitsgefahr ist dieser Wert 3 ungeprüft und belanglos, ein rein spekulativer Wert. Bleibt dennoch die Frage, woher stammt dieser dreifach höhere Wert? Zwei Dinge ergaben sich: Erstens lag der Wert in archäologischen Proben auch bei 3, also hat sich seit Jahrtausenden nichts grundlegend geändert, und zweitens muß es also eine natürliche Quecksilber-Quelle im Mittelmeerraum geben.

Der Verdacht fiel auf den Ätna, der durch ausgestoßene Dämpfe oberirdisch und untermeerisch Quecksilber ausscheiden kann. Der Verdacht hat sich erhärtet; allein oberirdisch dürfte der Ätna *täglich* 75 kg Quecksilber freisetzen, die mit dem Regen das Meer erreichen. Wenn wir alles Quecksilber zusammenrechnen, das durch menschliche Aktivitäten freigesetzt wird, so erreichen wir wohl kaum den Quecksilberbetrag, der allein aus den Ozeanen in die Atmosphäre gelangt. Wenn es in Sensationsmeldungen heißt, jetzt sei sogar (!) schon in den Gletschern Grönlands Quecksilber gefunden worden, so ist das analytisch gewiß zutreffend, doch mit großer Sicherheit handelt es sich nicht um Quecksilber, das aus Industrieanlagen stammt, sondern aus der Erdkruste selber!

Die Ausdünstungen an Quecksilber aus Erdboden und Pflanzenwuchs werden auf 44 000 t jährlich geschätzt. Offenbar erreicht das Quecksilber in seiner Hauptmenge schließlich die Ozeane, wo sich 500 000 t bis 2 000 000 t – die Schätzungen gehen noch weit auseinander – befinden sollen.

In der Luft sind im Mittel nur einige wenige Milliardstel Gramm im Kubikmeter enthalten. In dicht besiedelten Gebieten und Industriezonen kann die Menge auf hundertfache Werte steigen. Doch über Quecksilberlagerstätten und in Gebieten vulkanischer Ausdünstungen (Hawaii) werden tausendfache Werte erreicht, ohne daß es deshalb zu nachweisbaren Gesundheitsschäden kommt. Was die Giftigkeit von Quecksilber und seinen Verbindungen angeht, so kommt es offenbar entscheidend darauf an, ob sie über die Haut, die Atemwege oder den Magen aufgenommen werden. Auch sind die individuellen Unterschiede wohl erheblich. Besonders gefährlich dürften organische Quecksilberverbindungen sein, wie sich bei der Minamata-Katastrophe in Japan gezeigt hat.

Was den Quecksilberdampf in der Luft angeht, so zeigen sich Vergiftungssymptome oft erst nach Jahren; ein enges Schlafzimmer, in dem ein Fieberthermometer zerbrach, kann eine Gefahrenquelle sein! Unter den Chemikern wird dazu gerne eine Anekdote über den deutschen Chemiker Alfred Stock kolportiert, der jahrelang unter einer chronischen Quecksilbervergiftung gelitten hatte, als er 1938 mit der Bahn zu einem Kongreß nach Moskau fuhr. In allen Zugabteilen gab es Thermometer, alle waren zerbrochen. Stock erbleichte, verließ sein Abteil – und seine Kollegen suchten endlich nach ihm. Sie fanden ihn auf dem WC, Stock dazu: »Dies ist der einzige Raum, in dem es kein Thermometer gegeben hat!«

Blei

Das Blei ist ein spezifisch schweres, recht weiches, silberglänzendes Metall. Gewiß haben Sie es schon oft gesehen. Beim Bleigießen zu Silvester, Bleisoldaten – schade, das ist kein Blei, das sind bestenfalls Bleilegierungen. Gehen Sie zu einem Installateur, vielleicht hat er noch ein Stück Bleirohr; nehmen Sie nun das Taschenmesser und schnitzeln Sie einen Span herunter. Dann sehen Sie einige Sekunden oder Minuten blankes, silberglänzendes Blei; es reagiert sogleich mit Bestandteilen der Luft und wird von einer graublauen Schicht überzogen. Blei reagiert also rasch und leicht, fast so rasch wie Aluminium, das die Hausfrau nur sieht, wenn sie einen Aluminiumtopf scheuert; im nächsten Augenblick ist es schon wieder von einer Oxidschicht bedeckt.

Das Blei war unter den frühesten Metallen, die von den Menschen genutzt wurden, vermutlich schon 7000 Jahre v. Chr. in Ägypten. Römer und Griechen hatten für ihre Schiffe ungefüge, riesige Bleianker. Bleikugeln wurden in Schleudern verschossen. Die Stifte zwischen Säulentrommeln von Tempeln wurden mit Blei vergossen. Mit Bleiglas überzogene Keramik, bleihaltige Ornamente, vielleicht sogar bleierne Töpfe sollen in Rom so häufig gewesen sein, daß der Zusammenbruch des Römischen Reiches auf eine allgemeine Bleivergiftung geschoben wird. Ob zu Recht, bleibt fraglich.

Bis um 1900, ja noch darüber hinaus, wurden auch in Europa gewaltige Bleimengen verarbeitet und also allgemein verbreitet, obwohl die Gefahren von Bleivergiftung längst bekannt waren: Müdigkeit, Mattigkeit, Appetitlosigkeit, Verdauungsstörungen, Zittern der Glieder und das »klassische Symptom« der schweren Vergiftung, der dunkle »Bleisaum« der Zähne am Rande des Zahnfleisches.

Solange Wasser durch Bleirohre geführt wurde, bestand vielfach die Sorge, das Wasser möchte durch gelöstes Blei nicht ungefährlich für die Gesundheit sein. In der Regel war das aber nur dann der Fall, wenn die Bleirohre neu waren oder der

Säurewert des Wassers so ungünstig, daß er den natürlichen Oberflächenbelag der Rohre auflöste und so Blei selbst mit dem Wasser in Kontakt kam. Es ist aber auch vorgekommen, daß schon aus Bleilot herausgelöstes Blei zu chronischer Vergiftung führte.

Die größten Bleiverbraucher (44 Prozent) sind in unseren Tagen die Hersteller von Akkumulatoren, doch wird hier viel Blei verarbeitet, das »recycled«, also bereits einmal gebraucht worden ist. Weit geringere Mengen werden chemisch benutzt, ebensoviel oder relativ wenig dient zum Verbleien von Treibstoffen (um die Oktanzahl zu verbessern; Klopffestigkeit) und zur Herstellung von Legierungen. Die Verwendung für den Schutz von Kabeln ging mit der Einführung kunststoffbewehrter Kabel zurück. Betrug die Bleimenge, die noch 1975 weltweit über Motorenauspuff in die Umwelt gelangte, 142 000 Tonnen jährlich, so dürfte sie jetzt bereits wesentlich kleiner sein. Diese Zahl aber bedeutet nun keineswegs, daß dieses Auspuffblei als Blei an den Straßenrändern zu finden ist. Wie wir sahen, reagiert Blei sehr leicht mit anderen Verbindungen, und daher wird es rasch in unlösliche Bleisalze umgewandelt. Von Pflanzen wird es kaum aufgenommen, wenigstens nicht in eßbare Pflanzenteile (ausgenommen Erdbeeren und Salat). Auch sind die Relationen zu Gesamtbleiproduktion und den heutigen Bleireserven der Welt einen Augenblick des Nachdenkens wert:

Bleireserve	(1975)	93 000 000 t
Bleiproduktion	(1975)	3 600 000 t
Auspuffblei	(1975)	142 000 t

Was noch 1975 durch den Auspuff von Motoren ging, war also nur der 25. Teil der Produktion!

In der Bundesrepublik gelangen im Jahr (1984) etwa folgende Bleimengen in Luft oder Wasser:

Benzin, Kfz-Verkehr	3200–3600 t
Eisen- und Stahlindustrie	336 t

Blei-, Zink-, Kupferindustrie	268 t
Glasindustrie	245 t
Heizung	92–133 t
Müllverbrennung	50 t

Der Rest ist unerheblich.

Je nach Eßgewohnheiten nimmt ein Erwachsener täglich zwischen 0,1 und 0,5 g Blei mit der Nahrung auf. Doch von dieser Menge bleibt nur ein Bruchteil im Körper, die Hauptmenge wird wieder ausgeschieden. Für Trinkwasser gilt in den USA, daß es nicht mehr als 0,05 g Blei pro Liter enthalten soll. Das Endresultat ist, daß Personen im Alter von 60 bis 70 Jahren in ihrem Körper etwa 20 g Blei enthalten, vorwiegend in den Knochen gespeichert. Eine Langzeitspeicherung von Blei findet auch in Zähnen und Haaren statt, doch die Deutung entsprechender Befunde hinsichtlich Bleiexpositionen wird als fraglich angesehen. Sicher scheint, daß die Grenzen bis zu klinischen Schädigungen (wie sie bei Arbeitern beobachtet wurden, die zum Beispiel Akkumulatoren herstellen) bei einem Gehalt von 0,00055 bis 0,00065 g Blei pro Liter Blut liegen.

Tatsächlich sind solche und ähnliche Werte aber mit äußerster Vorsicht zu behandeln. Ob und welche Giftwirkungen zu erwarten sind, hängt letztlich keineswegs allein von der Bleimenge ab. Wie bei allen »giftigen« Metallen ist es zumindest ebenso wichtig, in welcher chemischen Form, in welcher chemischen Bindung das betreffende Metall in den Körper aufgenommen wird: Einige Gramm verschlucktes metallisches Quecksilber sind mehr oder minder harmlos. Selbst Tetramethyl- oder Tetraethylblei, wie es in den verbleiten Kraftstoffen vorhanden ist, kann als relativ ungiftig gelten; doch es gibt Bleiverbindungen, die ohne allen Zweifel »hochtoxisch« sind. Wenn sich die arabischen Herrscher Córdobas, Bagdads und Kairos um 900 n. Chr. auf Quecksilberteichen zum Schlaf niederlegten, so konnten sie sich vom Quecksilberdampf gewiß mit der Zeit eine chronische Quecksilbervergiftung zulegen, aber akute Gefahr bestand für sie nicht. In einem Werk über »Gift und Gegengift« aus dem Jahre 1887 heißt es zum Quecksilber noch in aller Unschuld: »Metallisch wird das Quecksilber innerlich bei Darmverschlingungen und zwar in großen Dosen, etwa zu 1 Pfund, gebraucht.«

Wesentlich ist, ob und in welcher Form sich eine toxische Metallverbindung im Körper bewegt, welche Organe sie findet und was sie dort bewirkt. Da kann es große Unterschiede geben, denken wir nur daran, wie viele und wie lange, nämlich über Jahrtausende, Bleiverbindungen und Quecksilberpräparate zum Heilmittelschatz der Menschheit gehört haben.

Es kommt auch, wie von Heilmitteln allgemein bekannt, darauf an, wie – ob durch die Haut, die Atemwege oder über den Verdauungstrakt – die Verbindung in den Körper gelangt und wann und in welchen Mengen. Wie wir beim Arsen sahen, können Gewohnheiten ein Gift zum positiv wirkenden Anregungsmittel werden lassen.

Nicht nur vom Versuchstier zum Menschen ist ein großer Unterschied in Gift- oder Arzneimittelwirkungen möglich, sondern auch von Mensch zu Mensch. Es ist eine Binsenweisheit, daß Kinder anders reagieren als alte Leute – sogar auf Lebensmittel und nicht nur auf »Chemikalien«!

Die Toxikologen und die Pharmazeuten wissen sehr wohl, daß es zwar eine Art Wunder ist, wenn ein Mittel bei einer Einzelperson einmal gänzlich anders wirkt als bei Millionen anderer Menschen, doch sie sind sich bewußt, daß es solche Ausnahmefälle gibt. Daß alle solche und ähnliche Einschränkungen nicht nur für Mensch und Tier gelten, sondern auch für die Pflanzenwelt, versteht sich von selbst.

Cadmium

Daß Cadmium giftig ist, wissen wir wenigstens seit dem Jahre 1932. Damals erkrankten Angestellte einer Weinkellerei, als sie Wein tranken, der durch Filternetze mit einem Überzug von

Cadmium gelaufen war. Der völlig klare Wein hat 0,151 g Cadmium pro Liter enthalten. Als Symptome zeigten sich: Brechreiz, Schwächegefühle, Magendruck. Heute ist man weitgehend darüber einig, daß Trinkwasser möglichst nicht mehr als 5, höchstens 10, hunderttausendstel Gramm Cadmium pro Liter enthalten soll, und man wundert sich, weshalb die Weintrinker von 1932 nicht gestorben sind. Gewiß, da ist ein riesiger Unterschied zwischen täglichem Trinkwasser und einem einmaligen Wein/Cadmium-Genuß; doch Zehntelgramme zu hunderttausendstel Grammen sind doch auch eine Differenz? Und Cadmium gehörte einst sogar zum offiziellen Arzneischatz, wenngleich schon 1887 zu lesen ist: »Medizinisch werden die Cadmiumsalze gar nicht mehr gebraucht, da sie in ihrer Wirkung um nichts besser sind als die Zinksalze ...« Heute sind Cadmiumsalze auch für Kosmetika und Pflanzenschutzpräparate verboten.

Was aber ist Cadmium eigentlich? Wer es nicht weiß, obgleich die Zeitungen voll von Sensationsmeldungen darüber sind, braucht sich nicht zu schämen: Die Chemiker kennen das Cadmium auch erst seit dem Jahre 1817. Seine Entdeckungsgeschichte ist recht amüsant– und kaum bekannt. Da bereist ein Kreisphysikus, heute würden wir wohl sagen, ein Vertreter der Kreisgesundheitsbehörde, die Apotheken um Magdeburg/Oder und beschlagnahmt in einer der Apotheken aus Schlesien stammendes Zinkoxid, weil es ihm verdächtig vorkommt; er glaubt, es würde Arsen enthalten. Arsen wird aber nicht darin gefunden.

Der Göttinger Professor Friedrich Strohmeyer visitiert zu eben dieser Zeit die Apotheken im Raum Hildesheim. Auch ihm fällt ein Zinkoxid auf; es hat einen gelblichen Farbstich, anstatt wie vorgeschrieben rein weiß zu sein. Es stammt aus Salzgitter. Strohmeyer hat das Glück, beide Proben Zinkoxide untersuchen zu können, und tatsächlich, nach einer recht einfachen Reaktionsfolge hat er reines Cadmiumsulfid in Händen und wenig später auch ein Stück eines neuen, bisher unbekannten Metalles. Er gibt ihm den Namen Cadmium in Anlehnung an sein Vorkommen mit dem Zink, das ehedem als Cadmeia bezeichnet worden war.

Friedrich Strohmeyer darf gewiß zu den großen Göttinger Chemikern gezählt werden. Er hatte in Paris studiert, in Göttingen zum Dr. med. promoviert und wurde auch Privatdozent für Medizin, aber 1805 finden wir ihn bereits als Professor in einem Unterrichtslaboratorium für Chemie. R. Bunsen und E. Mitscherlich gehören zu seinen Studenten. 1817 wird er »Hofrat«, und er wird weiter bekannt als der Verfasser eines zweibändigen »Grundrisses der theoretischen Chemie«.

Allerlei Anwendungen für Cadmium sind erprobt worden. Was rasch auffiel, war der tiefe Schmelzpunkt dieses grauen Metalles, er liegt bei nur 312 °C und damit noch 15 °C tiefer als der von Blei. Cadmium, Blei, Zinn und Bismut (ehedem Wismut geschrieben) gemischt geben dann auch wirklich das sogenannte Woodsche Metall, das bereits bei 70 °C schmilzt, also schon in heißem Wasser! Dann wurde versucht, Cadmium für Zahnfüllungen zu verwenden, wohl ohne großen Erfolg. Heute erhält man Cadmium noch in Mengen von etwa 14 000 t jährlich als Nebenprodukt bei der Gewinnung von Zink; es dient zur Herstellung von Farben und Nickel/Cadmium-Batterien.

Im Jahre 1947 wurde bei 44 Japanern, die am Jintsu-Fluß lebten, eine neue »rheumatische« Erkrankung beobachtet. Sie erhielt später den Namen Itai-Itai-Krankheit, nach den Schmerzensrufen der Betroffenen, die an starken Deformationen des Knochenskeletts litten. Bis Jahresende 1965 wurden fast 100 Todesfälle registriert, doch da war auch bereits die Ursache bekannt: chronische Cadmiumvergiftung, die zu Calciummangel, besonders bei Schwangeren, stillenden Müttern und anfälligen Personen, geführt hatte. Heute sind weit mehr als ein Dutzend Flüsse, Häfen und Seen bekannt, die so sehr mit Cadmium verseucht sind, daß es nicht zu empfehlen ist, Fisch und anderes Seegetier aus ihnen zu verzehren, soll es nicht zu einer langsamen Cadmiumvergiftung kommen. Eine ständige Überwachung ist notwendig. Im Mündungsgebiet des Rheins ist in den Ablagerungen seit 1900 der Cadmiumgehalt auf etwa den zwanzigfachen Wert gestiegen.

Wo die Gefahrenschwelle liegt, kann niemand guten Gewissens genau sagen. Tierversuche liegen in ausreichender Anzahl wohl noch nicht vor. Sie ergaben (an Ratten), daß 3 mg Cadmium für 50 Prozent der Versuchstiere tödlich sind, wenn das Cadmium in eine Vene injiziert wurde (auf 1 kg Ratten gerechnet); wenn das Cadmium verfüttert wurde (Versuche an Hasen), lag der Vergleichswert bei 150 mg. Was den Menschen anlangt, der (statistisch gesehen) in der Bundesrepublik das Cadmium zu 40 bis 42 Prozent aus pflanzlichen Lebensmitteln, zu 38 bis 39 Prozent aus tierischen Lebensmitteln und zu 14 Prozent aus alkoholischen Getränken aufnimmt, so sollte die Tagesmenge 71 millionstel Gramm nicht überschreiten. Allerdings, so exakt der Wert aussehen mag, er täuscht, denn die Aufnahmerate in den Körper schwankt von Mensch zu Mensch zwischen 6 und 10 Prozent. Die Hauptmenge wird also ausgeschieden. Betrachten wir einmal, was Lebensmittel an Cadmium, Blei und Quecksilber pro 1000 g enthalten, so müssen wir, um verständliche Zahlen zu erhalten, die Mengen weiter in millionstel Gramm (µg) schreiben:

	Cadmium	Blei	Quecksilber
Milch	1	19	0,2
Eier	24	74	11
Schweinefleisch	9	61	6
Schweineleber	165	149	58
Steinobst	14	142	1
Getreide	35	41	6
Kartoffeln	50	75	0,3
Trinkwasser	1	9	0,3
Kulturchampignons	43	36	109
Pilze	41	26	21

Wer sich nicht gerade auf Schweineleber (oder Nieren) spezialisiert, wird also wohl kaum Sorgen haben dürfen. Für Raucher sei angemerkt, daß sie etwa 1 millionstel Gramm Cadmium aufnehmen, wenn sie ein Päckchen verrauchen.

Wie sicher sind alle diese Werte insgesamt? Bei solchen »Spuren«-Mengen ist die Analyse nie einfach. Jedermann kann sich einen Liter Wasser vorstellen – in ihm soll nun 1 millionstel Gramm Cadmium gefunden werden, oder nicht! Und wie schwer ist da erst ein Nachweis in einem Kilogramm Fleisch, das ja aus Hunderten von Chemikalien besteht! Um es kurz zu machen, Analysenabweichungen von 30 bis 100 Prozent sind selbst bei einer »einfachen« Wasseranalyse auf Cadmium kein Wunder. Wenn ein Analytiker bei der gleichen Probe nur die Hälfte oder aber das Doppelte findet von dem, was sein Kollege fand, ist er darum noch längst kein schlechter Chemiker. Ob Politiker das begreifen können: Bei Spurenanalysen solcher Art mag die erste Ziffer richtig sein, die zweite Ziffer wird mit einem Fragezeichen zu versehen sein, die dritte Ziffer aber noch als unumstößliche Wahrheit zu nehmen, ist eine Art Aberglaube von Laien. Ein Beispiel: Wird eine angesäuerte Wasserprobe in einer Polyethylen-Kunststofflasche aufbewahrt, so stammen gefundene Cadmiumspuren eher aus dem Polyethylen (in dem es als Kunststoffstabilisator vorhanden ist) als aus dem Wasser. Einer der besten deutschen analytischen Chemiker faßte unsere Situation 1984 so zusammen: »Reproduzierbarkeit und Richtigkeit der Cadmium-Spurenanalytik bedürfen der Verbesserung und ständiger Kontrolle.«

Etwas anderes kommt schließlich noch hinzu: Es genügt nicht zu wissen, ob und wieviel von einem Element irgendwo vorhanden ist: »Tatsächlich hängen Verfügbarkeit und Resorbierbarkeit der Metalle in sehr hohem Maß von ihrer Bindungsform ab. Es ist zum Beispiel anzunehmen, daß Cadmium – ähnlich wie Quecksilber – in Form des schwer löslichen Selenids gar nicht vom Körper aufgenommen werden kann. Das gilt auch, wenn das Element in schwer- oder unverdaulichen Teilen eingeschlossen ist, wie im Chitingerüst der Pilze. Auch die Aufnahme durch Pflanzen aus dem Boden hängt sehr von der Bindungsform ab. Bisher ist hierüber sehr wenig bekannt. Andererseits ist es unter diesen Gesichtspunkten einfach falsch – oder doch zumindest sehr stark vereinfacht –, den Cadmium-Gesamtgehalt bzw. die Gesamtaufnahme als ›Belastung‹ anzusehen. Aus diesem Grunde muß der gezielten Speciesanalyse in Zukunft viel mehr Beachtung geschenkt werden. Bis jetzt werden nur, wenn überhaupt, pauschale Aufteilungen vorgenommen.« (Fresenius' Zeitschrift für analytische Chemie *318* [1984], 581)

In dürren Worten heißt das: Wir können zwar nachweisen, ob und wieviel Cadmium hier und dort vorhanden ist, aber ob dieses Cadmium für Mensch, Tier und Pflanze in der jeweils vorliegenden chemischen Bindungsform giftig oder auch nur schädlich ist, darüber sagen unsere Analysen kaum etwas oder gar nichts aus.

Arsen

Die Mode kommt und geht, niemand wird das bestreiten wollen. So war es um die Jahrhundertwende Mode, über giftige Pflanzen Bescheid zu wissen. Schierling, Aronstabgewächse, Goldregen, Eibe – die Aufzählung ließe sich beliebig erweitern; denn selbst unsere alltäglichen Gartenblümchen sind nicht alle harmlos. Dann wuchs das Interesse an Gifttieren, an Schlangen, Skorpionen und allerlei Meeresgetier. Die Chemiker sahen das mit Freude, denn ihre Arbeiten über vielerlei Naturstoffe fanden dadurch Beachtung, und am Ende erwuchsen aus dem Interesse der Menge und den Resultaten der Forschung wertvolle Heilmittel, von den grundlegenden Erkenntnissen über den Stoffwechsel von Pflanze und Tier nicht zu reden.

Der Gedanke aber, in einer »giftigen« Umwelt zu leben, Angst haben zu müssen, der kam nicht auf. Wenn wir aber heute erfahren, daß es ungezählte arsenhaltige Mineralien gibt, ja daß Arsen die ganze Erdkruste »verseucht«, daß in den Erstarrungsgesteinen in jeder Tonne durchschnittlich 5 g (!) enthalten sind, daß also ein Achttonner-Lastwagen eventuell 40 g Arsen transportiert, oder gar mehr (!), dann heben sich die Augenbrauen. Ist das vielleicht schon ein »Transport gefährlicher Güter«? Da läßt sich doch leicht nachlesen, daß Arsen und seine Verbindungen sogar als »krebserregende Arbeitsstoffe« gelten! Und ist Arsenik nicht jahrhundertelang jenes schlimme Modegift gewesen, mit dem sich ganze Familien ausrotteten – wenn man Verfassern historischer Romane glauben darf? Ja, hat es nicht auch im Ersten Weltkrieg giftige chemische Kampfstoffe gegeben, die Arsenverbindungen waren, die »Blaukreuz-Kampfstoffe«?

Setzen wir dagegen:

1. Arsen kommt auch ganz natürlich im Menschen vor, warum, wissen wir noch nicht, aber möglicherweise brauchen wir es sogar (s. Arsenik-Esser).
2. Längst nicht jede Arsenverbindung ist giftig. Arsen selbst und seine schwerlöslichen Verbindungen mit Schwefel sind nahezu ungiftig.
3. Was die Ausrottung unliebsamer Verwandter mit Arsenik angeht, so sei vermerkt, daß Arsen und Arsenik keinesfalls das gleiche sind. Arsen ist (in seiner stabilen Form) eine graue Masse, die erst, wenn sie verbrannt wird, Arsen*ik* gibt (dabei riecht es dann nach Knoblauch, was dem Chemiker als Kennzeichen dient).
4. Wer Angst hat, mit Arsen vergiftet zu werden, mag sich damit trösten, daß das heute niemand mehr tut; denn es darf als allgemein bekannt gelten, daß Arsen noch jahrelang in der Leiche nachgewiesen werden kann!

Weil Arsen in vielen Erzen vorkommt, fällt es zwangsläufig bei der Verhüttung solcher Erze an. Von einer Verhüttungsanlage in Schweden ist bekannt, daß bei ihr zumindest zeitweise jährlich 40 000 bis 50 000 t Arsenik angefallen sind; das Fassungsvermögen des entsprechenden Lagerhauses beträgt 250 000 t.

Wir wissen nicht exakt zu sagen, wie giftig Arsenik ist; in alten Schriften findet man den Wert von 0,1 bis 0,2 g als tödliche Dosis. Wer nun, wie das heute oft ähnlich geschieht, rechnet, kommt zum Resultat, daß mit den 250 000 t also 2500 Milliarden Menschen umgebracht werden könnten, mehr Menschen, als je auf der Erde gelebt haben. Dieses Beispiel zeigt, wohin derlei Rechnungen führen. Sie sind purer Unsinn! Sollen sie Angst machen? Oder geht es darum, Stimmung zu machen, politische Ziele zu verfolgen? Eines bleibt gewiß, wer solche Rechnungen publiziert, zeigt, daß er absolut unwissend ist.

Industrielle Verwendungsmöglichkeiten für Arsen gibt es nur noch wenige. Für Farben, Pharmaka (Arsen ist ehedem gegen Rheuma, Arthritis, Tuberkulose und viele andere Krankheiten verordnet worden) und zur Schädlingsbekämpfung wird Arsen kaum noch benötigt, und für Kampfstoffe ist es auch nicht mehr gefragt. Es bleibt die Verwendung für Legierungen, zum Beispiel zur Herstellung von Jagdschrot aus Blei; schöne runde Schrotkügelchen sind offenbar ohne einen Arsenzusatz zum Blei nicht herzustellen. Kleine Mengen werden bei der Herstellung von Halbleitern für die Elektronik benötigt. Es wäre wünschenswert, neue Anwendungen zu finden, denn ein unverkäufliches Nebenprodukt muß notwendigerweise die übrigen Produkte verteuern.

Wie dem auch sei, wir leben seit »ewigen« Zeiten auf einer Erde, auf der Arsen weit verbreitet ist. Vulkane und Mineralquellen fördern zusätzlich Tag für Tag Arsen in unsere Umwelt, ohne daß wir uns je darum hätten Sorgen machen müssen. Offenbar verschwindet es wieder in Ablagerungen, ist der Kreislauf ausgeglichen in seiner Gesamtbilanz. Arsen – kein Grund zur Hysterie.

Der Durchschnittsbürger, etwa 70 kg schwer, sollte etwa 0,01 g Arsen in seinem Körper enthalten. Ob es für ihn lebenswichtig ist, bleibt vorerst umstritten.

Thallium

Um das Jahr 1930 war Arsenik schon längst nicht mehr das Mittel der Wahl für heimtückische Giftmorde. Man hatte etwas Besseres entdeckt, und zwar ein chemisches Element, das ganz »neu« war, das erst 1861 ein englischer Chemiker, William Crookes (1832 bis 1919), entdeckt hatte: das Thallium.

Gelegentlich bringt eine neue Untersuchungsmethode in ra-

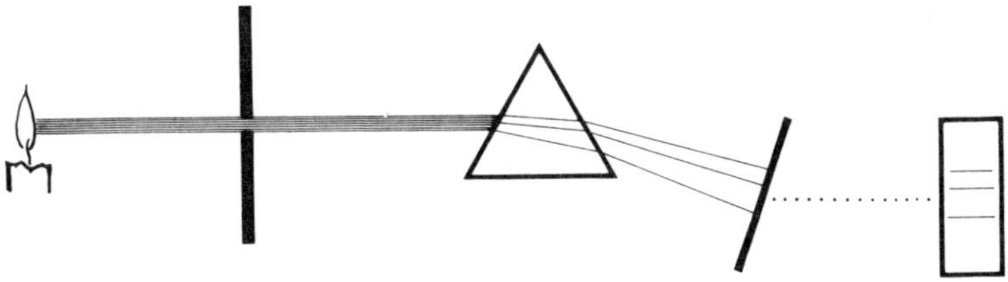

Prinzip der Spektralanalyse
Von einer Lichtquelle fällt das Licht durch einen Schlitz auf ein Glasprisma und wird dort in seine Farbbestandteile zerlegt. Je nach den in der Flamme verdampfenden chemischen Elementen ergeben sich typische Farblinien, etwa grün bei Barium, violett bei Kalium, gelb bei Natrium, rot bei Strontium usw. Thallium gibt eine grüne Spektrallinie, aber an einer anderen Stelle als die Barium-Linie (nach H. D. Christen: Chemie, 1964).

scher Folge neue, unerwartete Resultate von grundlegender Bedeutung. Das chemische Element Thallium wurde spektroskopisch entdeckt. Die Spektroskopie ist eine sehr einfache Untersuchungsmethode. Man hat eine farblose Gasflamme, bringt eine winzige Probe Untersuchungsmaterial in die Flamme und prüft, wie sich die Flamme nun farblich verändert. Ein Kaliumsalz färbt die Flamme violett, ein Strontiumsalz rot, eine Bariumverbindung grün. Wenn die Flamme bis auf einen kleinen Lichtspalt abgeblendet wird und vor den Spalt ein gläsernes Prisma gestellt wird, so zerlegt das Prisma das Licht der Flamme in die Regenbogenfarben, soweit sie im Licht vorhanden sind. Der Beobachter findet je nach chemischem Element die Farblinien des Kaliums, des Strontiums oder des Bariums. Ist die Untersuchungsprobe ein Substanzgemisch, so kann er aus der Lage der Linien in der spektralen Verteilung erkennen, woraus das Gemisch besteht, und abschätzen, wie die Mengenverhältnisse sind.

William Crookes untersuchte Abfall aus einer Schwefelsäurefabrik in seinem Spektroskop. Das Vorhandensein mehrerer chemischer Elemente war deutlich erkennbar – als plötzlich und nur einen Augenblick eine leuchtendgrüne Linie aufblitzte. Er hatte sie noch nie zuvor gesehen, weder an der Stelle des Spektrums noch in dieser Intensität. Eine Täuschung der Augen? Obgleich er nur wenig Untersuchungssubstanz besaß, wiederholte er den Versuch. Wieder zuckte die grüne Linie auf. Es mußte ein bisher unbekanntes chemisches Element in seiner Substanz sein. Crookes nannte es Thallium nach dem griechischen Wort »thallos«, das einen frischen grünen Zweig bezeichnet. Das war im Mai 1861.

1862 erhob ein Franzose, Claude Auguste Lamy, der eine ähnliche Substanz ebenfalls spektroskopisch untersucht hatte, Anspruch auf die Entdeckung. Er konnte nämlich auch 14 g des Metalles vorweisen! Es erhob sich ein erbitterter Streit, an dem schließlich sowohl die englische Royal Society als auch die Französische Akademie der Wissenschaften beteiligt waren. Zeugen wurden benannt, die bei dem einen oder anderen Forscher metallisches Thallium gesehen hatten oder angaben, daß Crookes schon vor dem 1. Mai 1862 auf einer Industrieausstellung in London metallisches Thallium ausgestellt habe. Harte Worte fielen.

Heute gilt Crookes unumstritten als Entdecker des Thalliums, und in der Tat, er ist ein Forscher von hohem Rang gewesen: Die »Lichtmühlen«, evakuierte Glaskugeln, in denen sich vier einseitig geschwärzte beziehungsweise versilberte Paddel drehen, stammen von ihm, nicht als Spielzeug konzipiert, sondern als Strahlungsmesser. Er untersuchte Lumineszenzerscheinungen, beschäftigte sich mit Fragen des Atombaues und hätte fast den Begriff »Isotope« geprägt, sprach aber lieber von »Meta-Elementen«. Atomzerfälle konnte er im »Spintariskop« nachweisen, einer Lupe, unter der zerfallende Atome eine Leuchtmasse aufblitzen lassen. (Falls ein Leser noch eine alte Uhr mit radioaktiven Leuchtziffern hat, kann er dieses Schauspiel im dunklen Zimmer unter einer Lupe auch verfolgen.)

Wozu konnte das neue Element gut sein? Es erwies sich als giftig, als es 1930 als ein Bestandteil von Enthaarungscremes in den USA in den Handel kam. Doch in der Form von Thalliumsulfat war es ein vorzügliches Mäuse- und Rattengift. Eine entsprechende Paste und mit Thalliumsulfat behandelte Getreidekörner wurden von den Nagern gefressen, sie waren geruchlos und geschmacklos – auch für Menschen. Das Arsenik hatte einen Nachfolger gefunden.

Thallium gehört ohne Zweifel in die Gruppe jener Stoffe, die besondere Aufmerksamkeit verdienen. Der Bedarf scheint pro Jahr etwa 10 bis 12 Tonnen zu betragen. Hier und dort braucht die Industrie etwas Thallium als Legierungsbestandteil, oder es findet Verwendung in der Elektronikindustrie, etwa für Photozellen, die Glasindustrie benötigt etwas Thallium zum Glasfärben, auch für Glasfaserkabel ist offenbar etwas Thallium erforderlich; doch das bei vielen technischen Prozessen zwangsweise anfallende Thallium muß gelagert oder sonstwie unschädlich gemacht werden. Diese Mengen sind relativ zum Verbrauch nicht unerheblich. Allein für die USA rechnet man pro Jahr mit 1000 t Thallium, die die Umwelt belasten. Es kommt aus Hüttenwerken und metallurgischen Unternehmen, aus der Stahl- und Magnesiumindustrie und – seltsamerweise – aus Zementwerken und Ziegeleien.

Zement wird hergestellt, indem ein Gemisch aus Kalkstein und Ton »gebrannt«, das heißt gemeinsam auf 1450 °C erhitzt wird. Spezialzemente erfordern Zusätze, vieles geht dabei weniger nach Wissenschaft als vielmehr nach technischer Praxis und Erfahrung. Daß sich bei fast 1500 °C vielerlei chemische Vorgänge abspielen, ist einleuchtend, und daß trotz aller Vorsicht und Schutzanlagen sich ein Bestandteil aus einem heißen Staub-Gas-Gemisch gelegentlich unkontrolliert verflüchtigen kann, wird niemanden überraschen. Im Jahre 1979 fielen nahe einem Zementwerk bei Lengerich schon im Juni die Blätter von den Bäumen, Schafe starben, Pferde und Kaninchen verloren ihre Behaarung: Thalliumvergiftung! Auf einigem Gemüse wurde Thallium nachgewiesen, und entsprechende Vorsichtsmaßregeln mußten ergriffen werden. Kein Mensch kam zu Schaden. Als noch weniger erheblich erwies sich Thallium aus einem Zementwerk in der Nähe Heidelbergs. Doch zeigen bereits diese beiden Beispiele, daß, örtlich und begrenzt, Thallium unvermutet Probleme aufwerfen kann.

Die spektroskopische Analyse, wir sprachen einleitend davon, kann in ihrer modernsten Form, der sogenannten Atom-Absorptions-Spektralanalyse, kurz AAS genannt, heute die unvorstellbar geringe Menge von 0,00000000002 g Thallium nachweisen. Es sollte also möglich sein, Zementwerke, Ziegeleien, Hüttenwerke sowie Kraftwerke von Zeit zu Zeit auf einen eventuellen Thalliumausstoß zu überwachen. Thallium muß keine Gefahr sein. Als Umweltgift sollte es keine Rolle mehr spielen.

4. Kapitel

Unfälle – sie müßten nicht sein

Chemie – kein Hexen-Einmaleins

Haben Sie schon einmal Cadmiummetall gesehen? Oder Thallium? Nein? Trösten Sie sich, auch die Chemiker experimentieren kaum damit. Beide Metalle sind auch nicht billig. Für ein Gramm Cadmium müßten Sie etwa 2 DM, für ein Gramm Thallium sogar 7 DM bezahlen. Beide Elemente sind also Raritäten, was auch die Tabelle auf Seite 102 zeigt. Selbst eine lange Folge von Umweltschreckensmeldungen macht die beiden Elemente noch nicht wichtig oder gar bedeutend. Natürlich sind Überraschungen nicht auszuschließen, wie es zum Beispiel beim Selen der Fall war. Jahre und Jahrzehnte lang galt das Selen als giftig, sogar als sehr giftig, und wenn es möglich gewesen wäre, wäre es aus der »Umwelt« eliminiert worden. Die kleinen Mengen, die hier und dort für Keramikfarben oder Photozellen verwendet wurden, hätten sich gewiß ersetzen lassen. Dann tauchten 1957 Vermutungen auf, die besagten, Selen sei möglicherweise ein lebensnotwendiges Spurenelement. 1974 wurde es als Zusatz für Futtermittel erlaubt, und heute gibt es bereits Tabletten, die dem Menschen Selen in winzigen Spuren zur Gesunderhaltung bereitstellen. Auch für medizinische Zwecke gibt es Selenverbindungen, und gerüchteweise heißt es, Selen wäre gar zur Verhinderung von Krebsbildungen interessant. Hier kommt es aber auch wieder sehr darauf an, in welcher chemischen Verbindungsform das Metall vorliegt.

Wir müssen uns immer darüber klar sein: Der analytische Nachweis eines chemischen Elementes sagt nichts darüber, in welcher chemischen Verbindungsform es vorgekommen ist, und also so gut wie nichts über seine Umweltgefahr. Andererseits müssen wir wissen, daß chemische Elemente, die an sich absolut

Name	chem. Symbol	Aussehen	Vorkommen in Erdkruste, g/t
Sauerstoff	O	farbloses Gas	466 000
Stickstoff	N	farbloses Gas	46
Phosphor	P	gelb oder rot	1 180
Kohlenstoff	C	schwarz	320
Quecksilber	Hg	silbrig, flüssig	0,5
Blei	Pb	blaugrau	16
Schwefel	S	gelb	520
Thallium	Tl	silbergrau	0,6
Cadmium	Cd	metallisch	0,15
Arsen	As	metallischgrau	5

ungiftig sind, Verbindungen höchster Giftigkeit bilden können. So sind zum Beispiel Wasserstoff (H), Kohlenstoff (C) und Stickstoff (N) ungiftig; zusammen als HCN aber haben wir Blausäure vor uns! Cyanwasserstoff! Etwa 0,05 Gramm reiner Cyanwasserstoff führen sekundenschnell zum Tode.

Chemische Reaktionen führen eben zu wirklich neuen Stoffen. In der Physik ist das anders, da kann ein langer gerader Kupferdraht eine Antenne sein, als elektrische Leitung dienen oder zu einer Spule aufgewickelt eine Induktionsspule darstellen; er bleibt so oder so ein Kupferdraht. Anders in der Chemie, da werden Stoffe in andere Stoffe umgewandelt, feste geben flüssige Reaktionsprodukte, unlösliche werden löslich, weiße werden farbig, ätzende harmlos usw. Eine Verbindung, die Chlor enthält, hat darum noch lange nicht die Eigenschaften dieses Elementes, weder wirkt sie ätzend, noch ist sie gelbgrün wie eine Chlorgaswolke. Denken wir nur an unser häusliches Kochsalz, das aus Natrium und Chlor besteht.

Wir müssen uns also etwas mit der Chemie beschäftigen, wenn wir überhaupt mitreden wollen, ohne uns sogleich entsetzlich zu blamieren. Zum Glück ist die Chemie in ihren Grundzügen eine einfache Wissenschaft. Selbstverständlich gibt es auch in ihr überall Sonderfälle, Ausnahmen, Abweichungen und sogar tiefschürfende Theorien und mathematische Betrachtungsweisen – seien wir mutig und lassen wir sie alle weg.

Keine Sorge um chemische »Formeln« – es gibt sie nämlich gar nicht! Was der Chemiker eine Formel nennt, ist nur sein Versuch, sich ein Bild von dem Atomgerüst zu machen, das er ein Molekül nennt. Mit Mathematik hat die »Formel« des Chemikers nichts zu tun.

Eine chemische Formel ist nur eine Art Landkarte mit Wegen (Bindungen) von einem Ort (Atom) zum nächsten. In dieser Karte wird der Ortsname mit ein oder zwei Buchstaben angegeben. Das sieht dann so aus:

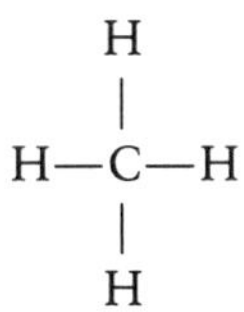

Der Hauptort ist C (das Kurzzeichen für Kohlenstoff) mit vier Nebenorten H (das ist das Zeichen für Wasserstoff), diese sind je durch einen Weg (der Chemiker sagt »Bindung«) mit C verbunden.

Der chemische Name für dieses Gebilde heißt »Methan«. Jeder kennt diese Verbindung unter der Bezeichnung »Grubengas«, das *Gas,* das in Kohlebergwerken Schlagwetterexplosionen auslösen kann.

Liegt auf einem Weg noch ein Ort O (Kurzzeichen für Sauerstoff), so sieht die »Karte« so aus:

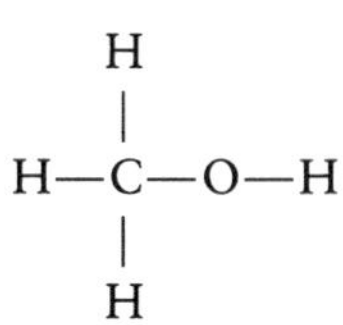

Dann haben wir die »Formel« für Methylalkohol, eine *Flüssigkeit,* die giftig ist und zu Blindheit führt.

So weit, so gut. Machen wir einen großen Sprung, und sehen wir uns gleich die »Karte« des Strychnins an. Das ist geradezu ein Straßennetz:

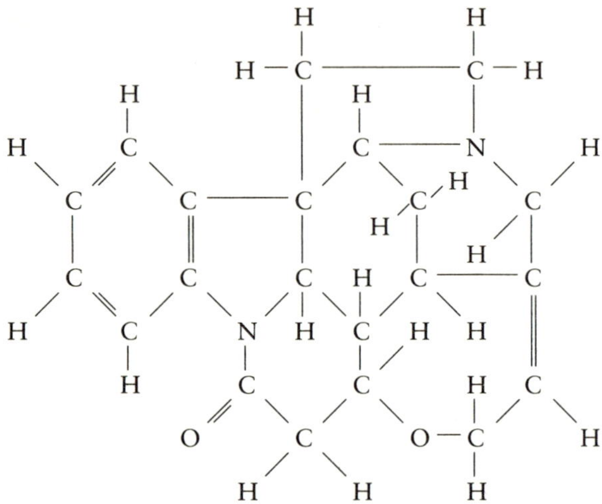

Eine Landschaft mit vielen Orten C, Nebenorten H, zwei Orten O und zwei Orten N (Stickstoff). Was weiter auffällt, ist, daß einige Orte C über zwei Straßen verknüpft sind: Die Chemiker nennen das »Doppelbindungen«.

Wenn Sie nun diesen Plan näher studieren, so fällt Ihnen eines bestimmt auf:

Von den Orten C gehen immer 4 Wege aus,
von den Orten N immer 3 Wege,
von den Orten O immer 2 Wege,
von den Orten H immer nur 1 Weg!

Die Chemiker »werten« entsprechend und sagen:

C	(Kohlenstoff)	ist vierwertig,
N	(Stickstoff)	ist dreiwertig,
O	(Sauerstoff)	ist zweiwertig,
H	(Wasserstoff)	ist einwertig.

Prüfen Sie das bitte (hoffentlich hat der Zeichner keinen Fehler gemacht).

Sehen Sie, jetzt können Sie schon eine recht komplizierte Formel auf ihre Richtigkeit prüfen!

Warum das Strychnin giftig ist, warum es von Pflanzen in ihrem Stoffwechsel hergestellt wird, das soll nicht Ihre Sorge sein, das weiß kein Mensch genau zu sagen. Worin Ihnen der Chemiker allerdings noch überlegen ist, ist sein Können, die Formel aufzustellen und das Strychnin sogar formelgerecht künstlich zu bauen, zu synthetisieren. Der amerikanische Chemiker Robert Burns Woodward, dem das gelang, bekam (u. a.) dafür den Nobelpreis für Chemie.

Zur klassischen Chemie rechnet man 92 chemische Elemente. Die Chemiker haben sie in die Kästchen ihres »Periodischen Systems der Elemente«, kurz und fachlich »Periodensystem« genannt, geordnet. Nach zwei oder drei Vorlesungsstunden weiß der Student, wie dieses System einst entstanden ist, und mancher Studentengeneration hat es als Gedankenbrücke gedient. Obgleich nur nach der Atomkernladung von 1 bis 107 geordnet und jeweils entsprechend um ein Elektron in der Elektronenhülle zunehmend, finden sich in der ersten senkrechten Reihe einwertige Elemente, in der zweiten Senkrechtreihe zweiwertige Elemente usw. Die Edelmetalle bilden einen Bereich, die Edelgase stehen untereinander, kurz, es läßt sich etliches daraus ablesen (der interessierte Leser findet das Periodensystem auf Seite 106). Was uns nun aber interessiert, ist eine relativ neue Erkenntnis: Die lebensnotwendigen wie auch die toxischen Elemente sind jeweils benachbart!

In der ersten und zweiten Senkrechtreihe stehen (neben ande-

Periodensystem (nach dem Stand von 1985)

	1	2	3	4	5	6	7	8	9	10	11	12	13	14	15	16	17	18
1. Periode	1 H																	2 He
2. Periode	3 Li	4 Be											5 B	6 C	7 N	8 O	9 F	10 Ne
3. Periode	11 Na	12 Mg											13 Al	14 Si	15 P	16 S	17 Cl	18 Ar
4. Periode	19 K	20 Ca	21 Sc	22 Ti	23 V	24 Cr	25 Mn	26 Fe	27 Co	28 Ni	29 Cu	30 Zn	31 Ga	32 Ge	33 As	34 Se	35 Br	36 Kr
5. Periode	37 Rb	38 Sr	39 Y	40 Zr	41 Nb	42 Mo	43 Tc	44 Ru	45 Rh	46 Pd	47 Ag	48 Cd	49 In	50 Sn	51 Sb	52 Te	53 I	54 Xe
6. Periode	55 Cs	56 Ba	57* La	72 Hf	73 Ta	74 W	75 Re	76 Os	77 Ir	78 Pt	79 Au	80 Hg	81 Tl	82 Pb	83 Bi	84 Po	85 At	86 Rn
7. Periode	87 Fr	88 Ra	89** Ac	104 Unq	105 Unp	106 Unh	107 Uns											

*Lanthaniden-Reihe	58 Ce	59 Pr	60 Nd	61 Pm	62 Sm	63 Eu	64 Gd	65 Tb	66 Dy	67 Ho	68 Er	69 Tm	70 Yb	71 Lu
**Actiniden-Reihe	90 Th	91 Pa	92 U	93 Np	94 Pu	95 Am	96 Cm	97 Bk	98 Cf	99 Es	100 Fm	101 Md	102 (No)	103 Lw

Die Zahlen im Kopf der Tabelle geben die Elementgruppe, die Zahlen in den Kästchen die Ordnungszahl und die Buchstaben die Elementsymbole an.

ren) jene Elemente, deren Verbindungen mit Elementen aus der Reihe 17 für unsere Körperflüssigkeiten, für Nervenreaktionen und dergleichen wichtig sind.

In den Reihen 14 bis 16 finden wir alle jene Elemente, auf denen das Leben letztendlich basiert, ohne die keine Lebensäußerung denkbar ist: Kohlenstoff, Stickstoff, Sauerstoff, Schwefel und Phosphor.

Gehäuft stehen in den Reihen 6 bis 12 jene Elemente, die in kleinen Mengen für spezielle Stoffwechselvorgänge unverzichtbar sind, etwa für enzymatische Reaktionen: Vanadin, Eisen, Cobalt, Zink und Kupfer.

Die lebensfeindlichen Elemente sind im Periodensystem auch benachbart: Silber, Cadmium, Quecksilber und Thallium.

Es gibt also gewisse Regeln in der Chemie, die dem Chemiker seine Arbeit erleichtern. Doch bisher vermag er nicht vorherzusagen, welche Eigenschaften in einer neuen Verbindung liegen, die im Labor herzustellen er sich bemüht. Es bleibt ihm nichts, als Tausende von Verbindungen herzustellen und zu prüfen. Um ein neues Heilmittel oder ein brauchbares Schädlingsbekämpfungsmittel zu entwickeln, müssen 10 000 bis 15 000 Substanzen geprüft werden, was Jahre dauert, und dann entwickeln die Krankheitserreger oder beispielsweise Insekten womöglich rascher eine Resistenz (Widerstandskraft), als ein neues Präparat geschaffen werden kann. Das Risiko ist bei allen chemischen Arbeiten hoch, für den Chemiker wie für die chemische Industrie. Ein Forschungschemiker kann in seinem Kolben ebensogut ein sensationelles neues Heilmittel wie einen krebserregenden Stoff vorfinden. Doch damit ist es überhaupt so eine Sache: Was findet der Chemiker denn als Versuchsergebnis? Nehmen wir einen ganz einfachen Fall. Er füllt in seinen Kolben zwei Substanzen, die in Wasser gelöst miteinander reagieren sollen. Nehmen wir an, er hat Glück, beide Substanzen lösen sich im Wasser auf und beginnen sich miteinander umzusetzen. In diesem Augenblick sind in dem Kolben, vom Wasser abgesehen, drei Substanzen. Das dritte, soeben entstandene Produkt reagiert teilweise weiter, vielleicht bevorzugt mit einer der Ausgangssubstanzen, gibt Produkt 4. Dieses ist zum Beispiel wasserempfindlich und wird in zwei Teile zerlegt, also die Produkte 5 und 6. Machen wir es kurz: Es ist nicht außergewöhnlich, wenn unser Chemiker die Verbindung, die er haben wollte, am Ende nur mit wenigen Prozent »Ausbeute« erhält. Dafür findet er aber ein Dutzend andere Substanzen, die er nun isolieren und untersuchen muß, um herauszufinden, was sich in seinem Kolben abgespielt hat. Für den Chemiker macht das den Reiz seiner Arbeiten aus.

Überraschungen sind immer möglich. Das schließt unerwartete Reaktionen ein, auch einen Glasbruch, eine Verpuffung, einen kleinen Laborbrand. Ein in Lehre und Forschung erfahrener Professor schrieb dazu kürzlich:

»Eine gefahrlose sowie ungiftige Chemie gibt es nicht, auf der ganzen Welt nicht. In allen Laboratorien auf der ganzen Welt stehen auf jedem Arbeitsplatz zerbrechliche Glasflaschen mit brennbaren Lösungsmitteln. Zum Beispiel: Benzol, Benzin, Ether, Petrolether, Toluol, Aceton, Pyridin, sowie toxische Lösungsmittel wie Tetrachlorkohlenstoff und Chloroform, das früher als Narkosemittel der Wahl galt, heute als gefährlich bekannt ist und daher in der Medizin außer Gebrauch, aber in der Chemie nach wie vor vielfach unersetzbar ist.

Ich habe über 20 Jahre lang eigenhändig mit dem hochgiftigen Nitrosomethyl-urethan gearbeitet und daraus das hochgiftige Gas Diazomethan hergestellt, um meine Säuren zu verestern. Ich habe Kilogramme des tödlichen Cyankalis in den Händen gehabt und damit gearbeitet, literweise das hochtoxische und bei unvorsichtigem Einatmen durch Bildung von Lungenödem auch rasch tödliche Dimethylsulfat verarbeitet. Ich habe in meinem Chemikerleben um die 300 Brände, zum großen Teil explosiven Charakters, in den mir anvertrauten Laboratorien selbst gelöscht, respektive mitgelöscht.

Wieso lebe ich noch und bin gesund? Ich weiß nicht, ob allgemein folgendes bekannt ist: wir haben bisher noch kein einziges pathogenes, d. h. krankheitserzeugendes Bakterium und auch keinen schädlichen Käfer (um nur dies zu nennen) völlig vernichtet. Alles wird nur in ständiger Auseinandersetzung seitens des Menschen unter Kontrolle gehalten, mit Mitteln, die alle 10 bis 15 Jahre erneuert, d. h. verbessert werden müssen, weil sich die für uns schädlichen Organismen daran gewöhnt haben.

Wenn wir aufhören zu ›kämpfen‹, kommen Pest, Cholera, Malaria, Gonorrhoe, Syphilis und der (ausgewählt genannte) Kartoffelkäfer auf uns zu, überfallen uns, machen uns tödlich krank, die Kartoffeln werden weggefressen, und die Lebenserwartung sinkt wieder auf die alte Zahl von etwa 40 Jahren herab.« (H. H. Inhoffen)

Die Zeiten sind längst vorbei, daß mit »Kühnheit« oder gar »Verwegenheit« in Universitätsinstituten experimentiert wurde. Bekannt-berüchtigt als Experimentator war seinerzeit noch Julius Lothar Meyer, der sich 1870 um das Periodensystem große Verdienste erworben hat. Einer seiner Schüler wußte zu berichten: »Eine ohne ernsten Schaden abgelaufene Explosion gewährte ihm stets ein gewisses Vergnügen, und nicht selten wurden verbogene Metallteile des Apparates als Belegstücke aufbewahrt. Wie manches Mal standen Assistenten und Schüler in achtungsvoller Entfernung, auch wohl in unauffälliger Weise eine sich darbietende Deckung benützend, wenn der Meister ruhig das brennende Zündholz der Ausströmungsöffnung näherte, mit den vertrauenerweckenden Worten: ›Wir wollen einmal sehen, ob's brennt, vielleicht fliegt's auch in die Luft ...‹«

Anekdotenhaft klingt derlei recht hübsch – oder weil diese Zeiten vorbei und wirklich nur noch Chemiegeschichte sind?

In der Praxis des Industriealltages stehen die ausgefeilten Produktionsprozesse im Vordergrund. Da außerdem alle in der chemischen Industrie Beschäftigten an ständiger Aus- und Weiterbildung teilnehmen, verwundert es den Fachmann kaum noch, daß seit vielen Jahren dort die Zahl der Wegeunfälle wesentlich höher ist als die Zahl der Arbeitsunfälle! Sehen wir die Statistiken der Berufsgenossenschaften an, so liegt die Chemie erst an Platz 31 von 36 Berufsgenossenschaften. Nur Feinmechanik, Bekleidung,

Einzelhandel, Verwaltung und Gesundheitsdienst haben noch weniger Arbeitsunfälle zu melden.

Wenn von Chemieunfällen die Rede ist, handelt es sich fast immer um Unfälle außerhalb der Chemiewerke. Die Ursache liegt klar erkennbar auf der Hand: Die Generation unserer Urgroßeltern hat die Dampfmaschine noch verstanden, unseren Großeltern war der Mechanismus der elektrischen Klingel noch vertraut, aber unsere Eltern haben vor Farbfernsehern und Computern kapituliert – und wir müssen begreifen, daß die Zeit der physikalischen Mechanik und der »Elektrizitätslehre« hinter uns versunken ist, weil wir längst im Zeitalter der Chemie leben. Selbst der heute so beliebte Computer, wo wäre er ohne die Chemie? Unsere Chemiekenntnisse aber liegen im Durchschnitt kaum über dem Nullpegel.

Gefrorenes Feuer

So kommt es, wie es kommen muß. Sobald ein Chemieprodukt ein Werk verläßt, fällt es in die Hände chemischer Laien. Nehmen wir das Flüssiggas. In England gibt es dafür einen treffenden Namen: *frozen fire* – gefrorenes Feuer! Besser kann man es kaum sagen. Einige Flüssiggaskatastrophen als Beispiele:

1972 In Brasilien explodiert Butan; 37 Tote.
1973 USA: In New York explodiert bei Reparaturarbeiten eine Tankanlage; 40 Tote.
1974 In Japan: Eine Schiffsladung explodiert; 33 Tote.
1978 In Spanien: Ein Lastzug läuft aus, nahe Campingplatz; in der Raumexplosionswolke sterben 215 Menschen.
1978 Mexiko: Auch hier explodiert ein Lastzug; 20 Tote.
1984 Sao Paulo: Eine Flüssiggasleitung explodiert; mehr als 80 Tote.
1984 Mexiko City: Explosion an einer Verteileranlage; etwa 500 Tote, 7000 Verletzte.

Gasexplosionen, sie sind auch hierzulande eine ewige Gefahr. Gerne werden dafür Rohrschäden im Gasleitungsnetz verantwortlich gemacht; doch nie sei vergessen, daß auch ein undichter Flüssiggasbehälter, etwa vom letzten Urlaub, ein Haus umreißen kann. Denken Sie auch an Ihr Taschenfeuerzeug. Es enthält Flüssiggas, im Durchschnitt ca. 6,5 g Butan. Bei einem Schiffsunfall explodierte ein Container (9,77 m^3), der 16 000 Feuerzeuge enthielt. Eine Nachrechnung ergab: Wenn nur 56 Feuerzeuge undicht waren, war das Gasgemisch im Container bereits explosionsbereit!

Der Unfall vom 11. Juli 1978 von San Carlos de la Rápita/Spanien zeigt, wie ungeheuer leichtsinnig verfahren wird. Der Tank des Straßentankfahrzeugs war für 19 099 kg ausgelegt, geladen wurden aber 23 470 kg! An der Befüllungsanlage fehlten: Durchflußmeßgeräte, automatische Absperrventile und eine Überfüllsicherung. Das Gas (Propylen) hatte eine Einfülltemperatur von etwa 12 °C, die Mittagstemperatur (Unfallzeit 12 Uhr) betrug fast 40 °C. Es darf noch als Glücksfall angesehen werden, daß die Dampfwolke sofort zündete. So brannte, allerdings explosionsartig, immer nur die Außenzone der Wolke als Feuerball ab, in der letzten Fahrtrichtung über den Campingplatz rollend. Hätte sich vor der Zündung eine explosible Raumwolke gebildet, wären die Folgen noch weitaus schrecklicher gewesen. Was neben dem Weg der Wolke lag, blieb in diesem Fall verschont.

Für das, was eine Gaswolke bei einer Explosion anrichten kann, gibt es genug Beispiele. Da ist der Bericht über einen Luftkampf im Zweiten Weltkrieg, bei dem eine deutsche Maschine weit vor einem US-Bomber-Pulk Treibstoff verlor. Als die US-Maschinen in die explosible Treibstoff/Luftwolke einflogen, riß die Explosion ein halbes Dutzend Bomber in Fetzen.

Im Februar 1973 fuhr ein Propangas-Lasttankzug durch eine nordfranzösische Stadt, wollte einem Radfahrer ausweichen, kippte um, fiel auf einen Kleinwagen, und der Tank riß auf. Propangas floß aus und verdampfte. Der Wind blies, und es entstand eine Wolke von mehr als 150 000 m^3. Alles Absperren, alle Warnungen nützten nichts. Explosionsfolgen: 9 Tote, 40 Verletzte, 40 restlos zerstörte Häuser, 100 Obdachlose. Schrecklich, aber letztlich noch ein Glücksfall, denn der Wind hatte die Propangaswolke auf ein wenig bebautes Gelände geweht.

Das Unglück in der Teepause

Das Unglück von Bhopal wird oft die größte Katastrophe der chemischen Industrie genannt. Darüber mag jeder denken, wie er will. Entscheidender ist, daß sie die blamable chemische Unwissenheit unserer Generation so deutlich gemacht hat, daß kaum jemand über dieses Faktum zu sprechen wagt. Da gibt es am 3. Dezember 1984 einen Betriebsunfall, bei dem Methylisocyanat entweicht (erst war offenbar überhaupt niemand sicher, um welche Verbindung es sich handelte!). Was ist Methylisocyanat? Hier ist die Formel:

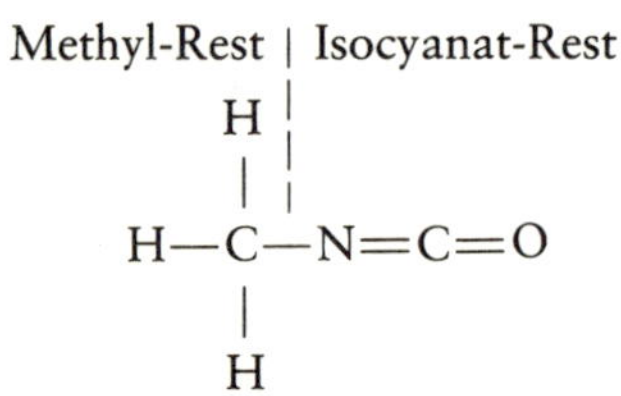

chemische Kurzschreibweise: $H_3C-N=C=O$, handelstechnisches Kürzel: MiC. Eine giftige, farblose, stechend riechende Flüssigkeit; bei 39 °C siedend, dann als Gas und schwerer als Luft auf dem Boden sich bewegend.

In jedem besseren Chemielehrbuch wird die Verbindungsgruppe »Isocyanate« erwähnt, denn für chemische Synthesen ist sie seit vielen Jahrzehnten wertvoll. Ein Chemiker, der auch nur die Formel sieht, sagt sogleich: »Vorsicht!«, denn die Elementfolge $-N=C=O$ ist für ihn ein Warnsignal.

Aber bis man im Betrieb in Bhopal so weit war, das dauerte seine Zeit – und außerhalb der Fabrikanlage erst recht. Da wurden Namen verwechselt, Datenbanken – die angeblich alles wissen – befragt; Konfusion war das einzige Resultat.

Endlich: Im »Beilstein«, der größten kritischen Wissenssammlung der organischen Chemie, muß die Substanz stehen. Dort steht sie auch, aber wie toxisch ist sie? Dann, im deutschen »Archiv für Toxikologie«, da steht alles, was gesucht wird: »Zur Toxizität von Methylisocyanat und dessen quantitative Bestimmung in der Luft«. Die Arbeit ist 1964, 20 Jahre vor dem Bhopal-Unfall, erschienen. In den USA ist die Arbeit nicht zu finden und muß von Erlangen aus nach Indien hinübergefunkt werden! Auf die Frage, weshalb vorher niemand von dieser Arbeit wußte, gibt es keine Antwort.

Das Methylisocyanat wurde in Tanks gespeichert. Warum? Hätte es nicht genügt, jeweils soviel herzustellen, wie täglich verbraucht wurde? Immerhin, für die Tankanlage gab es eine Kühlanlage – war abgeschaltet –, einen Reserve(Überlauf)-tank – war nicht verfügbar –, einen Rieselturm, um das Gas zu neutralisieren – nicht betriebsbereit –, eine Abfackel-Anlage – ist stillgelegt.

Am 2. Dezember 1984, es ist ein Sonntag, enthält der MiC-Tank 49 000 Liter der Verbindung. Abends erhält ein Arbeiter den Auftrag, ein zum Tank führendes Rohr, 8 m lang, zu reinigen. Obgleich er weiß, daß ein Ventil am Tank nicht völlig schließt, leitet er Wasser in das Rohr.

Was jetzt noch kommt, ist naturgesetzlich vorgegeben. Die Frage, wer daran Schuld hat, daß 2500 Menschen sterben werden, wird aufgeworfen. Doch die Frage nach einem Schuldigen ist so dumm, wie sie menschlich ist. Sie kann notwendigerweise zu nichts anderem führen als zu immer neuen Stufen in der Tiefe der Vergangenheit. Lassen wir sie also fallen und fragen wir, ob zu jenem Zeitpunkt noch etwas hätte unternommen werden können, um das Unheil abzuwenden. Etwa eine Evakuierung der Bewohner von Bhopal? Nein – oder würden Sie heute San

Franzisko evakuieren lassen, nur weil Sie wissen, daß diese Stadt in naher oder fernerer Zukunft in einem Erdbeben untergehen wird? Mit Vermutungen im Nebel der Zukunft zu tasten, ist ebenso fruchtlos, wie in der Nacht der Vergangenheit festen Grund zu suchen.

In den Methylisocyanat-Tank ist Wasser gekommen. Es reagiert mit dem Methylisocyanat unter Wärmeentwicklung, was den Druck im Tank steigen läßt.

22.30 Uhr: Die Temperatur beträgt 20 °C, zugelassen sind 5 °C.
23.00 Uhr: Der Druck im Tankinneren ist fünfmal so hoch wie normal.
23.30 Uhr: Gelblich-weißes Gas entweicht aus dem Tank.
23.45 Uhr: Die Belegschaft macht Teepause, danach wird man weiter sehen.
Montag, 0.40 Uhr: Während das Leck betrachtet wird, steigen Temperatur und Druck weiter. Der Tank birst um 0.45 Uhr.
3.30 Uhr: Das ganze Methylisocyanat ist ausgetreten und wird vom Wind nach Bhopal geweht. Dort sterben etwa 2500 Menschen, rund 200 000 erleiden Schäden.

Es bleibt die Frage nach der eigentlichen Ursache des Desasters. Hätten auch in einem anderen Land die Sicherheitseinrichtungen so völlig verludert sein können? Angeblich hat die Werksbelegschaft den Angaben der Druck- und Temperaturmeßgeräte mißtraut, da sie selten zuverlässig gewesen sein sollen. Auch die Telefonverbindung vom Werk zu den städtischen Behörden soll mangelhaft gewesen sein. Fehlte dem Entwicklungsland Indien das Geld, um Ersatzteile beschaffen zu können? Vorsicht, Indien ist kein Entwicklungsland. Seine Atomindustrie genießt einen guten Ruf, und das Land ist auch im Besitz von Atomwaffen. Das allein zeigt bereits, daß Indien über ein großes Potential an Wissen und Technik verfügt. Auch in der Raumfahrt hält Indien einen guten Platz: Am 19. April 1975 wurde der erste in Indien gebaute Satellit von einer sowjetischen Rakete in den Raum getragen, und im Juli 1980 startete erfolgreich die erste indische Vier-Stufen-Rakete mit einem Eigenbausatelliten. Allein die indische Raumfahrtbehörde hat 10 000 Mitarbeiter!

Vielleicht war es überheblich, daß die Teepause wichtiger schien als das Schicksal der Produktionsanlagen?

Bleibt nur noch zu vermerken, daß das Methylisocyanat in Bhopal zur Herstellung eines Insektizides diente, welches das »gefährliche« DDT ersetzt – an DDT ist bisher kein Mensch gestorben.

Eine Wolke explodiert

Generell sind Großunfälle in modernen Industriewerken selten, und daher erregte 1974 der Unfall nahe dem Ort Flixborough (Großbritannien) erhebliches Aufsehen, zumal es sich um eine außergewöhnliche Explosion handelte. Die Fabrik stellte den Rohstoff für Perlon® her, das Caprolactam, und brauchte dazu unter anderem Cyclohexan (C_6H_6), eine Flüssigkeit mit dem Siedepunkt 80,8 °C bei normalem Luftdruck. Da der Prozeß aber bei 155 °C abläuft, stand das Cyclohexan im Reaktorgefäß unter einem Überdruck von rund 8,8 bar (atm), als in einer Behelfszuleitung ein Riß entstand, aus dem 20 oder gar 50 Tonnen Cyclohexan ausströmten; die exakte Menge konnte nicht mehr ermittelt werden. An der kühlen Luft bildeten sich aus dem Dampf Tröpfchen, die als Wolke in der Luft standen. Wo die Zündquelle gewesen ist, ließ sich nicht mehr feststellen, denn in einer gewaltigen Explosion wurde nun die ganze Anlage zerstört. Im Umkreis von 300 m blieben nur Trümmer. Der Explosionsdruck war so unglaublich, daß einige unter der explodierenden Wolke parkende Personenwagen zu flachen Blechpaketen zusammengepreßt wurden, nur noch die Radfelgen ragten hervor! 28 Menschen starben, mehr als 100 wurden verletzt, 1821 Häuser wurden schwer beschädigt, noch in 6 km Entfernung splitterten Fensterscheiben.

Ammoniak – vernünftig handeln ist alles

Wie notwendig es heute ist, wenigstens einige Grundkenntnisse in Chemie zu haben, zeigen Transportunfälle, bei denen Ammoniak (NH_3) freigesetzt wurde. Ammoniak ist ein ätzendes, farbloses Gas; es hat einen Siedepunkt von – 33,5 °C und ist spezifisch viel schwerer als Luft. Unfälle, bei denen Tankwagen oder Tankschiffe, die unter Druck stehendes Ammoniak enthalten, beschädigt wurden, sind besonders aus den USA bekannt. Als am 11. Mai 1976 ein mit Ammoniak beladener Tankwagen nahe der Stadt Houston/Texas auf einer Autobahn verunglückte, bildete sich eine fast einen Kilometer lange Ammoniakwolke. Wie verhielten sich die betroffenen Menschen? Die Autofahrer hatten – es war ein heißer Tag – ihre Klimaanlagen laufen. Einige waren so vernünftig, sofort die Belüftung abzustellen, die Fenster zu schließen und langsam aus der Wolke herauszufahren. Sie überlebten ohne große Gesundheitsschäden. Andere verließen ihre Fahrzeuge, sie erlitten schwere Verätzungen. Einige hundert Personen in einem Gebäude handelten wiederum vernünftig: Sie schlossen alle Fenster und begaben sich in den obersten 4. Stock; die schwere Gaswolke erreichte nicht diese Höhe, und also blieben sie unbehelligt.

Ammoniak ist weder brennbar noch gar explosiv – was geschieht aber, wenn in einem ähnlichen Fall Flüssiggas ausströmt? Auch Flüssiggas ist schwerer als Luft, bleibt also am Boden. Aber Flüssiggas, das sich am Boden bewegt und in Keller, Gruben oder sonstige Vertiefungen eindringt, verdünnt sich dort fast unvermeidlich mit Luft zu einem explosiven Gas/Luft-Gemisch – und eine Zündquelle findet sich stets. Da heißt es also, Räume, sei es nun das Auto oder unterkellerte Haus, sofort verlassen. Der Fluchtweg liegt quer zur Windrichtung!

Formaldehyd, witzlose Forderungen

Wenngleich Gasexplosionen und nachfolgende Brände, der Austritt giftiger Gase und sonstige technisch-industrielle Unfälle schrecklich sein mögen, so stehen sie doch in keiner Relation zu Naturkatastrophen wie Vulkanausbrüchen, Erdbeben, Flutschäden, Wirbelstürmen und ähnlichem Geschehen. Wenn die Naturgewalten zuschlagen, sind die Verluste an Menschenleben oft riesig, und die Folgen bleiben irreparabel. Naturkatastrophen buchen wir als »höhere Gewalt« ab und vergessen sie rasch – die Sintflut der Bibel allein blieb in uns verankert. Was uns an den Alltags- und Umweltkatastrophen so ärgerlich macht, ist, daß wir sie bei besserem Wissen und größerer Sorgfalt zumeist hätten verhindern können. Unsere Erregung darüber ist also weitgehend in einem unbewußten Eingeständnis unserer Unfähigkeit, unserer Dummheit, begründet. Wir ärgern uns noch jahrelang darüber. Wenn wir uns bei einer Umweltkatastrophe indessen einmal so richtig blamieren, dann bemühen wir uns, sie rasch zu »verdrängen«, als ob wir nicht auch aus eben solchen Fehlern lernen sollten.

Am 20. August 1984 berichtete das Fernsehen in den Abendnachrichten, Formaldehyd sei krebserregend. Mancher Chemiker verzog bei dieser Meldung schmerzlich das Gesicht, denn was der Sprecher sagte, klang etwa wie Formal-dehyd, bezeugte jedenfalls die fundamentalste Unkenntnis über das, wovon die Rede war. Doch Nachsicht sei gewährt; denn wer will sich noch durch die chemische Nomenklatur hindurchfinden, wenn die Chemiker selbst einmal von Formaldehyd, dann von Methanal, Oxomethan, Methylaldehyd oder Ameisensäurealdehyd reden und immer die gleiche Verbindung meinen:

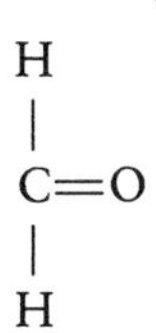

Dann allerdings wurde es kritisch, da wurde »Formalin« zur Abwechslung gesagt, und das ist die wäßrige Lösung des Formaldehyds und eben nicht mehr die Substanz selbst.

Kurz und schlecht, es hieß nun, Formaldehyd sei krebserregend und müsse also verboten werden. Eifrige Stimmen plapperten das nach. In chemischen Lehrbüchern stand davon keine Zeile. Dagegen ließ sich dort seit Jahrzehnten bequem nachlesen: »Spuren von Formaldehyd bilden sich bei der unvollständigen Verbrennung vieler organischer Substanzen, z. B. der Kohlen, des Holzes, der Zucker u. a. m. Daher ist Formaldehyd stets im Rauch und Ruß enthalten und gelangt in kleinen Mengen in die Atmosphäre. Die desinfizierende Wirkung des Rauches, von der man beim Räuchern der Fleischwaren Gebrauch macht, ist wenigstens teilweise auf ihn zurückzuführen ...« (P. Karrer, 1948).

Leicht ließ sich auch ermitteln, daß kosmetische Erzeugnisse Formaldehyd enthalten, längst durch eine Verordnung geregelt, mit Höchstmengen von 5 Prozent bei Nagelhärtern.

Und schließlich wird Formaldehyd seit etwa 90 Jahren industriell hergestellt, in Tausenden von Tonnen – wieso sind wir alle da nicht längst an Krebs gestorben?

Langsam klärte sich die Situation. Da hatte jemand Ratten gezwungen, zwei Jahre lang in einer Luft zu leben, die im Mittel 14,3 cm^3 Formaldehyd pro Kubikmeter Luft (14,3 ppm) enthalten hatte, und bei diesen armen Opfern hatte sich Nasenkrebs gebildet. Was war das? Nun, ein grober Fall von Tierquälerei! Wenn wir kaum 2 cm^3 Formaldehyd pro Kubikmeter Luft aushalten und der Höchstwert durch das Bundesgesundheitsamt längst auf 0,1 cm^3 festgelegt ist, dann kann man sich vorstellen, was die armen Tiere gelitten haben!

Doch davon sprach niemand. Statt dessen wurde gefordert, den Formaldehyd zu verbieten. Was hätte das bedeutet?

- Alle Kraftwerke (ausgenommen Kernkraftwerke) müßten den Betrieb einstellen.
- Alle Kraftfahrzeuge dürften nicht mehr fahren.

- Niemand dürfte mehr heizen, weder mit Gas, noch Kohle oder Öl, und schon gar nicht mit Holz.
- Ein halbes Dutzend Industriezweige müßte stillgelegt werden, insbesondere weite Teile der Kunststoffindustrie.
- Das Rauchen wird verboten, denn beim Rauchen von nur fünf Zigaretten in einem Zimmer, mit Höhe von 2,50 m und 3 × 4 m Fläche, sind bereits 0,23 g Formaldehyd im Kubikmeter Luft!
- Die Sonnenstrahlung wird auch verboten, denn seit es die Erde gibt, bildet sie Formaldehyd in der Luft.
- Das Leben von Mensch und Tier ist auch zu beenden, denn in jeder Körperzelle entsteht (und vergeht) als Stoffwechselprodukt Formaldehyd.

Schon gut, die Mengen an Formaldehyd, die das Sonnenlicht produziert, sind gering, und was der Körper selbst an Formaldehyd erzeugt und verbraucht, ist minimal, aber was bei deutscher Gesetzgeberperfektion alles möglich oder doch diskutierbar ist, weiß man schließlich. Erregte Debatten über Schattenzonen oder Formaldehyd-Minus-Diät mag sich jeder selbst ausmalen. Am Ende die Verpflichtung, im Sommer eine Formaldehyd-Filtermaske zu tragen?

Nun, auch der Spott mag Grenzen haben, aber was ist mit jenen, die dem Formaldehyd-Verbot zustimmten, zustimmen wollten? Darf man ihnen alles vergessen, diesen Umweltphantasten? Wenn ein Politiker über ein solches Thema redet, ist er gewiß entschuldigt; denn Reden halten ist sein Job, und jeder weiß, daß er von der Sache kaum eine eigene Meinung haben kann. Auch Umweltfanatiker dürfen auf mildernde Umstände rechnen, ihnen glaubt ja ohnehin kaum jemand. Aber die Namen jener, die nach Vorbildung und Fähigkeiten imstande gewesen wären, sich erst zu informieren und erst dann zu reden, sachlich und wohlüberlegt, und die genau das nicht getan haben, deren Namen sollte man sich genau merken.

Dioxin, ein Lehrstück

Niemand wird es einem forschenden Wissenschaftler verargen, wenn er, vom breiten Publikum zu einer Stellungnahme aufgefordert, danach nicht sagen kann, ob er auch richtig verstanden worden ist. Wie weit hätte er in Einzelheiten gehen sollen, um zu überzeugen? Welche Begriffe hätte er benutzen müssen, um verständlich zu sein, weiß er doch, daß selbst Kollegen aus benachbarten Forschungszweigen nicht mit seiner speziellen Fachterminologie mitkommen können. Wenn er auf wissenschaftlichen Kongressen vorträgt, ist er ja schon zufrieden, wenn seine Zuhörer die Fragestellungen erfassen und am Ende erkannt haben, daß hier ein wichtiges Problem vorliegt, ein lohnendes Forschungsziel.

Das »Dioxin-Problem« ist vor lauter Vereinfachungen auf die Angst »hochtoxisch« geschrumpft. Dabei ist es ein exzellentes, reizvolles naturwissenschaftliches Lehrstück, sobald man es etwas näher anschaut.

Da ist erst einmal der Name »Dioxin«. Er ist eine Abkürzung, und er ist falsch!

Dioxin ist eine chemische Verbindung, die so aussieht:

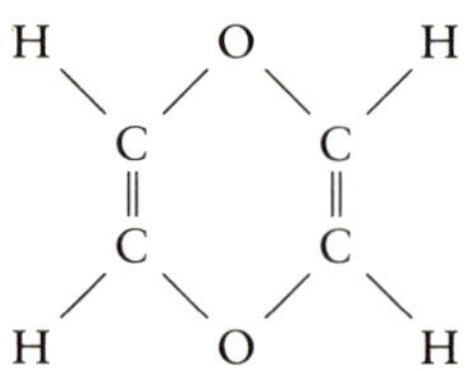

Wir haben wieder vier Bindungen am C (Kohlenstoff), zwei Bindungen an jedem O (Sauerstoff) und je eine Bindung an jedem H (Wasserstoff).

Die Verbindung, von der (zumeist) die Rede ist, heißt 2,3,7, 8-Tetrachlor-dibenzo-p-dioxin:

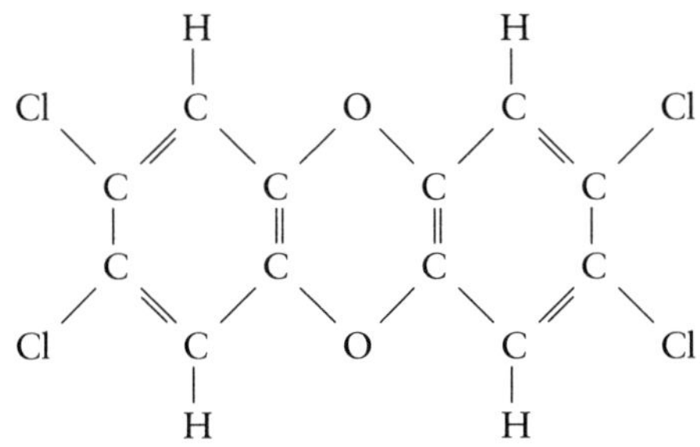

Das Mittelstück erinnert an das eigentliche Dioxin, obgleich der Nichtchemiker zunächst wohl nur drei sechseckige Strukturen erkennt. Beim zweiten Hinsehen fallen dann die vier seitlichen Cl-Atome auf, Chloratome. Der offizielle, einzig »richtige« Name wird nun langsam begreifbarer:

Tetrachlor-
4 Chloratome. Die Ziffern 2, 3, 7 und 8 stammen aus einer Eckenzählerei, im Uhrzeigersinn an der rechten oberen Ecke beginnend, und besagen, an den Ecken 2, 3, 7 und 8 hängen die Chloratome.

-di-benzo-
Das deutet auf die *beiden* (-di-) äußeren sechseckigen Ringe (*Benzol*-ringe sind ähnlich).

-p-dioxin
p = »para«, bedeutet »gegenüberliegend«,
-di- heißt wieder »zwei«,
-oxin bezieht sich auf die beiden O-(Sauerstoff-)Atome.

So weit sind wir also wieder einmal tüchtige Chemiker, aber leider rechnet man zum »Dioxin« nicht nur diese eine Verbindung, sondern viele Verbindungen. Sie unterscheiden sich dadurch, daß sie an den beiden äußeren Sechsecken ein bis acht Chloratome enthalten können, und wenn sie alle in ihren möglichen Positionen angeordnet werden, sind das 75 durchaus verschiedene Stoffe! Chemisch verschieden, analytisch verschieden und gewiß auch in ihrer toxischen Wirkung auf den Menschen verschieden. Auch in ihrer Wirkung von Tierart zu Tierart dürften sie wieder verschieden wirken.

Nicht genug damit, auch ein weiteres Grundgerüst wird umgangssprachlich noch mit eingeschlossen. Es sieht so aus:

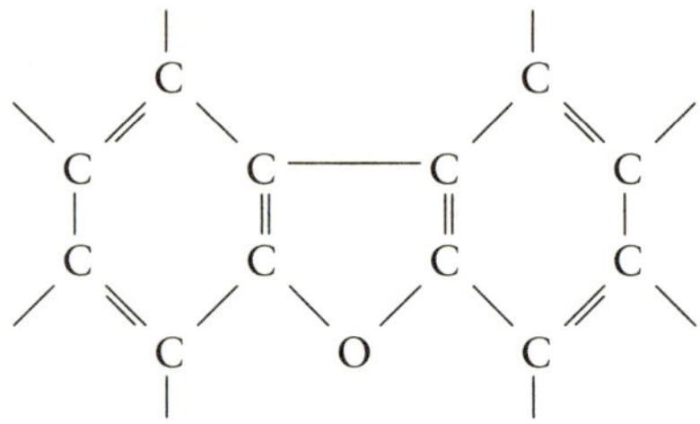

Und wenn die möglichen Chlor-Abwandlungen durchprobiert werden, kommen gar 135 verschiedene »Derivate« ans Licht!

Das ergibt alles in allem 210 verschiedene chemische Verbindungen. Von 209 dieser Verbindungen weiß man erst recht wenig oder so gut wie nichts!

Doch reden wir weiter vom »Dioxin«, nur sollten wir dabei nicht vergessen, daß wir strenggenommen stets das 2,3,7,8-Tetrachlor-dibenzo-p-dioxin meinen, wenn wir von Einzelheiten sprechen. Die Geschichte dieser Verbindung ist übrigens recht interessant. Sie zeigt, daß auch Behörden wohlüberlegte Fehlentscheidungen treffen, daß nicht alles, was gedruckt wird, auch gelesen wird und daß sich Stillschweigen oft bitter rächt.

Die Fehlentscheidung

Holz, Bauholz, muß gegen Pilzbefall geschützt werden, eine alte Wahrheit, um so wertvoller, je teurer das Holz wird. Lange waren dafür giftige Quecksilberverbindungen (Quecksilber ist nicht gerade billig) oder andere giftige Stoffe benützt worden, als nach dem Zweiten Weltkrieg der deutsche Chemiker Wilhelm Sandermann, unter anderem Direktor der Bundesforschungsanstalt für Forst- und Holzwirtschaft in Hamburg, zur Pilzbekämpfung im Holz eine neue Verbindung (Pentachlorphenol) vorschlug. Leider erwies sie sich für die Verarbeiter als nicht harmlos, so daß eine genauere Untersuchung notwendig war. Nach langwierigen Arbeiten stand als Resultat fest: Das Produkt enthielt winzige Mengen einer Substanz »hoher« Giftigkeit, 2,3,7,8-Tetrachlordibenzo-p-dioxin! Offenbar war sie die Ursache von Hautrötungen, Pusteln, Mattigkeit, Schlaflosigkeit und sogar Gedächtnisschwund. Nun griff das Bundesministerium für Ernährung, Landwirtschaft und Forsten, die vorgesetzte Dienststelle des deutschen Forschers, ein. Waren da nicht vor dem Kriege bei der Suche nach Unkrautbekämpfungsmitteln die entsetzlichen neuen Nervengifte als chemische Kampfstoffe gefunden worden? Hier nun konnte offenbar eine als chemischer Kampfstoff verwendbare Verbindung sogar recht einfach hergestellt werden. Also wurde jede weitere Erforschung kurzerhand verboten, und nur mit Bedenken wurde es Sandermann erlaubt, die Verbindung in einer längeren wissenschaftlichen Arbeit kurz zu erwähnen. Die Kenntnis der Verbindung mußte »versteckt« werden, und die Giftwirkung ihres Dampfes durfte nicht bekanntgegeben werden.

Nicht gelesen!

Nachdem die Veröffentlichung 1957 erschienen war, wurde sie ordnungsgemäß auch in dem größten Referateorgan der Welt, in den »Chemical Abstracts« (USA), registriert, aber wie vom Bundesministerium erwartet, nahm niemand von ihr Notiz. Es ist nun einmal so, Veröffentlichungen in deutscher Sprache werden, besonders in den USA, kaum beachtet. Zu einem Teil ist dies gewiß Überheblichkeit, aber doch auch in Grenzen zu entschuldigen, denn schließlich werden tagtäglich rund 1000 neue chemische Verbindungen beschrieben; wer will da noch wertend alles lesen und begreifen?

Stillschweigen

Erst im Jahre 1970 wurde die Welt auf das »Dioxin« aufmerksam. Die US-Truppen hatten im Vietnamkrieg massenhaft das Entlaubungsmittel »Agent Orange« eingesetzt; es enthielt relativ hohe Mengen 2,3,7,8-Tetrachlor-dibenzo-p-dioxin. 20 000 Vietnam-Veteranen haben wegen erlittener Schäden Klage erhoben. Wie es scheint, haben die US-Firma Dow Chemical Co. und andere Hersteller von Agent Orange seit 1964/65 gewußt, daß Dioxin in ihrem Produkt enthalten war. Aber der Streit ist noch nicht entschieden.

Wie wirkt das Dioxin? Wie wird es vom Körper aufgenommen? In welchen Konzentrationen und wann? Wie steht es um seine Bioverfügbarkeit?

Wie immer und überall lassen sich Widersprüche finden, wenn nur lange genug danach gesucht wird. Da sind etwa jene Soldaten, die das Agent Orange vom Flugzeug aus versprüht haben. Sind sie nicht etwa 2000mal stärker diesem Entlaubungsmittel ausgesetzt gewesen als ein nackter Mann, der direkt unter den Sprühanlagen der Flugzeuge gestanden hätte? Aber ihre Gesundheitsschäden sind praktisch gleich Null! Und es sind immerhin 1274 Mann, da müßte sich doch etwas Entscheidendes finden lassen, wenn die Verbindung so »hochtoxisch« wäre?

Mehr oder minder klingen die Diskussionen um das 2,3,7,8-Tetrachlor-dibenzo-p-dioxin in den Jahren nach Ende des Vietnamkrieges (1970) ab, bis es am 10. Juli 1976 zum Seveso-Unglück kommt. Bevor wir uns damit befassen, müssen wir uns aber erst einmal mit Mengenbegriffen vertraut machen. Sonst bleiben alle Zahlenangaben wirr und unverstanden.

Die analytisch arbeitenden Chemiker haben in den letzten zwanzig Jahren erstaunliche Fortschritte gemacht, besonders auf dem Gebiet des Nachweises kleinster Fremdstoffspuren. »Spuren«, das hieß ehedem in einem Analysenbericht soviel wie Bruchteile eines Prozentes.

– Was *1 Prozent* ist – das weiß jeder, der auf der Bank Zinsen bekommt: $^{1}/_{100}$.
– Was *1 Promille* ist – sollte jeder Autofahrer wissen, der gelegentlich ein Bier trinkt: $^{1}/_{1000}$.
  Der Goldgehalt von Schmuckstücken wird ebenfalls in Promille angegeben, etwa »585«, das heißt, $^{585}/_{1000}$ des Gewichtes sind Gold; bei der Angabe »333« wird bestätigt, daß das Schmuckstück strenggenommen kein »Gold« ist, sondern nur zu einem Drittel ($^{333}/_{1000}$) aus Gold besteht.
– Was *1 ppm* ist – das wußte ein Chemiker schon seit vielen Jahren: der tausendste Teil von einem Promille, also $^{1}/_{1000000}$. Der Begriff ppm ist eingebürgert aus dem Englischen und wird gelesen: *p*art *p*er *m*illion.
  Als Eselsbrücke merkt man sich: »Preuße pro München«, denn München ist eine Millionenstadt, und also stünde ein Chemiker, der nach 1 ppm sucht, gewissermaßen vor der Aufgabe, unter einer Million Bayern einen Preußen zu finden.

An dieser Stelle unseres Versuches, in die Welt der kleinen Mengen hinabzusteigen, wollen wir eine Pause einlegen. Einerseits weil hier wohl die Grenze des noch Vorstellbaren erreicht ist, andererseits weil hier eine Definition fällig ist, die Definition des Begriffes »hochtoxisch«. Toxisch kann für uns alles und jedes sein, was wir im (relativen) Übermaß zu uns nehmen: Sonnenschein, der uns die Haut verbrennt und eine Eiweißvergiftung nebenbei erzeugt; Kochsalz ist in Mengen von 250 bis 500 g tödlich; Alkohol bereits in Promillemengen, falls wir Auto fahren, usw.

Aber wo gilt das fast schon abgenutzte Wort »hochtoxisch« wirklich? Nun, wie es scheint, beginnt man sich dahin zu orientieren, daß hochtoxisch jene Stoffe sind, deren kleinste tödliche Menge gleich oder weniger als 5 ppm beträgt. Das heißt, anders gesagt, gleich oder weniger als $^{5}/_{1000}$ Gramm pro Kilogramm Körpergewicht. Der Vergleich ist gewagt, aber vielleicht anschaulich: Ein ausgewachsener Elefant dürfte von einer solchen Substanz möglichst nicht mehr fressen, als dem Gewicht einer Maus entspricht.

Gehen wir nun weiter. Die tausendste Menge von 1 ppm ist 1 ppb. Erschrecken Sie nicht, es müßte nach deutscher Sprachregelung nach der Million (m) nun die Milliarde kommen, aber da die Begriffe sich nach den USA-Gewohnheiten eingebürgert haben, kommt die »Billion« (b). Also: *1 ppb* – das ist der tausendste Teil von 1 ppm, ein Tausendstel von einem part per million. Oder: $^{1}/_{1000000000}$ der untersuchten Menge. Oder: 5 Personen in der gesamten Weltbevölkerung. Oder: ein Körnchen Speisesalz in einem Schwimmbecken nach Olympianorm.

Wie leicht ein flüchtiger Zeitungsleser hier in die Irre geführt werden kann, sei an den bundesdeutschen zulässigen Höchstmengen gezeigt. Beim DDT sind maximal im Fleisch 3,0 ppm erlaubt; als ppb geschrieben sind das 3000 ppb, was sich erschreckend anhört. Oder: Erlaubt sind an Schwefel im Gemüse 50 000 ppb. Entsetzlich? Nein, denn selbst das sind nur 50 ppm! – Doch gehen wir weiter: *1 ppt* – das ist erneut der tausendste Teil von 1 ppb beziehungsweise der millionste Teil von 1 ppm oder $^{1}/_{1000000000000}$ = ein Trillionstel einer bestimmten Menge.

Wenn Sie versuchen wollen, sich das noch irgendwie vorzustellen, dann vielleicht so: Wenn ein analytischer Chemiker 1 ppt nachweisen will, so steht er vergleichsweise vor der Aufgabe, in einem 20 km langen Güterzug voll Weizen (100 000 t) ein Roggenkorn nachzuweisen. Ein anderes Beispiel: Da steht etwa zu lesen, es seien in einer Erdprobe, in Gartenerde, im Belag eines Tennisplatzes oder sonstwo im Schotter 1000 ppt Cadmium gefunden worden. Steht nun die Welt in Gefahr? Purer Unsinn! Hier muß etwas falsch sein, die Analyse oder die Umweltprobe. 1000 ppt sind nämlich – wie wir nun leicht nachrechnen können – nur 1 mg pro Tonne: In unserer ungestörten, naturgegebenen Erdkruste sind aber 300 mg pro Tonne Erdkruste normal. Also liegt hier ein Defizit von 299 mg Cadmium pro Tonne vor – oder die Analyse ist falsch!

Die Chemiker gehen aber noch weiter in die »Spurenanalytik«.

Der tausendste Teil eines ppt ist *1 ppq* – also *p*art *p*er *q*uadrillion, das heißt die Menge von $^1/_{1000000000000000}$ der Untersuchungsprobe. Und sie sind dabei, auch noch in das Gebiet des wiederum tausendsten Teiles davon sich vorzutasten. Für das *p*art *p*er *q*uin*t*illion haben sie noch keine allgemein anerkannte Kurzbezeichnung, behelfsweise schreiben sie *ppqt*.

Das wäre es, und wir kommen vorerst noch einmal zurück nach Vietnam und Agent Orange. Agent Orange, das ist nichts als eine Art Farbcode, wie er bei den chemischen Kampfstoffen des Ersten Weltkrieges von 1914 bis 1918 auch üblich war.

Es gab in Vietnam

– Agent Orange,
  eine etwa 1 : 1-Mischung zweier bekannter Unkrautvernichtungsmittel, hier zur Entlaubung von Waldflächen eingesetzt, um dem Gegner den Sichtschutz zu nehmen;
– Agent White, Agent Pink, Agent Green, Agent Purple,
  wie Agent Orange Gemische von Entlaubungsmitteln;
– Agent Blue,
  ein Gemisch von Natriumdimethylarsenat und einer weiteren organischen Arsenverbindung. Im Ersten Weltkrieg waren ähnliche giftige Arsenverbindungen in der Reihe der »Blaukreuz-Kampfstoffe« zu finden. In Vietnam sollte dieser Stoff die Reisanbauflächen und andere pflanzliche Nahrung vernichten.

Die Umweltschäden, die mit diesen Mitteln angerichtet worden sind, lassen sich nur mit dem Wort ungeheuerlich bezeichnen, wie Fotos und andere Mitteilungen des »Stockholm International Peace Research Institute« belegen. Ein Fall chemischer Kriegführung in Reinkultur.

Eine Untersuchung der unverbrauchten Vorräte an Agent Orange (200 Proben) ergab, bei hohen Schwankungen, einen Mittelwert von 1,9 ppm Dioxin. Es wird angegeben, daß die US-Streitkräfte in Vietnam von 1962 bis 1970 insgesamt 44 338 m^3 Agent Orange eingesetzt haben, das entspricht 110,8 kg Dioxin.

Der Fall Seveso

Wie stellt sich da »der Fall Seveso« dar? Die Fabrik erzeugte Trichlorphenol. Das Verfahren, das benutzt wurde, war seit vielen Jahren bekannt und erprobt. Es war genaugenommen nur eine einzige Vorschrift einzuhalten: Das Ausgangsgemisch darf während der Umsetzung nicht heißer als 230 °C werden. Darauf ist zu achten, denn beim Umsetzungsprozeß wird das Gemisch von selber warm. Wurde die Arbeitsanweisung nicht eingehalten, so konnte unerwünscht als Nebenprodukt etwas 2,3,7,8-Tetrachlor-dibenzo-p-dioxin entstehen – das war bekannt.

Am Freitag, dem 10. Juli 1976, verließen die Arbeiter die Fabrik, um ihr Wochenende anzutreten. Sie ließen einen Reaktionskessel mit den Ausgangschemikalien *ohne Kühlung* zurück. Dann hat sich das Gemisch spontan erhitzt. Am Samstagmittag trieb eine helle Wolke von der Anlage weg, und weiße Flocken fielen aus ihr herab, mit denen Kinder spielten. Das war nun ganz sicher kein Dioxin, sondern es waren die Reste der Ausgangschemikalien aus dem Reaktionskessel, jetzt mit einem gewissen Dioxingehalt!

Was weiter geschah, ist blamabel. Das Management wußte um die Toxizität von Dioxin – aber bestand Gefahr?

Es vergingen fünf Tage, bis jemandem einfiel, daß die Wolke des Unfalls möglicherweise auch Dioxin hatte enthalten können. Nach acht Tagen wiesen Wissenschaftler die Ärzte der Umgebung auf eventuell mögliche Gefahren hin. Es waren denn auch die Chemiker, die anfingen, die Dioxinverteilung in der Umgebung zu prüfen und toxikologische Informationen zu sammeln. Am dreizehnten Tag nach dem Betriebsunfall rief ein Direktor der Schweizer Stammfirma während einer Tagung dazu auf, die Umgebung zu evakuieren. Der Erfolg war, daß ihn die anwesenden Toxikologen aus der Tagung hinauswarfen, zu einem Zeitpunkt, als Pflanzen offensichtlich geschädigt waren und etwa zwanzig Menschen mit Hautschäden in Kliniken lagen. Der Gesundheitsminister der Lombardei verkündete indessen im Fernsehen, alles sei unter Kontrolle. (Die Hautschäden beruhten wohl auf der ätzenden Wirkung der Stoffe aus der Wolke, waren keine Dioxinfolge.)

Das Durcheinander war vollkommen. Die Regierungsstellen hatten keine fachlichen Kenntnisse und die von ihr befragten Institutionen auch nicht. Was die Industrie selbst verlautbarte, wurde mit Skepsis oder als irreführend abgetan. So blieb die Bevölkerung ohne sachliche Informationen verwirrt und weitgehend sich selbst überlassen.

Neunzig Schwangerschaftsunterbrechungen fanden statt. Unter dreißig überprüften Fällen fand sich nur ein mißgebildetes Kind, und ob das ein »Dioxinfall« war, blieb zweifelhaft.

Im Februar 1984 erklärte eine wissenschaftliche Untersuchungsgruppe, daß mit Ausnahme von sogenannter Chlorakne (entzündlichen Hautveränderungen) in 193 Fällen keine Gesundheitsschäden durch Dioxin eingetreten sind. Alle Entzündungen heilten aus, bei zwei Mädchen blieben Vernarbungen im Gesicht. Keine Frühgeburten, keine Totgeburten, keine Mißbildungen, kein vermehrter Krebs. Nicht ein Toter!

Niemand weiß bisher zu sagen, welche der 210 Dioxine mehr und welche weniger giftig sind, das mag – bei gutem Willen – als Entschuldigung dafür dienen, daß eine Pressekampagne den Verbleib der »Dioxinfässer« hochspielte. Was war wahr? Die italienischen Behörden haben den Seveso-Reaktionsbehälter beschlagnahmt. Sein Inhalt konnte erst 1982 (!) im Sommer »entsorgt« werden, das heißt, sein Inhalt wurde in 41 Stahlfässer gefüllt – die dann eine Irrfahrt antraten. Ein Grund zur Aufregung? Wie man will; eines ist sicher, diese Fässer enthielten nur 0,2 bis 0,3 kg Dioxin, also ein Nichts im Vergleich zu den Mengen, die in Vietnam versprüht worden sind.

Und nun die Frage: Welches Risiko war damit verbunden?
- Dioxin ist nahezu wasserunlöslich, also ohne Grundwassergefahr.
- Es verdampft bei Normaltemperaturen kaum.

- Es haftet sehr fest an Bodenpartikeln.
- Es wird von Pflanzen nur in sehr geringer Menge aufgenommen.
- Aus Deponien kann es nur austreten, wenn es durch chemische Lösungsmittel herausgelöst wird.
- Auf dem Erdboden und auf Pflanzen wird es von der UV-Strahlung im Sonnenlicht relativ rasch zerstört.

Die Gefahr für die Allgemeinheit ist also gering. Aber verharmlosen sollte man die Situation darüber keinesfalls. Eine für den Menschen tödliche Mindestmenge läßt sich nicht angeben; offenbar ist der Mensch gegen Dioxin resistenter als viele Tierarten. Bei *Arbeits*unfällen sind in den letzten dreißig Jahren etwa 1000 Menschen mit Dioxin in Berührung gekommen. Viele erlitten Gesundheitsstörungen, einige starben nach längerer Krankheit, einem allgemeinen Kräfteverfall. Spezifische Organwirkungen sind bisher nicht bekannt.

In den USA hat es inzwischen etliche Dioxinzwischenfälle gegeben; da wurden Pferderennplätze mit dioxinhaltigen Altölen gespritzt, auf Straßen dioxinhaltige Materialien aufgebracht, bei Überschwemmungen Dioxin aus Müllhalden in Flüsse gespült und so weiter. 1983 erwies sich die Dioxinverseuchung des Ortes Times Beach als so groß, daß die US-Umweltbehörde beschloß, den ganzen Ort zu kaufen und die Bewohner umzusiedeln, was vorerst indessen an formalen Gesetzgebungsschwierigkeiten scheiterte. Die Behördenwege kennen eben keine Station namens Dioxin. Nun könnte uns das alles relativ gleichgültig sein, indessen, die Untersuchungskampagnen in den USA und anderswo ergaben einige äußerst wichtige Resultate:

1. Im Boden hält sich Dioxin sehr lange. 1971 war dioxinhaltiger Boden auf eine Deponie gebracht worden, 1979 fanden sich dort noch bis zu 300 ppb (= 0,3 ppm) Dioxin. Auf einem Rennplatz lag der Wert sogar bei 1750 ppb (= 1,750 ppm).
2. Als dann einige US-Chemiker Dioxin sogar in dem Staub auf ihren Bücherregalen fanden, war auch der Verbreitungsweg

des Dioxins bald entdeckt. Nicht im Wasser gelöst wird Dioxin von Bächen und Flüssen hierhin oder dorthin getragen, sondern als Schlamm beziehungsweise in der Luft als Staub.

3. Dioxine sind allüberall nachzuweisen, nicht nur in der Umgebung von Großkraftwerken, in Asche oder Müll. Ja, wie es aussieht, stammen sie am häufigsten aus den privaten Heizanlagen, weil bei ihnen die Verbrennungstemperaturen zu niedrig liegen. In speziellen Hochtemperatur-Verbrennungsanlagen wird das Dioxinmolekül restlos zerlegt.
4. Dioxine hat es schon seit »ewigen Zeiten« auf der Erde gegeben. Wo immer ein Waldbrand gewütet hat, ist dabei Dioxin entstanden. Genaugenommen ist Dioxin also nichts anderes als eine Art klassisches Naturprodukt. Daß wir es ungewollt auch noch in die Natur einbringen, ist ein neuer Aspekt, den es zu beobachten gilt.

Es bleibt noch sehr viel zu tun. Zunächst einmal gilt es, die Dioxinanalytik zu verbessern. Eine Dioxinanalyse kostet heute (1984) etwa 4000 bis 5000 DM. Das ist leicht zu verstehen. Es müssen winzige Mengen einer Substanz erst einmal aus vergleichsweise riesigen Mengen Untersuchungsmaterial angereichert werden. Wenn es etwa heißt, es seien im Kubikmeter Abgas einer Müllverbrennungsanlage 1,8 bis 6 ng 2,3,7,8-Tetrachlordibenzo-p-dioxin gefunden worden, so heißt das im Klartext: Wir haben 0,0000000018 g gefunden beziehungsweise maximal fanden wir 0,000000006 g pro Kubikmeter Abgas.

Um mitreden zu können, hier die Größenordnungen, mit denen die Chemiker arbeiten:

1 Milligram	=	mg =		0,001 g
1 Mikrogramm	=	µg	=	0,000001 g
1 Nanogramm	=	ng	=	0,000000001 g
1 Picogramm	=	pg	=	0,000000000001 g
1 Femtogramm	=	fg	=	0,000000000000001 g

Um zu einigermaßen zuverlässigen Werten zu kommen, muß man bei einer Luftanalyse von rund 1000 m^3 ausgehen, das sind etwa

1300 kg Luft. Und wie sicher ist dann der gemessene Wert? Um wie viele Prozente kann die Analyse falsch sein? Fragen wir einen Spezialisten, so wird er ohne Zaudern zugeben: Es mag sein, daß der wirkliche Wert doppelt so hoch ist, es ist aber ebensogut möglich, daß nur die Hälfte von dem, was ich genannt habe, vorhanden ist. Das ist bei der Bestimmung solcher Spuren unvermeidlich.

Was bleibt zu tun?

Erst einmal müssen die Analysenmethoden verbessert werden. Dann muß der »natürliche« Grundwert an Dioxin an allen 210 Verbindungen bestimmt werden, damit man ihn von den Umweltschadenswerten abziehen kann.

Der natürliche Abbau muß untersucht werden. Bisher schätzt man, daß in zehn Jahren die Hälfte des jeweils vorhandenen Dioxins sich aufgrund natürlicher Einflüsse zersetzt, verschwindet.

Wieviel Dioxin von dem, was wir mit Luft und Nahrung aufnehmen, beeinflußt unseren Stoffwechsel und wie? Gibt es Anreicherungen in bestimmten Geweben und weshalb?

Fragen über Fragen erheben sich.

Woher wird das Geld kommen, um dieses neue Gebiet der Wissenschaft zu erforschen?

Chlorkohlenwasserstoffe

Es gibt verwegene Berichterstatter, die das 2,3,7,8-Tetrachlordibenzo-p-dioxin zu den Chlorkohlenwasserstoffen zählen, was dem Chemiker ein kaltes Grausen verursacht, denn wo bleiben da die beiden so typischen Sauerstoffatome? Nein, Chlorkohlenwasserstoffe bestehen nun einmal nur aus Chlor (Cl), Kohlenstoff (C) und Wasserstoff (H).

Wie es der Name sagt. Das ist ja gerade die simple Einfalt in der Chemie, daß ein Name besagt, woraus das entsprechende Molekül besteht und wie es zusammengesetzt ist. (Daß es aus frühen

Zeiten noch Phantasienamen gibt wie Benzol, Anilin, Toluol usw., sollte uns nicht stören.)

Leicht können wir uns Serien von einfachen Chlorkohlenwasserstoffen auf dem Papier aufmalen, wenn wir nur die oben dargelegten Spielregeln beachten:

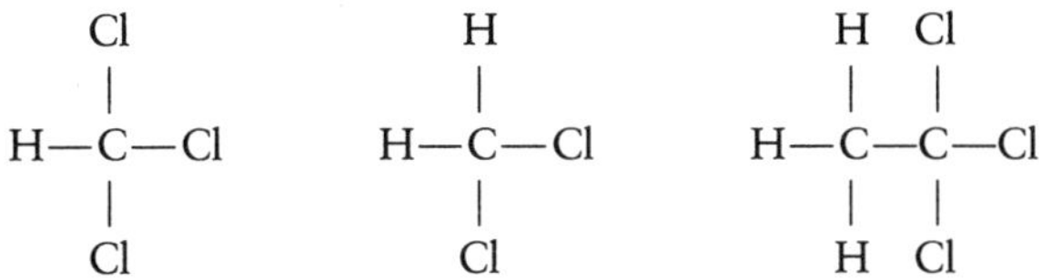

usw.

Einige Chlorkohlenwasserstoff-Verbindungen dienen u. a. als Reinigungsmittel in Chemischreinigungen, zum Entfetten von Metallteilen in der Metallindustrie, als Fleckenwasser im Haushalt. Man schätzt, daß in der Bundesrepublik Deutschland jährlich etwa 200 000 Tonnen verbraucht werden. Wo bleiben diese Mengen? Niemand weiß das exakt zu sagen, doch wird angenommen, daß etwa zwei Drittel dieser leicht verdampfenden Lösungsmittel in der Atmosphäre verschwinden, rund ein weiteres Drittel mit Abfällen auf Müllkippen geht. Aber einige wenige Prozent versickern in den Boden, wandern dort in die Tiefe und landen im Grundwasser.

1978 wurde in einem Brunnen im Stadtgebiet von Karlsruhe eine beunruhigende Konzentration an Chlorkohlenwasserstoffen entdeckt. Die weiteren Untersuchungen ergaben im Grundwasser eine Ausdehnung von etwa 2 km Länge, die Spitze der »Schadstoff-Fahne« ging sogar in die Richtung eines Wasserwerkes. Was konnte man tun? Das bewährte Rezept heißt: Abwehrbrunnen. In der Ausdehnungsrichtung der Verunreinigung wird ein Brunnen angelegt, der so lange, eventuell viele Jahre, das verunreinigte Wasser abpumpt, bis das neu anströmende Wasser wieder brauchbar ist.

Die Preisfrage aber hieß in Karlsruhe: Woher stammt diese Wasserverunreinigung mit Chlorkohlenwasserstoffen? Es ergab sich, daß die Substanzen aus einem Chemischreinigungsbetrieb stammten, der bereits 16 Jahre vorher seine Arbeit eingestellt hatte! Chlorkohlenwasserstoffe sind eben in der Umwelt sehr stabil und werden durch biologische Umsetzungen kaum verändert.

Ähnliche Fälle sind aus anderen Orten bekannt, zum Beispiel aus Heidelberg, wo nicht nur Abwehrbrunnen gebaut, sondern auch ein Aktivkohlefilter notwendig wurde, um reines Trinkwasser erhalten zu können.

Seit langer Zeit ist den Verbrauchern von Chlorkohlenwasserstoffen bekannt, daß narkotisierende Effekte, Lungen- und Schleimhautreizungen, ja Leber- und Nierenschädigungen möglich sind. Die in Trinkwasser oder auch Lebensmitteln möglichen Konzentrationen sind dazu jedoch viel zu gering. Die Gerüchteküche aber besagte, einige dieser Verbindungen könnten zu Krebs führen. Also Alarm! Bis heute hat sich dieses Gerücht nicht bestätigt. Vermutlich war, wie so oft, eine Verwechslung die Ursache der Gerüchte. Stark krebserregend sind Mono- und Dichlordimethyl-*ether* (die nicht hergestellt werden). Sie enthalten noch ein Sauerstoffatom »in der Mitte«, z. B.:

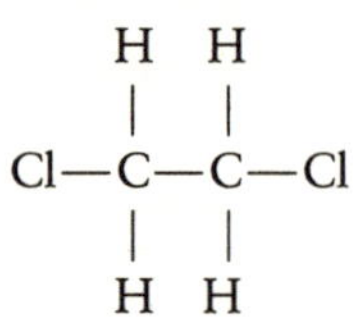
harmlos

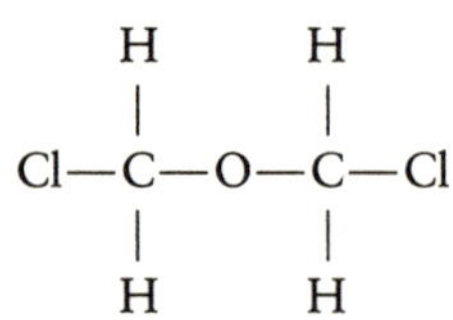
krebs-
erregend

Vorbeigehen können wir hier auch nicht am »Vinylchlorid«, der Ausgangsverbindung zur Herstellung des Massenkunststoffes Poly-vinylchlorid. Vinylchlorid ist ein Chlorkohlenwasserstoff:

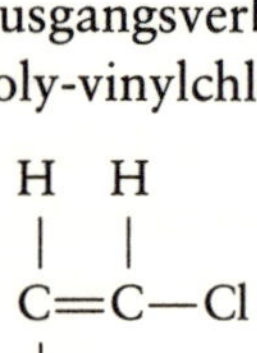

Der erste Hinweis darauf, daß dieses Gas Vinylchlorid nicht harmlos sei, kam 1949 von sowjetischen Forschern – doch leider nahm niemand Notiz davon.

Heute wissen wir, daß es eine Vinylchloridkrankheit gibt. Wird Vinylchlorid in höheren Konzentrationen an Arbeitsplätzen eingeatmet, so entsteht nach einer relativ langen Zeit mehr oder minder untypischer Krankheitsbeschwerden eine seltene Form von Leberkrebs.

Der aus Vinylchlorid hergestellte Kunststoff, das Poly-vinylchlorid (PVC), von dem 1980 in der Bundesrepublik 955 000 t hergestellt wurden, darf als ungefährlich angesehen werden.

Ozon, Pro und Contra

Gelegentlich gibt die Natur uns einen kräftigen Schlag um die Ohren. Unerwartet zeigt sie uns, daß Tausende von Tonnen bedruckten Papiers mit gelehrten Gedanken, Rechnungen, Vermutungen und Experimenten nicht einmal die Druckerschwärze wert sind. Es ist der Ausbruch des Vulkans El Chichón im März und April 1982, der uns zwingt, alles über die Ozonschicht unserer Erde neu zu überdenken. Was wissen wir mit Sicherheit?

Ozon ist ein aus drei Sauerstoffatomen bestehendes, recht unstabiles, reaktionsfähiges Molekül. Es ist in einer Schicht der Stratosphäre, in etwa 48 km Höhe, vorhanden. Zusammengefaßt würde es eine etwa 3 mm dicke Schicht ausmachen.

Der Ozongehalt dieser Schicht schwankt mit der Umdrehung der Sonne wegen des wechselnden UV-Gehaltes des Sonnenlichtes im 13,5-Tage-Rhythmus und wechselt auch mit 11-Jahre-Periodizität entsprechend der Sonnenaktivität.

Die Ozonschicht ist für uns lebensentscheidend. Wäre sie nicht vorhanden, würde uns die ungeschwächte Ultraviolettstrahlung der Sonne treffen und den Zellstoffwechsel von Pflanze, Tier und Mensch zerstören. So erleiden wir nur »Sonnenbrand«, selten einen Hautkrebs.

In der Mitte der siebziger Jahre wurde die These aufgestellt, Chlor-Fluor-Kohlenstoff-Verbindungen, wie sie als Treibgas von Sprühdosen und als Kältetransportmittel in Kühlschränken verwendet werden, könnten die Ozonschicht der Erde zerstören. Viele lange und gewiß auch sehr sorgfältige Überlegungen ergaben endlich, daß dies nicht der Fall ist.

Aber leider sind die Verhältnisse viel komplizierter, als angenommen wurde. Wir müssen nicht nur das Ozon und die Chlor-Fluor-Kohlenwasserstoffe betrachten, sondern ein höchst kompliziertes System vieler Gase!

Da ist einmal das Methan (CH_4). Jahr um Jahr nimmt der Methangehalt in den oberen Gasschichten der Atmosphäre um ein bis zwei Prozent zu, und niemand weiß mit Sicherheit zu sagen, weshalb. Zunächst wurde, man mag es kaum glauben, die wachsende Anzahl der Kühe auf der Erde dafür verantwortlich gemacht.

Die Stoffwechselgase der Kühe enthalten Methan, so viel mag richtig sein, aber genügt das? Dann überlegten die Experten, ob ein Zuwachs an Faulgasmethan aus dem Reisanbau oder dem Sumpfgas die Ursache sein könnte. Als die Suche nach Methanquellen so weit war, gab es ein neues Erstaunen: Methan vermag dreimal soviel zu dem vieldiskutierten »Greenhouse-Effekt« beizutragen, der Erwärmung der Erde durch Kohlendioxid-Zunahme, wie das Kohlendioxid!

Doch mehr als das, das Methan fördert die Ozonbildung, besonders in den hohen Schichten der Atmosphäre. Eine Modellrechnung erbrachte das erstaunliche Resultat, wenn die Gehalte an Methan, Kohlendioxid und Stickoxiden so wie bisher zunehmen, kann die Ozonkonzentration bis zum Jahre 2000 »dramatisch« steigen. Die Ozonschicht wird unnatürlich »dick«. Nur wenn wir fleißig Chlor-Fluor-Kohlenwasserstoffe verbrauchen, wenn wir eine Zunahme des Verbrauchs um 3 Prozent jährlich erreichen, dann wird es bis zum Jahre 2000 nicht bedenklich werden mit den Ozonmengen, dann mag um 2030 sogar wieder ein Sinken des Wertes eintreten.

Die Frage liegt nahe: Hat die Natur in ihren Evolutionsplan der Schöpfung die menschliche Chemieproduktion als Stabilisierungsfaktor eingeplant? Über solche eher philosophischen Aspekte mag diskutieren, wer will. Die Natur selber hat erst einmal alle Kalkulation durcheinandergeworfen. Die großen natürlichen »Dreckschleudern«, die Vulkane, haben eine neue Situation geschaffen, wie wir im folgenden Kapitel sehen werden.

5. Kapitel

Umweltdiskussionen, Fakten oder Aberglaube?

Aller Einfluß menschlicher Aktivitäten auf die Geschicke der Ozonschicht wird unerheblich, wenn wir hören, daß der Ausbruch des Vulkans El Chichón 1982 den Gehalt der Stratosphäre an Chlorwasserstoff (HCl) fast über die gesamte Erde um 40 Prozent erhöht hat! Das ergab dann auch folgerichtig den kleinsten Ozongehalt während sechzig Jahren der Ozonmessungen bei der Meßstation in Arosa/Schweiz.

Einige weitere »Luftverschmutzungen« durch Vulkane seien hier zusammengestellt. Allein die Vulkane Mittelamerikas schikken täglich 1000 Tonnen Schwefeldioxid in unsere Atmosphäre. Berechnungen ergaben, daß insgesamt jährlich 10 Millionen Tonnen Schwefeldioxid von Vulkanen in die Atmosphäre gelangen. Das ist etwa das Dreifache von dem, was das Industrieland Bundesrepublik erzeugt! Fluorwasserstoff (HF) ist in großen Mengen beim Ausbruch des Vulkans Hekla auf Island 1970 ausgeströmt; ganze Schafherden starben damals. Der Vulkan Augustin in Alaska soll 1976 gar 82 bis 175 Millionen Tonnen Chlor in die Atmosphäre gejagt haben. Kohlenwasserstoffe, die bei den Ausbrüchen wie riesige Gasfackeln abbrennen und so zum Anstieg des Kohlendioxidgehaltes der Atmosphäre beitragen, sind von Eruptionen der Schlammvulkane in Rumänien, Indonesien, dem Golf von Mexiko und anderen Orten bezeugt.

Wir müssen begreifen, daß der Zustand, den wir als »natürlich« und damit als »gut« ansehen, kein ewiger Naturzustand ist, sondern eine Momentaufnahme. Das Naturgeschehen kann ihn jederzeit ändern. Derzeit scheint es so, als stünden wir, die Menschheit, unter einer Art Naturschutz. Wie lange das noch der Fall sein wird, kann niemand sagen.

Kohlendioxid und Treibhauseffekt

Ein eingängiges Schlagwort ist wertvoller als tausend Argumente, das weiß jeder Politiker. Das Wort »Treibhauseffekt« ist ein solches Wort. Jedermann kann sich darunter beliebig Falsches vorstellen und es dennoch verwenden. Kohlendioxid-Zunahme und Treibhauseffekt, wer könnte nicht lang und breit darüber reden? Dabei ist der Treibhauseffekt eine schier uralte Angelegenheit; jede Wolke am Himmel bringt ihn.

Der Ruhm der ersten wissenschaftlichen Klarstellung des Treibhauseffektes gebührt einem Iren, John Tyndall (1820 bis 1893). Aus dem Physikunterricht ist er durch den »Tyndall-Effekt« bekannt: die Beobachtung, daß ein Lichtstrahl sichtbar wird, wenn er durch eine Flüssigkeit geht, die feinste Teilchen enthält, an denen das Licht gestreut wird. Im Jahre 1863 veröffentlichte Tyndall eine Arbeit, in der er mitteilte: Das Sonnenlicht kann Wasserdampf (Wolken) durchdringen, aber die Wärmeabstrahlung der Erde wird von Wolken absorbiert. Jeder Meteorologe weiß das, und jeder Zuschauer vor dem Fernsehen hört es immer wieder: »In der Nacht sinken die Temperaturen nur wenig, lediglich in Aufklarungsgebieten muß mit Nachtfrost gerechnet werden ...« Also, Wolken schirmen den Erdboden gegen Wärmeverluste ab.

Aber es sind eben nicht nur die üblichen Wolkendecken, die so wirken, das Kohlendioxid in der Luft tut es auch! Was ist nun, wenn der Kohlendioxidgehalt zunimmt? Die Erde muß wärmer werden. Also schließen ängstliche Gemüter, anstatt sich darüber zu freuen, daß es wärmer wird, es verdampft auch mehr Wasser aus Meer und Seen, die Luft wird feuchter, es gibt mehr Wolken und Nebel – wir bekommen eine Treibhausatmosphäre, der Treibhauseffekt tritt ein. Folglich darf der Kohlendioxidgehalt der Luft nicht steigen, dürfen wir also nicht so viel Kohle, Erdöl und Holz wie bisher verbrennen. Sollen wir also lieber frieren?

Die Kohlendioxid-Zunahme in der Luft ist nicht zu leugnen. Um 1850 dürfte der Kohlendioxidgehalt der Luft 260 bis

265 ppm betragen haben, bis zum Jahre 1890 stieg er auf 290 bis 295 ppm, und für 1981 wurde er mit 340 ppm bestimmt.

Tapfere Rechner brauchen nun nur noch eine Handvoll kühner Annahmen und Vermutungen, um zu dem Ergebnis zu kommen: wenn sich der Kohlendioxidgehalt der Luft eines Tages verdoppelt hat, wird es bei uns 1,5 bis 3 °C wärmer sein, als es heute ist. Wann das sein kann? Nun, irgendwann zwischen den Jahren 2050 und 2100. Ganz finstere Pessimisten erinnern bereits daran, daß die Atmosphäre des Planeten Venus vorwiegend aus Kohlendioxid besteht und dort die Oberflächentemperatur bei 500 °C liegt (allerdings bei 80 atm).

Grundlage einer wirklich vertrauenswürdigen Rechnung wäre indessen eine einwandfreie Bilanz: Wieviel Kohlendioxid entsteht jedes Jahr, und wo bleibt es? Wer die Kohlendioxid-Bilanz zu sehen verlangt, wird aber enttäuscht. Bisher liegen einfach nicht genügend Erkenntnisse vor, um den Verbleib des Kohlendioxids in Luft und Wasser – die Ozeane sind ein riesiges Kohlendioxid-Reservoir – zu belegen. Lange ist vermutet worden, auch die Vulkane trügen erheblich zur Kohlendioxid-Zunahme der Atmosphäre bei. Vielleicht bringt der Unterseevulkanismus einen Beitrag, der größer ist als jener der Landvulkane; alles in allem scheint es sich um ein Prozent der Gesamtmenge zu handeln.

Der Wald freut sich

Eines läßt sich mit Sicherheit sagen: Der Wald freut sich über jede Zunahme an Kohlendioxid. Unsere gesamte Pflanzenwelt hungert nach Kohlendioxid! Vergessen wir nicht, Pflanzen atmen Kohlendioxid so ein wie wir den Sauerstoff. Im Jahre 1984 erschienen zwei Arbeiten, in denen die Forscher mitteilen, daß bei Bäumen in Höhenlagen ihrer Meinung nach bereits ein verstärktes Wachstum aufgrund des verbesserten Kohlendioxidgehaltes der Luft zu beobachten sei. Es handelt sich um Bäume, die 370 km östlich von San Francisco wachsen, und da ist dann auch die Frage aufgeworfen worden, ob es wirklich ein Kohlendioxideinfluß ist, oder – man staune – ob der verstärkte Wuchs nicht auf die seit 1960 kräftigeren Westwinde zurückzuführen sei, die diesen Bäumen nun mit den Luftverunreinigungen der Großstadt Nährstoffe (Spurenelemente?) bringen, die ihnen bisher fehlten.

Was läßt sich heute über die Folgen der Kohlendioxid-Zunahme *vermuten?*

1. Vermehrter Pflanzenwuchs.
2. Eine Erwärmung der Erde, eventuell so, daß die Polargegenden stärker davon betroffen werden als die Tropen. In den mittleren Breiten werden die Sommerzeiten länger, wärmer und trockener. Landstriche zwischen 35 und 45° nördlicher Breite werden eventuell austrocknen. Der Vorgang wird sehr langsam ablaufen, denn die Wassermassen der Ozeane werden ein Puffer sein.
3. Gletscher werden schmelzen.
4. Die Meereshöhe wird binnen eines Jahrhunderts um 70 cm steigen.
5. Wir werden weniger Energie verbrauchen, da wir weniger heizen müssen.
6. Die Ernten werden besser werden.
7. Der Fischbestand der Gewässer wird steigen.
8. Wenn es zu erheblich vermehrten Regenfällen kommt, wird durch Erosion Boden verlorengehen.

Mit einem Wort, es ist noch nicht abzusehen, was sich an positiven und negativen Folgen ergeben kann. Wir müssen beobachten, die Entwicklungen studieren und auf einige Veränderungen vorbereitet sein.

Wir wissen, wie gesagt, nicht exakt, wieviel Kohlendioxid aus menschlicher Tätigkeit in die Atmosphäre gelangt, wo es bleibt, und ebensowenig können wir den Kohlendioxidverbleib aus natürlichen Abläufen genau übersehen. Wir dürfen lediglich *annehmen,* daß zwischen Kohlendioxidzufuhr und Kohlendioxidverbrauch seit Jahrmillionen ein Gleichgewicht bestanden hat. Da ist es dann ganz reizvoll, einmal zu überlegen, ob nicht die Zunahme der Anzahl menschlicher Wesen auch einen Beitrag zur Kohlendioxid-Zunahme leistet. Während eines 70jährigen Lebens verbraucht ein Mensch etwa 14 Tonnen Kohlenhydrate (Zucker, Stärke usw.), 2,5 Tonnen Eiweiß und ebensoviel Fett. Dazu kommen 56 Tonnen Wasser, aber die zählen hier nicht, sie geben im Stoffwechsel ja kein Kohlendioxid.

Die Kohlenhydrate liefern 2,5 t Kohlendioxid; die Fette 0,76 t Kohlendioxid und das Eiweiß 0,4 t Kohlendioxid.

Insgesamt scheidet ein Mensch also 3,7 t Kohlendioxid aus (150 g/Tag!).

Rechnen wir der Einfachheit halber mit 4 Milliarden Menschen auf der Erde, so bringt das immerhin den erstaunlichen Wert von rund 200 000 000 t Kohlendioxid jährlich.

Die Diskussion darüber, ob und wie weit eine veränderte Zusammensetzung der Atmosphäre zu einem Treibhausklima führen wird, dürfte noch lange anhalten. Es geht hier wie überall in der Wissenschaft: Je intensiver einer Frage nachgegangen wird, um so mehr Nebeneinflüsse werden erkennbar. Hier war es die Erkenntnis, daß auch eine Reihe von Gasen zum Erwärmungseffekt beitragen, an die zuvor niemand gedacht hatte:

Das Methan (Sumpfgas), von dem wir bereits sprachen. Es geht die Sorge um, daß in den Dauerfrostböden der nördlichen Halbkugel (etwa Sibirien) noch riesige Mengen Methan »eingefroren« vorhanden sind, die freigesetzt werden, sobald es erst zu einer nennenswerten Erwärmung gekommen ist.

Das Distickstoffmonoxid (N_2O). Unter der Bezeichnung Lachgas diente es ehedem zur Narkoseeinleitung in der Medizin. Heute bildet es sich unter anderem im Boden aus Stickstoffdünger, besonders wenn die Bauern so sehr überdüngen, wie unsere Hausfrauen die Waschmittel überdosieren.

Das Ozon. Falls es sich in den hohen Schichten der Atmosphäre auch vermindern sollte, so scheint es sich nun aus Kohlenmonoxid und Stickoxiden in den tieferen Schichten aufzubauen. Vor allem in Smoggebieten dürfte es eine Rolle spielen.

Es seien noch kurz genannt: Schwefeldioxid, Tetrafluorkohlenstoff, Tetrachlorkohlenstoff.

Als verdächtig wäre seit 1984 auch noch das Kohlenmonoxid zu nennen. Seine Konzentration soll angeblich wesentlich zugenommen haben. Alles in allem sehen wir vor uns ein geradezu exotisch anmutendes Gasgemisch, dessen Reaktionsmöglichkeiten sich kaum noch übersehen lassen. Zum Glück können wir es in aller Ruhe erforschen; es besteht für uns keine akute Gefahr.

Der Katalysator

Den Chemiker packt das Grausen, wenn er hört, daß irgendwo »Sofortmaßnahmen« gefordert werden. Er weiß aus leidvoller Erfahrung, daß Forschung ein jahrelanges Mühen ist; daß die schönsten Resultate falsch sein können; daß jedes Experiment mehrfach wiederholt werden muß und daß, wenn sich das Resultat bestätigt hat, die Arbeit eigentlich erst beginnt; denn nun gilt es, die Reaktionsabläufe so lange zu verändern, bis auch eine optimale Produktmenge gewonnen werden kann. Nun erst können die Umsetzungen im halbtechnischen Maßstab beginnen, und es ist keinesfalls sicher, daß Reaktionen, die im Glaskolben vortrefflich verliefen, ebenso in großen Kesseln gelingen. Da gilt es, neue Apparaturen zu bauen, neue Wirkstoffe zu erproben, Sicherheitsanweisungen zu erarbeiten, Umweltprobleme zu beachten, nach Verpackung, Versand und Rentabilität zu sehen. Nach Jahren kann endlich die Großproduktion beginnen.

Aber der Katalysator für die Autos, der muß sofort her – so wird gefordert, als ob er die einzige Lösung einer höchst komplizierten Aufgabe wäre. Wer von all denen, die über den »Katalysator« reden, weiß überhaupt, was ein Katalysator ist? Ja, wer von all jenen, die so umweltpolitisch großtun, weiß auch nur, was in einem alltäglichen Automotor chemisch vorgeht oder was die Endprodukte sind, die aus dem Auspuff geblasen werden? Und was bleibt an seltsamen Chemikalien gar im Auspufftopf hängen?

Was an Autoabgasen entsteht, hängt von einem Dutzend Faktoren ab: dem Benzin, der Betriebstemperatur, dem Öl (und seinem Alter), der Motorlegierung, der Strömungsgeschwindigkeit der Gase, den Druckverhältnissen im Motor, dem Zündzeitpunkt, dem Benzin/Luft-Verhältnis, dem Alter des Motors, dem Zustand von Rohrleitungen, Auspufftopf, Zündkerzen usw. Die Situation ist ebenso vielschichtig wie Vorgänge in der Atmosphäre oder im Meer – und ebenso wechselhaft und unbekannt.

Ein Motorenfachmann wird vermutlich meinen, er kenne die genaue Zusammensetzung der Auspuffgase eines Motors. Ein Spurenanalytiker wird eher glauben, daß es eines ganzen Instituts, vieler Mitarbeiter und etlicher Jahre bedürfe und am Ende viele hundert Verbindungen gefunden werden müßten. Ein organischer Chemiker würde ergänzen, daß in den Gasen gewiß viele reaktionsbereite Molekülreste (»Radikale«) vorhanden sind, die noch nach dem Verlassen des Auspuffs weiterreagieren. Ein Umweltchemiker meint, daß es schließlich gar nicht darauf ankommt, was den Auspuff verläßt, sondern wie die Verbindungen in der Umwelt weiterreagieren und welche Substanzen endlich in Boden, Wasser und Luft verbleiben. Die Toxikologen, Biochemiker und klinischen Chemiker werden die weitere Frage anschließen, ob und wie sehr diese Verbindungen schädlich sind.

In diesen Zustand ungenauer Kenntnisse platzen nun politische Entscheidungen. Die Auspuffgase, was immer dies sei, enthalten Kohlenmonoxid, Kohlenwasserstoffe und Stickoxide, und die müssen raus, denn sie sind giftig, umweltschädlich und bedrohlich. Die Fachleute sagen, der Katalysator kann Abhilfe schaffen, also muß er her, koste er, was er wolle.

Schön und gut so weit, aber wie werden die sonstigen Abgasbestandteile durch »den« Katalysator verändert?

Doch fragen wir vorher erst einmal: Was ist ein Katalysator? Eine Blechdose mit einer Keramikmasse, auf die Platin aufgebracht ist? Unsinn, ein Katalysator ist ein Stoff, der eine bestimmte chemische Reaktion begünstigt, ohne dabei selbst verändert zu werden. Das heißt in unserem Fall das Platin (etwa 2 bis 3 Gramm pro Katalysator), der Rest ist technisches Beiwerk. Ein Platinkatalysator kann dafür sorgen, daß Kohlenmonoxid zu Kohlendioxid wird, daß Kohlenwasserstoffe restlos zu Kohlendioxid und Wasser werden, daß Stickoxide (mit Kohlenmonoxid) zu Stickstoff und Kohlendioxid beziehungsweise (mit Wasserstoff) zu Stickstoff und Wasser werden.

Aber jeder Katalysator braucht eine bestimmte »Arbeitstemperatur«. Ist er (beim Anfahren) noch zu kalt oder (bei Hochgeschwindigkeit auf der Autobahn) zu heiß, arbeitet er nicht – oder geht sogar kaputt! Also ist er nichts für den Kurzstrecken-Ortsverkehr, nichts für Taxis, sondern für Autobahn mit Geschwindigkeitsvorgabe.

Theoretisch sollte ein Katalysator ewig halten, denn ebenso theoretisch wird er nicht verbraucht, doch die Realität sieht anders aus. In den USA benutzt man Katalysatoren, die neben Platin (1 g ca. 132 DM) weitere Edelmetalle wie Palladium (1 g ca. 70 DM), Iridium (1 g ca. 210 DM), Ruthenium (1 g ca. 50 DM) und Nickel enthalten, und rechnet mit Katalysatorlebensdauern von etwa 80 000 km.

Weshalb brauchen wir einen Katalysator?

Bei Temperaturen über 750 °C beginnt die Fläche des Edelmetalles auf dem keramischen Katalysatorträger zu schrumpfen, zu sintern, anstatt groß zu bleiben, damit auch das ganze Motorabgas mit ihr in Berührung kommen kann. Bei hohen Temperaturen verstopfen zum Beispiel Poren und fallen als Oberfläche weg. Ja, auch das Keramikgerüst selbst kann Schäden erleiden.

Ein Katalysator wird aber auch leicht »vergiftet«, indem er von Schadstoffen belegt oder chemisch umgewandelt wird. Ein Katalysatorgift ist in unserem Fall Phosphor. Zwar enthält Benzin relativ wenig Phosphor, vielleicht zwei hundertstel Gramm pro Liter, aber im Motoröl ist etwa 1,2 g/l, und es wurde errechnet, daß 13 Gramm Phosphor genügen, um einen Abgaskatalysator zu ruinieren. Schwefel ist auch in jedem Treibstoff. Es wird im Motor zu Schwefeldioxid verbrannt und trifft auf den Katalysator. Er ruiniert ihn nicht so rasch, aber es vermindert seine Fähigkeit, Kohlenmonoxid zu vernichten.

Das ärgste Katalysatorgift ist in unserem Fall aber das Blei! Es verstopft die Poren in der Katalysatorstruktur und bildet Verbindungen, die die katalytische Wirkung stark reduzieren. Also muß »bleifreies« Benzin als Treibstoff dienen. Doch machen wir uns nichts vor, selbst »bleifreies« Benzin, besser gesagt, unverbleites Benzin enthält von Natur her immer noch 1 mg Blei pro Liter!

Ist der Katalysator eine glückliche Lösung des Kraftfahrzeugumweltproblems? Gut, er vermindert den Ausstoß an Kohlenwasserstoffen, an Kohlenmonoxid und Stickoxiden. Aber wie lange und wie ausreichend er wirkt, das erfordert, wenn man ihn ernst nehmen will, eine ständige Kontrolle. Er benötigt ein teures Benzin. Seine Lebensdauer ist begrenzt, etwa 80 000 bis 90 000 km (voraussichtlich). In der chemischen Großtechnik würde man ihn als erste, vorläufige Lösung eines Verfahrens vielleicht akzeptieren, aber wissen, daß er noch vieler Entwicklungsarbeit bedarf.

Drängend bleibt die Frage: Was liefert der Katalysator als Auspuffprodukte? Schon im November 1984 meldete sich die erste kritische Stimme. Der Physiker Reinhard Schlögl von der Universität Basel teilte mit:

»... daß sich die Edelmetallkomponenten der Katalysatoren hinter dem Katalysator nachweisen lassen. Sie werden von der Oberfläche des Katalysatorkörpers als fein verteilte Partikel und in dieser Form als giftige Substanzen teilweise an die Umwelt abgegeben,

– daß unter den Kohlenwasserstoffen polycyclische aromatische Moleküle, die allgemein als krebserregend angesehen werden, emittiert wurden.

Beide Beobachtungen sind nicht überraschend, da aus der jahrzehntelangen Erfahrung im industriellen Einsatz chemisch verwandter Katalysatoren für synthetische Zwecke solche Nebeneffekte bekannt sind ...«

Soll man den Teufel mit dem Beelzebub austreiben?

Geht es nicht vielleicht auch ohne Katalysator? Selbstverständlich, der Weg ist bereits deutlich sichtbar, zumindest für die Motoren zwischen 1400 und 2000 cm^3, den größten Anteil am Automarkt. Die ideale Verbrennungsmischung von Luft : Treibstoff liegt derzeit (1984) bei 15 : 1. Bei diesem Gemisch ist die Flammentemperatur im Zylinder sehr hoch. Folglich wird auch der Stickstoff in der Luft vergleichsweise stark in Stickoxide umgewandelt. Wird der Luftanteil erhöht, so sinkt die Verbrennungstemperatur, und damit sinkt auch der Stickoxidanteil der Auspuffgase. Ein magereres Gemisch von 18 : 1 oder 22 : 1 hat aber heute noch den Fehler, daß hier die Treibstofftropfen eventuell nicht restlos verbrennen. Es geht also darum, Motoren zu bauen, bei denen durch Turbulenz das Treibstoffgemisch wieder homogen wird. Eine japanische Firma hat bereits einen Wagen auf dem Markt, der mit einem 22 : 1-Gemisch arbeitet. Die Treibstoffausnutzung soll besser sein als beim heutigen Gemisch. Vorteilhaft ist auch, daß die Motoren preiswert sind und mit jedem Benzin laufen können. Wenn allerdings die extremen US-Abgas-Normen erreicht werden sollen, dann wäre noch ein relativ einfacher Oxidationskatalysator nachzuschalten.

Stickoxide

Woher stammen eigentlich die Stickoxide, die per Auspuff unsere Umwelt angeblich so sehr bedrohen? Stickstoff ist doch im Benzin gar nicht in nennenswerten Mengen enthalten.

Der Automotor saugt Treibstoff und Luft an. Luft aber besteht zu rund 80 Prozent aus Stickstoff. Das explosible Gasgemisch detoniert im Zylinder, momentan herrschen hoher Druck und hohe Temperatur, und es verbrennt nicht nur der Treibstoff, sondern auch etwas Stickstoff zu Stickoxiden.

Darüber, wieviel Stickoxide aus Automotoren, aus Heizung und Industrie oder aus natürlichen Quellen stammen, gehen die

Angaben auseinander, wenn politische »Einsichten« mitspielen. Da meint das Schweizer Bundesamt für Umweltschutz, daß 80 bis 90 Prozent der vom Menschen freigesetzten Stickoxide von Motorfahrzeugen stammen. Das deutsche Umweltbundesamt glaubt, es seien höchstens 45 Prozent.

Der Schweiz verdanken wir Messungen über die Stickoxidwerte im Verlauf des Jahres. Im Sommer sind die Werte recht niedrig, im Winter dagegen dreimal, ja fünfmal so hoch. Das weckt Zweifel daran, ob die Motorfahrzeuge wirklich die hauptsächlichen Stickoxid-Luftverschmutzer sind, denn im Sommer sind mehr Autos unterwegs als im Winter; der Benzinverbrauch ist im Sommer 12 bis 15 Prozent höher als im Winter; im Sommer wird mit höheren Geschwindigkeiten gefahren; die Motoren sind heißer und produzieren mehr Stickoxide.

Da liegt es nahe, zu vermuten, daß es gar nicht die Motorfahrzeuge sind, die den erhöhten Stickoxidbetrag liefern, sondern die Heizungsanlagen!

Stickoxide sind bekanntermaßen auch Naturprodukte. Sie entstammen mikrobiologischen Abbauprozessen im Boden, entstehen durch Blitze und unter Umständen bei Waldbränden. Der Mensch setzt sie frei bei der Verbrennung von fossilen Brennstoffen, beim Verkehr, bei Waldrodungen beziehungsweise Buschfeuern und in der Landwirtschaft bei der Düngung. Wo bleiben sie? Müssen wir in ihnen ausschließlich Schadstoffe sehen? »Verschmutzen« sie die Luft?

Gewiß, sie tragen zum sauren Regen bei und können, wenn sie mit Kohlenwasserstoffen reagieren (vorausgesetzt, diese sind in entsprechender Menge vorhanden!), so unangenehme Stoffe wie das Peroxy-acetyl-nitrat (siehe S. 153) bilden. Aber wir sollten darüber nicht vergessen, daß sie auch in Nitrate übergehen, also als Düngemittel dienen! Bevor es Kunstdünger gab und der Mensch mit Heizungen und Motoren Stickoxide der Umwelt zuführte, war es jämmerlich wenig, was für die Pflanzenwelt an Stickstoff zum Wachstum zur Verfügung stand! Wo keine Pflanzen sind, dort ist kein tierisches Leben.

Werden die Bauern einstmals klagen, wenn ihren Äckern und Weiden die »Abgase« fehlen? Die Winzer am Rhein taten es bereits, als die Eisenbahnen am Rhein elektrifiziert wurden und damit die kostenlose Schwefelzufuhr aus dem Lokomotivenrauch entfiel.

Finsternis in England

Die Industrialisierung traf zuerst England mit voller Wucht. Zeitgenössische Bilder und Beschreibungen aus der Zeit um 1850 zeigen bereits verqualmte Landschaften. Die Dampfmaschine bestimmte den Stand der Technik, und die industrielle Revolution führte zu bisher ungekannten Menschenansammlungen. So stieg zum Beispiel die Bevölkerung von Manchester und Salford um 1851 schlagartig auf 400 000 Personen, 1801 waren es etwa 90 000 Personen gewesen. Die Wohnverhältnisse waren katastro-

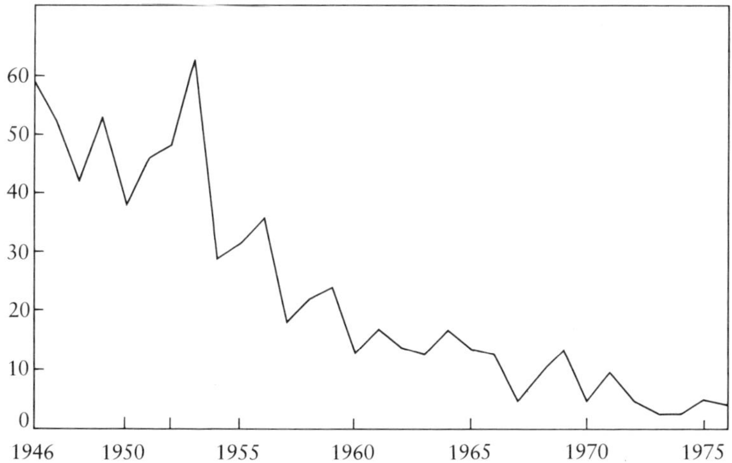

Nebeltage in London, an denen um 9 Uhr morgens die Sichtweite unter 1 km lag. Links: Nebeltage; unten: Jahresangaben.

phal, es gab nicht genügend Wasser, die sanitären Zustände waren menschenunwürdig. Die Luft hing voll Rauch, denn damals galt: Luft gehört niemandem, also kann sie beliebig genutzt werden.

Konnte eine Luftverbesserung erreicht werden? Dazu hätte es der gleichen Voraussetzungen bedurft, die auch heute noch gelten:

1. Die Ursachen mußten wissenschaftlich erforscht werden und eine praktikable neue Technologie zur Verfügung stehen.
2. Die politische Situation mußte es erlauben, entsprechende Gesetze oder Vorschriften zu erlassen.
3. Es mußte eine angemessene Überwachung möglich sein mit entsprechenden Strafbestimmungen.

Das war nicht der Fall, und so rauchten die Schornsteine der Eisengießereien, Ziegeleien, Brauereien sowie der Glashütten und Töpfereien weiter. Vor allem aber dachte in England niemand daran, auf die häuslichen Kamine zu verzichten. Öfen wie auf dem Festland? Ein unvorstellbarer Gedanke für einen Engländer.

Gut, da gab es bereits seit 1846 ein Gesetz gegen übermäßigen Rauch aus Industrieanlagen, aber wie sah es aus? Wenn ein Schornstein zu sehr qualmte, konnte eine Strafe von 40 Schilling verhängt werden, doch erst nach dem Ablauf von zwei Monaten und nach einer schriftlichen Aufforderung, den Mißstand abzustellen. Ein Jahr Qualm kostete also schlimmstenfalls 12 Pfund Strafe.

Besonders schlimm wurde es in London. Im Dezember 1873 lag ein »Jahrhundertnebel« über der Stadt, so dick, daß sogar der Handel zusammenbrach. In einer Woche starben 700 Menschen mehr, als es der Statistik entsprach, 500 Todesfälle wurden dem Nebel zugeschrieben. Schuld war wohl vorwiegend der Gehalt an Schwefeldioxid.

Weihnachten 1879 verbrachte man in »völliger Finsternis«. Die Fabriken arbeiteten zwar nicht, aber etwa 3 583 000 Kamine brannten.

In der Zeit vom 24. Januar 1879 bis zum 14. Februar 1880 starben etwa 2000 Menschen am Londoner Nebel.

Das Jahr 1882 brachte am 18. Januar sowie am 3./4. Februar Rauch und Nebel in einem solchen Ausmaß, daß es nun auch der Regierung klar wurde: Gegen die rauchenden häuslichen Kamine muß etwas getan werden. Die *Times* berichtete, daß der Straßenverkehr behindert wurde und zusammenbrach. Zeugen konnten die Gerichtsgebäude nicht finden, Prozesse mußten abgesetzt werden. Theater und Amüsierlokale blieben leer, der Rauch (Nebel) in den Gebäuden machte es für Künstler und Besucher schwer, einander zu sehen.

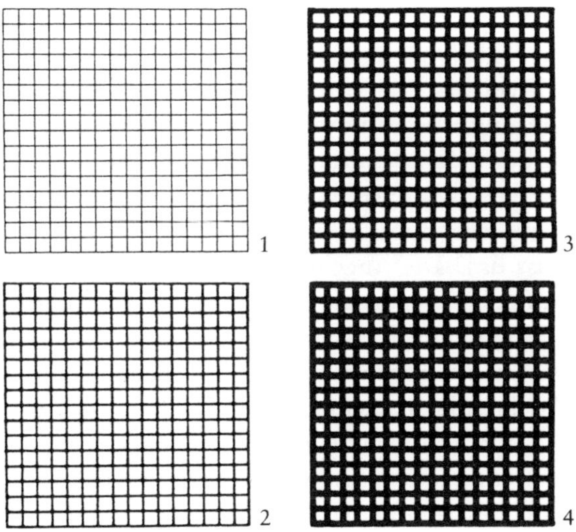

Wie dunkel ist ein Rauch?
Die obige »Ringelmann-Karte« wurde 1969 in England als Hilfsmittel benutzt. Man hält die Karte auf Armeslänge vor die Augen und vergleicht den Nebel mit dem Eindruck, den die Karte gibt.
1 = leicht grau; 2 = dunkelgrau; 3 = sehr dunkel; 4 = schwarz.
Die britische Luftreinhaltungsvorschrift verbietet Rauch, der grauer als Karte 2 ist (ausgenommen kurzfristige Betriebsänderungen).

Am 17. November 1898 zog ein schwarzer Nebel über London. Um 10 Uhr morgens war es zu dunkel, um einen Brief lesen zu können. Eine halbe Stunde später war die Dunkelheit wie bei einer totalen Sonnenfinsternis, es war Nacht!

Damals sind wohl auch die gruseligen Detektivgeschichten entstanden, bei denen der Nebel von London die Hauptrolle spielt. Es entstand das neue Wort »Smog«, zusammengezogen aus den Wörtern »smoke« (Abgase) und »fog« (Nebel).

Die letzte Smogkatastrophe datiert vom Dezember 1952. In der Woche vom 6. bis 13. Dezember starben in Groß-London 4703 Menschen, während es in der Vergleichswoche des Vorjahres nur 1852 Todesfälle gegeben hatte. Als die Statistiker sich der Zahlen annahmen, ergab sich ein eindrucksvoller Vergleich: Die Todesfälle entsprachen denen des Jahres 1866, damals war die Cholera in London ausgebrochen.

Heute hat das Wort »Smog« eine neue Bedeutung erhalten. Man denkt dabei weniger an den dunklen Nebelrauch Londons und seinen Ursprung in den Kohleabgasen als vielmehr an den photochemischen Smog, wie er in Athen, Los Angeles und gelegentlich auch in der Kölner Bucht zu beobachten ist. Photochemischer Smog, was ist das? Die Angelegenheit ist vergleichsweise einfach: Hier haben sich Autoabgase mit Hilfe von Licht (Photo-), Sonnenlicht, zu neuen und recht lästigen Verbindungen chemisch umgesetzt. Vier Voraussetzungen müssen dabei zusammenkommen: Es müssen Stickoxide, Kohlenmonoxid, Kohlenwasserstoffe (unverbrannte Benzin-Reste) und intensive Sonnenstrahlung (»blauer Himmel«) vorhanden sein. Kurz gesagt, starker Autoverkehr und strahlendes Sommerwetter. Wenn die Verhältnisse derart einfach sind, pflegen die Chemiker mit Vergnügen lange Reihen von Gleichungen aufzustellen. Wir können hier darauf mit ebensoviel Vergnügen verzichten, zumal die Chemiker am Ende zugeben müssen, daß das Phänomen außerordentlich kompliziert und erst unvollständig erforscht ist.

Die lästigste Verbindung der Reaktionsketten ist jedenfalls das Peroxy-acetyl-nitrat:

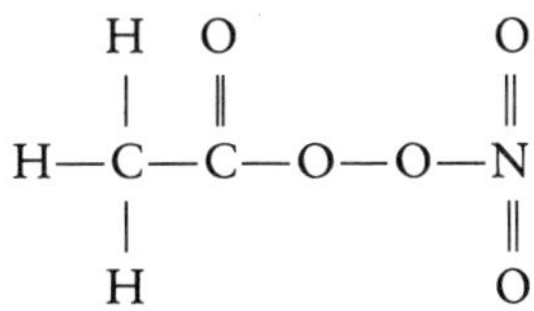

Das ist eine chemische Verbindung, die sehr instabil ist, leicht weiterreagiert und also giftig ist. Sie reizt die Atemwege und führt zu Augenbrennen, selbst Pflanzen werden geschädigt. Auch Ozon entsteht im Verlauf der durch die Sonnenstrahlung ausgelösten, also photochemischen Reaktionen (siehe auch S. 25).

Der photochemische Smog ist ohne Bedeutung, wo Wind über das Land streicht. Nur dort, wo sich hohe Abgaskonzentrationen entwickeln können, bevorzugt in abgeschlossenen Tallagen (etwa auch im Stuttgarter Kessel), kann er entstehen.

Saurer Regen

Das Wort vom sauren Regen ist etwa 1872 aufgekommen. Das ist verwunderlich spät, denn einem britischen Analytiker war es bereits 1852 gelungen, im Regenwasser Spuren von Schwefelsäure nachzuweisen!

Im Jahre 1872 erschien sogar schon ein Buch dazu mit dem Titel: Luft und Regen: Der Anfang einer chemischen Klimakunde (englisch). 1880 werden der saure Regen und seine zerstörende Wirkung auf Gebäude und Pflanzenwuchs sogar schon im »Neuen Universum« erwähnt.

Fragen wir uns aber vorab einmal: Was ist »sauer«? Im Haushalt haben wir Essig(säure), Zitronen(säure) und eine Fülle anderer Fruchtsäuren, im Auto die Schwefelsäure in der Batterie – und wissen, Säuren ätzen. Das Gegenteil der Säuren sind die »Basen«, die alkalischen Stoffe, etwa das Ammoniak, in vielen Haushaltsreinigern zu finden. Auch die gute alte Kernseife reagierte »alkalisch«. Die Chemiker haben sich eine Säureskala geschaffen; wir brauchen sie hier nicht zu definieren, denn was wir an Säurewerten zum Beispiel in der Zeitung lesen, sind ohnehin nur die Zahlenwerte. Diese Zahlenreihe geht von 1 bis 14.

1 ist so sauer wie nur möglich,
14 ist so alkalisch (basisch) wie möglich.

In der Mitte der Skala liegt also der Wert 7, das heißt weder sauer noch basisch, also neutral.

Nur eines sollten wir uns wirklich merken: Wenn eine Substanz den Säurewert 4 hat und eine andere den Wert 3, so ist die zweite zehnmal so sauer. Von 5 auf 3 haben wir also einen hundertfachen Säurewert! Eine Säurewertzunahme von 3 auf 2,9 ist also bereits eine Verdoppelung. Auf der alkalischen Seite (über 7) ist es ganz entsprechend.

Wie sauer ist nun »natürliches« Regenwasser? Es wäscht beim Abregnen aus der Wolke einige natürlicherweise vorhandene Gase aus der Luft aus und wird sauer. Wenn es den Erdboden erreicht, beträgt sein Säurewert (pH-Wert) zwischen 5 und 5,6. Was an Säurewerten von saurem Regen gemessen wird, geht bis zu 4 und ist also in der Tat recht sauer. Indessen fragen wir gewiß mit Recht, wo, in welcher Ausdehnung und zu welcher Jahreszeit? Darüber hinaus bleibt zu bedenken, daß nicht alle Säure vom Regen aus der Luft ausgewaschen wird, sondern auch saurer Staub auf Erdboden, Pflanzen, Tiere, Kunstwerke und dergleichen herabsinkt und erheblichen Schaden anrichten kann.

Andererseits gibt oder gab es auch einen industrie-eigenen Gegenregulationsmechanismus. Solange zum Beispiel Zementwerke Kalkstaub aus ihren Kaminen abblasen durften, wurden saure Stoffe in der Luft neutralisiert. Das heißt, etwaiger saurer Regen oder saure Staubniederschläge waren eben nicht sauer, sondern im Idealfall eine Art Dünger für die umliegende Landwirtschaft, für Felder, Wald und Wiesen. Da fragt man erneut, unterliegt industrielle Tätigkeit nicht vielleicht einem Gleichgewicht, in das einzugreifen Risiko bedeutet?

Schwarzer Schnee

Vergessen wir nicht, es gibt nicht nur sauren Regen und sauren Staub, sondern auch sauren Schnee. Ein gänzlich extremer Schneefall dieser Art wurde am 20. Februar 1984 im Schottischen Hochland beobachtet. Auf einer Fläche von rund 200 km^2 fiel ein dichter, fast völlig *schwarzer* Schnee, 5 cm hoch, mit einem Säurewert von 3! Fast 30 Prozent des Schnees waren Kohlenstoff, waren Flugasche von Kohlekraftwerken aus dem Südosten Englands. Nachfragen bei den Bewohnern der Umgebung zeigten bald: Dies war kein einmaliger Fall, ähnliche »Schnee«-Fälle hatte es zuvor auch schon gegeben. Offenbar fallen die Schneeflocken durch Wolken sehr poröser winziger Teilchen von Flugasche, die mit Chlor, Stickoxiden und anderen Stoffen beladen sind, werden dabei nicht nur schwarz, sondern auch sehr sauer.

Der Transport der Flugasche geschieht in Höhen von 1 bis 1,5 km über Hunderte von Kilometern!

Einmal auf dieses Thema aufmerksam geworden, ergab sich, daß seit 1983 auch der Verbleib von Ruß aus Kraftwerken und Dieselmotoren zu einem Problem geworden ist. Ruß – das sind feine, leichte Flocken von Kohlenstoff, die eine geradezu fabelhafte Fähigkeit besitzen, eine Vielzahl von Stoffen, eventuell sogar krebserregende, festzuhalten und mit sich zu tragen. Ein weiterer Effekt kommt hinzu: Kohlenstoffpartikel dieser Art können die Tagestemperaturen stark beeinflussen. Zwar steht die Forschung hier noch am Anfang, aber die ersten Messungen sind bereits beeindruckend. Da wurde nahe Frankfurt auf dem Kleinen Feldberg im Taunus und in Tucson/Arizona untersucht, wie sich tagsüber die Luft aufheizt. Waren Teilchen in der Luft, die die Sonnenstrahlung absorbieren konnten, so stieg die Erwärmungsrate um 0,34 °C pro Stunde rascher als normal, und die Tageserwärmung erreichte sogar 1,8 °C. – Je verschmutzter die Luft, um so eher wird sie also warm. Ein US-Forscher (P. Chylek/New York) stellte sogar die These auf: Wenn sich der Kohlenstoffgehalt gegenüber dem heutigen Ausmaß verdoppelt (wenn die Luft doppelt so kohlenstoff-schwarz wird), so wird eine Klimaänderung eintreten, wie sie einer Verdoppelung des Kohlendioxidgehaltes entsprechen würde.

Solche Befunde weisen darauf hin, daß große Waldbrände, wie sie in USA und Kanada häufig vorkommen und auch aus der UdSSR bekanntgeworden sind, mit ihren Rauchwolken (zumindest örtlich und wenn auch nur vorübergehend) klimatische Änderungen ergeben können. Stellen wir uns einmal vor, die Eisflächen der Arktis und Antarktis würden von schwarzem Schnee überzogen. Würde das zu einer Temperaturerhöhung führen und als Folge davon zu einer Flut von Schmelzwasser und damit einem Ansteigen des Meeresspiegels? Wissenschaftler, die Überlegungen über die Folgen der Brände eines Atomkrieges anstellen, bejahen diese Frage.

Die Erde in der Retorte

Eine Kernfrage, umstritten und letztlich bis heute nicht beantwortet, lautet: Was macht der saure Regen mit dem Erdboden?

Die Frage muß ohne Antwort bleiben, solange nicht klar ist, von welcher Art Boden gesprochen wird, wie er entstanden ist und wozu er heute benutzt wird.

Ein saurer Regen wird einen Kalkboden anders beeinflussen als einen Granitboden oder einen Humusboden. Das jeweils abfließende Wasser wird auch verschiedenartig sein, das ist leicht einzusehen. Was aber auch wichtig ist, und das mag überraschen, ist, was auf dem Boden wächst! Es ist unumstritten, daß ein Laubwald binnen 50 Jahren den Säurewert eines Bodens von 5,5 auf 3,9 erhöhen kann. Nadelbäume können einen Boden sogar bis 3,0 versauern. Bereits geringe Änderungen im Bewuchs und das Entstehen dichter Humusschichten können örtlich zu stärkeren Versauerungen führen, als saure Niederschläge es könnten. Wie schwierig die Situation ist, läßt sich an den sogenannten Podsol-Böden zeigen (Podsol = russisch »unter Asche«). Podsol-Böden

Schwefeldioxid-Emissionen 1850–1982*
(Schätzung bis 1993)

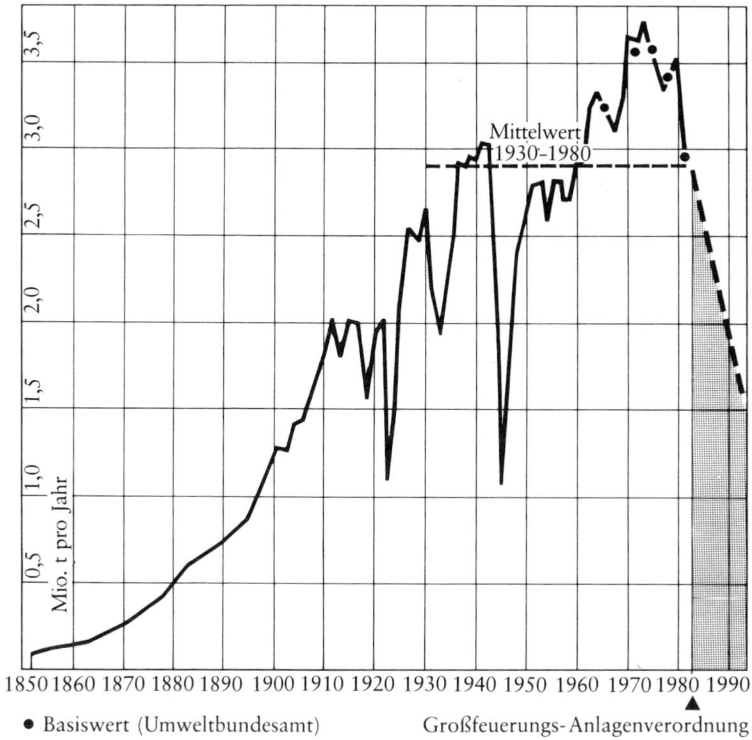

* Bezogen auf die heutige Fläche der Bundesrepublik Deutschland (245 000 km²)
(Quelle: wlb-Zeitschrift für Umwelttechnik, August 1984; Umweltbundesamt, Bundesministerium des Innern).

sind weit verbreitet, so im nördlichen Teil der UdSSR, in Skandinavien, in Kanada und den Heidegebieten Nordwesteuropas.

Bei den Podsol-Böden haben wir als oberste Bodenschicht Humus. Er ist entstanden aus holzigen Pflanzen, etwa Nadelbäumen, Heide und Beerensträuchern, deren Reste sich langsam zersetzen. Bei der Zersetzung entsteht unter der Mitwirkung von Bodenorganismen ein Säureüberschuß aus organisch-chemischen Säuren und Mineralsäuren. Diese Säuren verwittern und lösen das tieferliegende Gestein oder die vorhandenen Tonminerale. Damit werden zum Beispiel Aluminium und Eisen frei, wandern in weitere tieferliegende Schichten und können dort beitragen, den sogenannten Ortstein zu bilden, dunkle, oft rotbraune, feste Schichten, die den Pflanzenwuchs stören. Wenn also eine Landschaft mit Nadelbäumen bepflanzt wird, so kann diese Monokultur auch ohne sauren Regen total versauern, kann sich Ortstein bilden, der den Nadelwald zwangsläufig verkümmern und die Bäume eingehen läßt. (Die Förster in Pommern kannten diese Erscheinung schon vor einem halben Jahrhundert.) Die vielen »sterbenden« oder gar »toten« Seen in Norwegen enthalten Humuswasser, kein »blaues« Wasser, außerdem auch das gelöste Aluminium (das zum Beispiel Fische gar nicht vertragen), und es darf kaum verwundern, wenn ihr Säurewert unter 5 liegt. Vorsichtig gesagt: Diese Schäden lassen sich keineswegs allein auf sauren Regen zurückführen.

Unumstritten bleibt dabei, daß der saure Regen in die natürlichen Vorgänge eingreift. Es gibt ausreichend Belege dafür, daß der Schwefeldioxid-Ausstoß der Kohlekraftwerke aus Böden Magnesium, Natrium, Kalium und sogar Calcium freisetzen kann. Wieviel das jeweils ist, hängt aber nicht nur vom Säuregrad des Regens, sondern auch vom betroffenen Boden ab. Die Spezialisten reden von der Pufferungskapazität und dem Komplexbildungsvermögen.

Überaus eindrucksvoll ist eine Übersicht über den Schwefeldioxidausstoß in der Bundesrepublik (s. S. 157) seit 1850 (245 000 km^2). Sie zeigt viel mehr, als man im ersten Augenblick vermutet. Nicht nur die zunehmende Industrialisierung spiegelt sich hier wider, sondern das wirtschaftliche Gesamtgeschehen: Der erste Einbruch der Kurve, 1918, fällt zusammen mit dem Ende des Ersten Weltkrieges. Das zweite Minimum liegt in der Inflationszeit von 1923/24. Dann läßt sich die Epoche der großen Arbeitslosigkeit und des wirtschaftlichen Abstieges nach 1930 ablesen. 1945 findet sich mit dem Ende des Zweiten Weltkrieges ein erneutes tiefes Minimum.

Wirtschaftsleben, Wohlstand, Armut, alles findet sich über den Kohleverbrauch schließlich im Schwefeldioxid-Ausstoß belegt.

Woher die Schadstoffe im Jahre 1982 stammten, hat das Umweltbundesamt zusammengestellt.

Verursacher der Emissionen 1982*

Emissionen Anteile in Prozent	SO_2	Staub	NO_x umgerechnet auf NO_2	Kohlenwasserstoffe	CO
Verkehr	3,4	9,4	**54,6**	**39,0**	**65,0**
Kleinverbraucher	9,3	9,2	3,7	32,4	21,0
Energie	**62,1**	21,7	27,7	0,6	0,4
Industrie	25,2	**59,7**	14,0	28,0	13,6
davon chemische Industrie	4,3	2,9	2,6	3,1	0,9
Gesamtemissionen in Mio.Tonnen	3,0	0,7	3,1	1,6	8,2

* Bezogen auf die Bundesrepublik Deutschland
(Quelle: Umweltbundesamt)

Die Angaben des Umweltbundesamtes dürften sorgfältig erstellt und also einigermaßen zutreffend sein. Die aufgeführten Mengen an Schwefeldioxid (SO_2), Staub, Stickoxiden (NO_x), Kohlenwasserstoffen und Kohlenmonoxid (CO) sind die »Eigenproduktion« der Bundesrepublik. Der Wind treibt binnen weniger Tage einen gewiß nicht unwesentlichen Teil über die Landesgrenzen. Dafür erhalten wir Schadstoffe aus den Nachbarländern. Wenn wir von Umweltschäden reden wollen, so müssen wir ehrlicherweise erst eine Bilanz von Schadstoffausfuhr und Schadstoffeinfuhr haben. Einfuhr und Ausfuhr sind hier aber eine Funktion der Windstärke und Windrichtungen und damit großteils auch der Jahreszeit.

Eine Sonderstellung nimmt Großbritannien ein, es ist, was Schadstoffe betrifft, fast ein reines Exportland. Als schmales Inselland vertraut es nach seemännischer Manier auf den großen »Außenbord-Aschenbecher«. Schwefelabgase bleiben etwa zwei bis vier Tage in der Luft. Das heißt, sie können in dieser Zeit rund 100 km weit vom Wind weggeweht werden. Ein großes Kohlekraftwerk im Osten Englands belästigt bei Westwind also kaum die Engländer. Erst wenn die Abgaswolke die Nordsee überquert hat, kann sie, so glauben wohl viele Engländer, wieder bemerkbar werden. Eine Königliche (britische) Kommission für Umweltverschmutzung stellte aber 1984 doch fest: Die Hälfte an organischer Verschmutzung der Nordsee kommt aus Britannien, ein Drittel des Gehaltes an Schwermetallen ebenso, und ein Viertel der Belastung der Nordsee an Phosphor- und Stickstoff-Verbindungen ist auch britischer Herkunft. Über die Verschmutzung der Irischen See fand die Kommission keine ausreichenden Unterlagen. Ungeklärte Abwässer sollten an den Küsten auch fernerhin nicht einfach in das Meer geleitet werden. Und wie schön für die Briten, im häuslichen Bereich gibt es nur den Tabakrauch als mögliche Gefährdungsquelle – bei guter Ventilation der Räume.

Die USA sind in einer nicht minder günstigen Situation. Große Teile der Industrie liegen an der Ost- beziehungsweise Westküste, und wenn der Wind entsprechend weht, treiben die Abgase auf den Atlantik oder Pazifik hinaus. Die »Abgasfahnen« der nördlichen Industriegebiete der Ostküste der USA wurden 1981/82 erstmals genauer untersucht. Das Resultat ist bemerkenswert. Sie reichen mehr als 300 km weit über den Atlantik, wobei sich eine Schichtung erkennen läßt; so zeigten sich in einem Fall bis in 3 km Höhe sieben klar getrennte Abgasschichten. Die höchste Konzentration fand sich in einer Schicht, die sich in 650 bis 1800 m Höhe bewegte. Die Konzentrationen an Schadstoffen nehmen, wie erwartet, mit der Entfernung ab. Offenbar reagieren die Schadstoffmengen an Schwefelsäure und Salpetersäure bevorzugt mit dem Salzgehalt des Meeres.

Anders ist die Situation, wenn die Industrieabgase der USA vom Wind nach Norden, in Richtung Kanada, getragen werden. Mindestens die Hälfte der in Kanada niedergehenden Schadstoffe stammt aus den USA. In einigen Gegenden Kanadas sollen sogar bis zu 70 Prozent an Schwefeldioxid und Stickoxiden aus den USA stammen. In die USA werden dagegen nur etwa 10 Prozent der Schadstoffe Kanadas transportiert. Die Kanadier versuchen, diese für sie ungünstige Einfuhrbilanz zu verbessern, indem sie für die entsprechenden US-Kraftwerke Abgasreinigungsanlagen zur Verminderung des Schwefeldioxid- und Stickoxid-Ausstoßes fordern, bisher ohne Erfolg.

Rätsel um die Schadstoffe in der Arktis

Seit Jahrzehnten kennt man in der Arktis ein Phänomen, das »Arktischer Dunst« (arctic haze) genannt wird. Wenn es auftritt, sinkt die Sichtweite auf etwa 5 km ab. Diese Sichtverschlechterung tritt besonders im Winter auf, wenn die Polarfront sich nach Süden verschiebt, und damit Schadstoffe der nördlichen Hemisphäre in die Arktis einfließen können. Neuere Untersuchungen haben nun den Nachweis erbracht, daß es sich bei den Schadstoffen zumeist um Schwefelverbindungen und Ruß handelt. Wie zu erwarten war, stammen sie zumeist aus Europa und Nordwestasien. Ihre Intensität ist im März und April am höchsten. Anscheinend werden die Luftverunreinigungen wie in großen Wolken nach Norden transportiert. Chemisch gesehen entspricht die Zusammensetzung des Schadstoffgemisches etwa dem einer Großstadt, doch rätselhafterweise fehlen die Stickoxide! Weshalb, vermag bisher niemand zu sagen.

Nicht minder eigentümlich ist es, daß sich in den Luftverunreinigungen vergleichsweise viele und relativ große Mengen an Metallen finden lassen. Die Vermutung liegt nahe, daß es sich bei dem vorhandenen Nickel, Blei und Zink um Abgasreste von Hüttenwerken tief in der UdSSR handelt. Auch zu dem erstaunlich großen Anteil an Kohlenwasserstoffen in der Luft der Arktis scheint die Sowjetunion beizutragen. In Spitzbergen wurden im März Konzentrationen an Propan und Butan gemessen, wie man sie sonst etwa aus der Londoner Stadtluft im August kennt.

Wie es scheint, läßt sich durch sorgfältige Gasanalysen bereits heute die Herkunft von Abgasen in der Arktis recht genau ermitteln. Über kurz oder lang werden grenzüberschreitende Abgaswolken Hinweise auf neue Energieanlagen und Industriewerke in Nachbarländern, ja vielleicht sogar deren Arbeitsweise und Produktionsmengen geben können.

Transporte über Grenzen

In der europäischen Kleinstaaterei ist es vergleichsweise schwierig zu sagen, wer welche Abgase wem überläßt. Viele Werte, die in der wissenschaftlichen und technischen Literatur oder in Tageszeitungen zu finden sind, dürften letztlich kaum besser als Schätzungen sein. Nur die Schwefelablagerungen, in welcher chemischen Form auch immer, sind vertrauenerweckender dokumentiert.

Jährliche Schwefelablagerungen	
Tschechoslowakei	12,2 g/m^2
DDR	8,6 g/m^2
Belgien	6,4 g/m^2
Ungarn	6,0 g/m^2
Bundesrepublik Deutschland	5,5 g/m^2
Jugoslawien	5,2 g/m^2
Polen	5,1 g/m^2

Diese Angaben vom Umweltbundesamt bleiben aber letztlich doch fraglich. Sie würden nämlich bedeuten, daß zum Beispiel in der Tschechoslowakei innerhalb von 10 Jahren 122 t Schwefel je Quadratkilometer fallen. Da die Tschechoslowakei eine Fläche von 127 869 km^2 hat, müßte auf ihrem Territorium in 10 Jahren etwa doppelt soviel Schwefel fallen, wie in den USA in einem Jahr bergmännisch gefördert wird (Pyrit-Schwefel ausgenommen). Wer möchte da nicht zweifeln?

Vermutlich müßte es bei den Umweltbundesamt-Angaben nicht heißen »Schwefel«, sondern »Schwefelverbindungen«. Wenn wir einmal annehmen, die Werte wären auf die Verbindung Schwefeldioxid gerechnet, so wäre die Menge an elementarem Schwefel nur noch etwa halb so groß, und falls es gar heißen müßte »Schwefelsäure«, so würde der wirkliche Schwefelbetrag nur noch ein Drittel betragen.

Ganz generell: Wir können gar nicht vorsichtig genug mit Angaben umgehen, bei denen auch nur entfernt die Möglichkeit besteht, daß sie politisch »geschönt« worden sind. Lassen wir uns kein X für ein U vormachen! Ein typisches Beispiel für tendenziöse Darstellungen hat 1984 ein US-Kollege gefunden, sogar in der wissenschaftlichen Literatur. Es betrifft den Kohlendioxidgehalt der Atmosphäre.

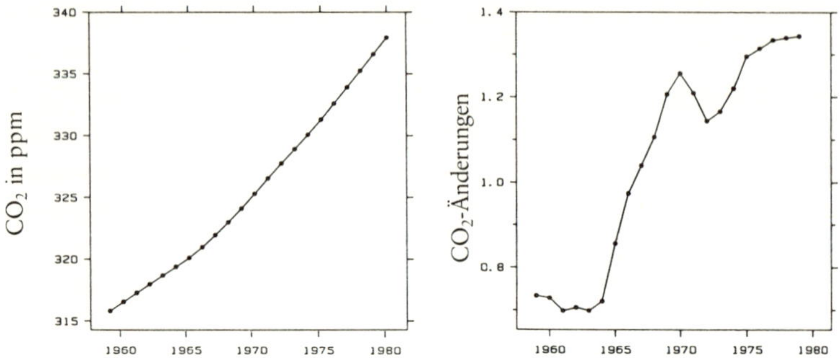

Der linke Bildteil erweckt den Eindruck, der Kohlendioxidgehalt der Atmosphäre steige seit 1967 gleichmäßig an. Der rechte Bildteil zeigt die jährlichen Änderungen des Kohlendioxidgehaltes, und da ergibt sich ein Sinken der Zunahme um das Jahr 1970. Beide Kurvenzüge lassen sich vertreten, aber »wahrer« ist eben doch die rechte Bildhälfte!

Doch kommen wir zurück zu unseren Schwefelverbindungen. Wie groß die Mengen auch sind, die niedergehen mögen, in Mitteleuropa sind sie jedenfalls zu groß, als daß die bestehende Umwelt mit ihnen fertig würde. Die Seen Südschwedens sind saurer geworden, und es wird angenommen, daß daran die UdSSR zu 20 Prozent, die DDR zu 10 Prozent, England und die Bundesrepublik zu je 7 Prozent beteiligt sind. Das sind nur 44 Prozent, der Rest der Versauerung kommt wohl aus Schweden selbst (s. o.). Auch Polen steht in dem Ruf, viele Schwefelverbindungen per Luftfracht zu exportieren, etwa zwei Drittel der Erzeugung. Andererseits trägt die Luft Schwefelverbindungen aus der Tschechoslowakei, der Bundesrepublik, der DDR und der UdSSR nach Polen hinein. Ein lebhafter Güteraustausch, zollfrei, unbürokratisch, und das alles nur, weil der Schwefel der Abgase als wertlos angesehen wird, als »Abfall«. Fast möchte man meinen, daß so manche europäische Nation ihre Kohlekraftwerke (auch Kernkraftwerke und Wiederaufbereitungsanlagen) an die jeweilige östliche Landesgrenze stellt, damit Abgase recht bald mit dem häufigen Westwind das eigene Territorium verlassen (es sei denn, solche Anlagen können am Meer gebaut werden).

Auf eine Anfrage aus Schweden hat das Bundesministerium des Inneren der Bundesrepublik Deutschland Mitte 1984 unter anderem folgendes mitgeteilt:

Jahr	1966	1970	1974	1978	1982
Emittentengruppe	SO_2 / (Angaben in %)				
Kraftwerke/Fernheizwerke	41,3	45,9	51,3	55,1	62,1
Industrie	35,7	32,3	30,0	27,8	25,2
Haushalte/Kleinverbraucher	19,9	18,6	15,3	13,4	9,3
Verkehr	3,1	3,2	3,4	3,7	3,4
Gesamtemission (Mio. t SO_2/a)	3,2	3,6	3,6	3,4	3,0
Emittentengruppe	**NO_x als NO_2** / (Angaben in %)				
Kraftwerke/Fernheizwerke	23,6	26,5	30,0	27,8	27,7
Industrie	30,6	25,5	21,0	16,7	14,0
Haushalte/Kleinverbraucher	5,8	6,0	5,0	4,5	3,7
Verkehr	40,0	42,0	44,0	51,0	54,6
Gesamtemission (Mio. t NO_2/a)	2,0	2,4	2,7	3,1	3,1
Emittentengruppe	**Staub** / (Angaben in %)				
Kraftwerke/Fernheizwerke	25,2	21,8	19,6	22,7	21,7
Industrie	58,5	57,9	60,8	61,4	59,7
Haushalte/Kleinverbraucher	13,7	15,8	13,4	8,0	9,2
Verkehr	2,6	4,5	6,2	7,9	9,4
Gesamtemission (Mio. t Staub/a)	1,6	1,3	0,97	0,75	0,70

»Es werden bis spätestens 1988 etwa 80 Prozent aller Steinkohle- und Braunkohlekraftwerksleistung der öffentlichen Versorgung mit Anlagen zur Rauchgasentschwefelung nachgerüstet. 20 Prozent werden bis spätestens 1993 stillgelegt.

Nach dem Regelwerk der Großfeuerungsanlagen-Verordnung – bei NO_x konkretisiert durch Zielvorgaben der Umweltministerkonferenz vom 5. April 1984 – werden allein für die Strom- und Wärmeerzeugung in fossil befeuerten Dampfkraftwerken folgende Mindestergebnisse bis 1993 erwartet:

– bei SO_2 eine Minderung um etwa 75 Prozent,
– bei NO_x eine Minderung um etwa 70 Prozent,
– bei Staub eine Minderung um etwa 50 Prozent.

Bezogen auf die Gesamtemission der genannten Schadstoffe und unter Einbeziehung weiterer Großfeuerungsanlagen bedeutet dies eine Reduktion bis 1993 um mindestens

– die Hälfte bei SO_2-Emissionen,
– ein Viertel bei NO_x-Emissionen,
– ein Achtel bei Staubemissionen
(zusätzlich zu den bereits erheblichen Minderungserfolgen der Vergangenheit).«

Die Prozentangaben nützen den Schweden, die immerhin 7 Prozent der bundesdeutschen Abluft erhalten, wenig. Die jährlichen Gesamtmengen an Schwefeldioxid (SO_2/a) haben sich von 1966 bis 1982 kaum geändert, die Stickoxidmengen haben sich erhöht, und nur beim Staub ist eine merkliche Verbesserung eingetreten. Der Rest ist Zukunftsmusik.

Wind und Wetter, klimatische Eigenheiten, Wirtschaftswachstum oder Arbeitsniedergang, Umstellung in der Energieversorgung, diese Faktoren werden in den nächsten Jahren noch dafür entscheidend sein, wie sich die Schadstoffexporte über die Ländergrenzen entwickeln. Besonders kritisch wird dabei ohne Zweifel der Betrag an Schwefeldioxid sein.

Eine Frage drängt sich an dieser Stelle geradezu gewaltsam auf: Woher kommt denn eigentlich der Schwefelgehalt der Kohlen, die in den Kraftwerken verheizt werden? Kohle ist doch Kohlenstoff, oder? Nein, Kohlen sind die umgewandelten, »verkohlten« Reste von Wäldern und Mooren, kurz, von Pflanzenwuchs, der vor rund 280 bis 250 Millionen Jahren existierte. Die »Verkohlung« durchläuft die Stadien Torf, Braunkohle, Steinkohle, Anthrazit. Der Steinkohle/Moor-Wald war hochstämmig und die Heimat vieler Tiere. Auch Meeresablagerungen sind in den von uns heute ausgebeuteten Kohleschichten zu finden. Selbst im Anthrazit finden sich noch rund 6 Prozent Bestandteile, die nicht Kohlenstoff sind. Ebenso wie die heutige Pflanzen- und Tierwelt enthielten Pflanzen und Tiere damals Schwefel, und so wie heute enthielten die Mineralien Schwefel. Der organisch gebundene Schwefel verbrennt mit der Kohle zu Schwefeldioxid. Mineralien sind zumeist Salze, sie werden bei den Verbrennungstemperaturen zersetzt, und der enthaltene Schwefel wird zu Schwefeldioxid. Nun aber müßte sich – theoretisch – das »saure« Schwefeldioxid wieder mit basischen Mineralanteilen vereinigen können, also nach einiger Zeit wieder das »neutrale« Mineral sich bilden. Hier aber beginnen die Schwierigkeiten: Wir scheiden bei den Verbrennungen die »Asche« ab. Die Verbrennungsprodukte, die durch den Schornstein gehen, werden sorgfältig von Staub befreit, und so bleiben allein die »Säurereste« (wie der Chemiker sagen würde) und suchen sich eine andere Reaktionsmöglichkeit, etwa mit Pflanzen, dem Boden oder Bauwerken, an denen es dann zu Korrosionsschäden kommt. Schon melden sich (leise) Stimmen, die fragen, ob es wirklich so klug war, jede industrielle Staubausscheidung zu verbieten und zu beseitigen. War das nicht ein Eingriff in ein natürliches, wenn auch nominell industriell entwickeltes Gleichgewicht? Was wäre denn, wenn neben jedem Kohlekraftwerk eine große Zementfabrik stünde, deren Stäube das Schwefeldioxid binden und also neutralisieren würden? Wenn wir wieder ein, nennen wir es »industriell-natürliches Gleichgewicht« schüfen?

Wenn wir akzeptieren, daß der Mensch ein Schritt auf dem von der Natur vorgegebenen Wege der Evolution ist, ist seine Tätigkeit dann nicht auch ein durchaus natürlicher Wirkungsfaktor? Dürfen wir uns anmaßen, in das Menschenwirken mit Vorschriften einzugreifen? Gewiß, auch Zwangsvorstellungen und sogar künstlich geschaffene Meinungsbildung sind letzten Endes menschlich-natürliche Entwicklungen, doch wie oft sind aus Glückseligkeitsträumen einzelner Zeitgenossen Spannungen und Katastrophen erwachsen? Die Geschichte der Menschheit kennt zahllose unerfreuliche Beispiele für das Wirken beredter »Zurück-zur-Natur-Propheten«. Das Bemühen, den stetigen Fluß von Wissenschaft, Technik und Wirtschaft zu unterbinden, ist ein Widerspruch gegen naturgesetzliche Abläufe. Doch können wir überhaupt die Grenze zwischen einem gewissenhaften Mahner und einem Don Quixote erkennen?

Sterbender Wald

Der Wald stirbt. Das ist nicht mehr neu, das ist keine Nachricht mehr, das ist längst eine Art Binsenweisheit. Aber was für ein Wald ist das eigentlich?

Ist es der Wald, düster und undurchdringlich, in dem finstere Spukgestalten zu Hause sind, Hexen, Elfen, dunkle Geister, Riesen und Zwerge? Ist es der Wald, in dem Räuberbanden hausen, Köhler ihrem finsteren Gewerbe nachgehen, Wilderer ihr Unwesen treiben? So romantisch, wie wir den Wald gelegentlich empfinden, ist dieser Wald nicht. Betrachten wir kurz seine Geschichte.

Am Anfang, 12 000 Jahre vor heute, war gar kein Wald, sondern Eis; das Eis der letzten Eiszeit zog sich damals langsam von Mitteleuropa zurück. Zögernd bildete sich dann eine dünne Pflanzendecke, noch immer kein Wald. Erst zwischen 8000 und 5000 Jahren v. Chr. entwickelte sich eine Art Waldvegetation. Es waren, boden- und klimamäßig bedingt, kümmerliche Bäumchen, wohl eher Buschwerk zu nennen. Immerhin, es sind darunter Tannen gewesen, wie aus Pollenanalysen, der Untersuchung des in den Bodenschichten konservierten Blütenstaubes, hervorgeht. Keine Erklärung gibt es dafür, daß zwischen 3000 und 2000 vor unserer Zeitrechnung ein Tannensterben einsetzt. Dafür gewinnt nun die Buche an Boden. Erst später erholt sich der Tannenbewuchs wieder, aber seine ursprüngliche Ausdehnung erreicht er nicht mehr.

Am Anfang der geschichtlichen Zeit finden wir zumeist Laubwald. Er bedeckt drei Viertel des Bodens. Die Rotbuche, die Hainbuche, Linde und Eiche sind die wesentlichen Baumarten. In Nordeuropa finden sich auch Birken. Lediglich auf den Höhen des Harzes steht auch Nadelholz. Einheitlich ist dieser Wald nirgends, alles wächst durcheinander. Nur im Bergwald finden sich große Mengen Fichten, oberhalb 1300 m Höhe beginnt die Legföhrenzone.

Als der Mensch seßhaft zu werden beginnt, fängt er an zu roden, um Boden für den Ackerbau und Wiesenflächen für seinen Viehbestand zu gewinnen. Es ist verständlich, daß er nun die besten Böden beansprucht. Als die Römerzeit zu Ende geht, ist in Westdeutschland etwa ein Viertel der Bodenfläche gerodet.

Der Wildbestand in den Wäldern ist noch enorm, sowohl was die Fülle der Arten angeht als auch der Häufigkeit nach. Wenn die Helden des Nibelungenliedes von Worms aus auf die Jagd gehen, so streifen sie durch einen urwaldartigen, feucht versumpften Auwald, mehr Buschwerk als Wald; auf die Höhen des Odenwaldes werden sie kaum gestiegen sein.

Im 11. und 12. Jahrhundert beginnt der Raubbau des Waldes; denn nun verbrauchen städtische und klösterliche Siedlungen ungeheure Mengen an Bauholz und Feuerungsholz. Gegen Ende des 14. Jahrhunderts ist nur noch etwa ein Drittel der Bodenfläche von Wald bedeckt, und die Vielfalt der Pflanzen schwindet ebenso wie der Reichtum an jagdbaren Tieren. Dem Wald bleiben nur noch die schlechtesten Bodenlagen, arme Sandböden, schwere Tonböden und steinige Hänge. Hier allein leben auch noch »Unkraut« und »Feldschädlinge«.

Holz, das heißt Wald, wird in unvorstellbaren Mengen geschlagen. Es ist das einzige Heizmaterial und muß auch den Bedarf für Erzbergbau, Metallhütten, Kalk- und Ziegelbrennereien, Glashütten und alle Handwerke decken. 90 Prozent des Holzes werden verheizt! Vergessen wir auch nicht, daß vom hölzernen Löffel bis zum Kriegsschiff (etwa 4000 alte Eichen) fast der gesamte Alltagsbedarf aus Holz war.

Was noch an Wald blieb, wurde vielfach genutzt, »ausgebeutet« würde unsere Generation sagen. Die Köhler produzierten nicht nur Holzkohle, sondern auch eine Art Wagenschmiere sowie Teer. Harz und Terpentin wurden gewonnen, aus der Holzasche »Pottasche« hergestellt, um Schmierseife fabrizieren zu können – der Wald war Chemiegrundlage.

Waldordnungen wurden notwendig. Da gab es den Brennholzwald, nachwachsendes Gestrüpp von Hasel, Linde, Eiche, Erle und Buche. Der Mittelwald gab Brennholz, aber auch Nutzholz. Die »fruchtbaren« Waldstücke endlich dienten der Ernährung, etwa durch das Aufsammeln von Bucheckern (Öl), der Schweinemast (Eicheln), der Viehweide oder der Gewinnung von Stallstreu. Es ist bezeugt, daß Wald ausgefegt wurde, um Humus beziehungsweise Tannenstreu abfahren zu können.

Zu Beginn des 19. Jahrhunderts ist der deutsche Waldbestand auf etwa ein Zehntel seines heutigen Bestandes geschrumpft. Alte Städtebilder zeigen in der Nähe nur kahle Berge.

Im 18. Jahrhundert beginnt die »große Holznot«, und mit Beginn des 19. Jahrhunderts fängt man an, den Wald zu begründen, der heute besteht. Allerdings, eine systematische Aufforstung finden wir erst gegen die Mitte des 19. Jahrhunderts, und nun wird ein »leistungsfähiger« Wald angelegt, also wenig Laubholz, aber Fichte und Kiefer, die rasche »Ernten« auf großen Flächen nach wirtschaftlichen Gesichtspunkten versprechen. Heute ist das Verhältnis von Laub- zu Nadelbäumen wie 30 : 70. Das ist kein »Wald«, sondern ein forstwirtschaftlicher Betrieb, den wir auf minderwertigen, seit Jahrhunderten ausgepowerten Böden sehen.

Da der Wald ein wichtiges Industriegut ist, wird er, sobald er angepflanzt ist, kritisch betrachtet. Ab 1810 finden sich also

Berichte über das »Tannensterben«. Ja, was hatte man denn erwartet? Baumplantagen, von unerfahrenen Tagelöhnern als Monokulturen auf miese Böden gesetzt, sollten gedeihen? Sollten natürlichem Waldwuchs gleichen? Sollten ohne Düngung und Pflege gar Geld und Reichtum bringen?

Eine umfangreiche Schilderung eines Tannensterbens in Mitteldeutschland besitzen wir für die Jahre 1890 bis 1905. Als Ursache werden Dürrejahre von 1858, 1886 bis 1894 und 1904 genannt (die Krankheitserscheinungen sind denen unserer Zeit entsprechend). Nun folgen weitere Berichte aus den Jahren 1908 und 1919. Die Nadeln fallen vorzeitig ab, die Gipfeltriebe wachsen nicht weiter und sterben langsam ab, die Tannen verlieren tiefergelegene Äste. 1924 heißt es, daß, abgesehen vom Weißtannensterben, selbst »im Herzen des Schwarzwaldes« *Krankheitserscheinungen* auftreten.

Ein Forstmeister berichtet (1924): »Von Sachsen muß ich, so leid mir das tut, sagen, daß die Tanne dort keine sterbende Holzart mehr ist, sie ist in Sachsen vielmehr beinahe schon ausgestorben.« Von einem Revier im Erzgebirge meint er: »Als ich im Jahre 1919 das Revier verließ, war kurze Zeit vorher die letzte dieser Tannen abgestorben.« Es handelte sich um Tannen, die in Brusthöhle etwa 1 m Durchmesser aufgewiesen hatten. Ein anderer Forstmann sagt: »Das unheimliche Gespenst des Tannensterbens hat die Tanne zur unzuverlässigsten der sämtlichen deutschen Holzarten gemacht.«

Ein »unheimliches Gespenst«? Im Jahre 1925 analysiert ein Fachmann die Situation und findet: Die Schäden, das Tannensterben, hängen weniger von den gesamten Niederschlagsmengen während der Kalenderjahre oder den Wachstumszeiten ab als *von Dürremonaten* in der Vegetationszeit von Mai bis September. Wenn während der regulären Wachstumsmonate weniger als 40 mm Regen fallen, dann gibt es ein Tannensterben. Das scheint einleuchtend, denn grob gesehen ist das Tannensterben ja ein Verdorren von Nadeln, Ästen und endlich den ganzen Bäumen.

Und noch etwas läßt sich erkennen: »... daß auf vielen Standorten der langfristige, großflächige Reinanbau der Fichte in Verbindung mit der Verjüngung über die Großkahlfläche zu gravierenden Veränderungen des Bodenzustandes geführt hat. Die daraus resultierenden Störungen des Wasserhaushaltes führten zu Rückwirkungen auf die *Wurzelsysteme,* die sich nur noch in den obersten Bodenschichten bzw. der Rohhumusauflage ausbilden konnten ... Die neuzeitlichen reinen Fichtenbestände sind im allgemeinen viel empfindlicher gegen die Sommerdürre als die früheren Mischbestände.«

Alles zusammengenommen: Ursache des Tannensterbens sind eine unnatürliche Aufforstung, Dürremonate und Bodenschäden.

48 Berichte über Tannensterben (von 1810 bis 1924) sind die Grundlagen dieser Analyse. Ein Dutzend weiterer großer Tannensterben-Jahresberichte sind seither gefolgt.

Viele ältere Forstleute halten die Dürre als Ursache des Tannensterbens noch immer für zutreffend, und wer einmal die dicke Schicht trockener gelbbrauner Nadeln in einer Fichtendickung betreten hat und sie dann mit dem feuchten, dunklen, von vielerlei Pflanzen überwachsenen Humus eines Laubwaldes vergleichen konnte, ist gewiß nicht abgeneigt, ihnen recht zu geben.

Doch es gibt noch viel mehr Baumkrankheiten als nur das Tannensterben.

Da ist einmal schon seit 1910 das »klassische« *Eichensterben* bekannt geworden. Die Bäume kränkelten, Kronenzweige vertrockneten. Die primären Ursachen waren Spätfrost, der Eichenmehltau, Fraßschäden durch den Eichenwickler und den Frostspanner. Eine heute fast vergessene Erscheinung.

Ein *Erlensterben* wurde ab 1901 beobachtet. Es ergab sich, daß ein ungeeignetes Saatgut die Ursache gewesen ist.

Das *Buchensterben* kennen die Fachleute seit den vierziger Jahren. Ursache war Sommerdürre. Ein »Hitzelaubfall« bei Buchen wurde bereits im trockenen Sommer des Jahres 1904 bemerkt. 1983, im »Jahrhundertsommer«, ließen die Buchen wieder grüne Blätter fallen, um sich gegen übermäßige Feuchtigkeitsverluste zu schützen.

Das *Ulmensterben* wird durch einen Pilz hervorgerufen, der im Saftsystem der Ulmen wächst und dort den Flüssigkeitstransport blockiert. Verbreitet wird diese Erkrankung durch den Ulmensplintkäfer.

Diese Aufzählung könnte weiter fortgesetzt werden. Doch es mag genügen zu wissen, daß Pflanzen ganz allgemein vielerlei Einflüssen ausgesetzt sind, die ihre Lebenszeit beschneiden. Ohne Zweifel benötigen sie auch saubere Luft, und in unserer Zeit der Umweltängste wird in der Abluft von Verkehr und Industrie eine Hauptursache des »Waldsterbens« gesehen. Neu ist das keineswegs. Schon seit den fünfziger Jahren unseres Jahrhunderts gibt es dazu umfassende Arbeiten, ja bereits 1850 wurde an der Forstakademie Tharandt/Sachsen ein besonderer Lehrstuhl errichtet, der speziell den Einfluß von Schwefeldioxid und Fluorwasserstoff auf den Waldbau zum Thema hatte.

Waldschäden nach Baumarten

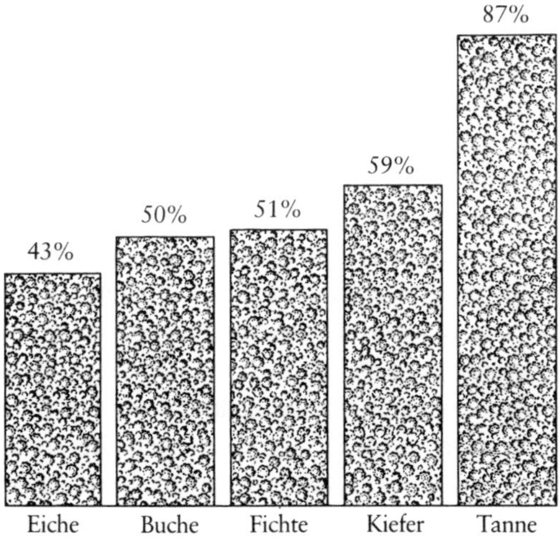

Waldschäden in der Bundesrepublik Deutschland nach Baumarten gegliedert 1985 (Quelle: Bundesministerium des Innern).

Es waren die Erzhütten, die die ersten großen Waldschäden hervorriefen. Mit Stäuben und Abgasen wurden viele Bereiche der Umgebung geschädigt, Waldflächen verschwanden.

Bevor wir nun auf einige schädliche Abgase näher eingehen, müssen fünf Bemerkungen gemacht werden:

1. Stets ist zu bedenken, daß es immer einen naturgegebenen Grundwert gibt, zu ihm kommen die Schadstoffmengen hinzu.
2. Böden, auch Waldböden, sind chemisch unterschiedlich zusammengesetzt. Es gibt Böden, die natürlicherweise bereits viele »Schadstoffe« enthalten, bei anderen mag sogar ein »Schadstoff«-Mangel vorhanden sein, eine vom Menschen ergänzte Menge den Pflanzen also sehr willkommen sein.
3. Auch die lebende Pflanze selbst enthält und bedarf vielerlei chemischer Stoffe, auch sogenannter »Schadstoffe«: Nadeln von Nadelbäumen enthalten normalerweise bereits 0,1 Prozent Schwefel in der Trockensubstanz, Kreuzblütler sogar bis 0,6 Prozent.
4. Es ist in der Wirkung ein großer Unterschied, ob der Schadstoff mit Feuchtigkeit, als Nebel etwa, die Pflanze erreicht oder als trockener, staubartiger Niederschlag.
5. Die Wirkung hängt auch davon ab, in welcher Vegetationsperiode die Pflanze vom Schadstoff betroffen wird.

Niemand wird leugnen, daß es sauren Regen durch Schwefeldioxid, Stickoxide, Chlorwasserstoff und Fluorwasserstoff gibt, aber die obengenannten fünf Faktoren müssen stets in alle Überlegungen miteinbezogen werden. Geschieht das nicht, so kann es zu falschen Lagebeurteilungen kommen.

Zuerst wurde das Schwefeldioxid als Ursache des sauren Regens und damit als Waldmörder und Fischvergifter in Teichen und Seen angeklagt. Vermutlich, weil es vom Ausschwefeln der Weinfässer eine vergleichsweise bekannte giftige Verbindung ist, und dann wohl auch, weil es beim Verbrennen von Kohle und Erdöl in besonders großen Mengen entsteht. Der chemische Nachweis ist ziemlich einfach, geringste Spuren lassen sich noch finden. Falsch war und blieb indessen, es würde zu Schwefelsäure. Schwefeldioxid kann mit Wasser nur Schweflige Säure bilden. Um Schwefelsäure zu erhalten, müßte das Schwefel*di*oxid erst zu Schwefel*tri*oxid weiteroxidiert werden, eine Reaktion, die in der freien Natur in nennenswerter Menge nicht möglich ist, auch nicht, wenn Ozon als Oxidationsmittel gedanklich zu Hilfe genommen wird.

$$SO_2 + H_2O \rightarrow H_2SO_3 = \text{Schweflige Säure}$$
$$SO_3 + H_2O \rightarrow H_2SO_4 = \text{Schwefelsäure}$$

So viel Ozon steht gar nicht zur Verfügung. Ozon bildet sich nur schwer und zerfällt dann wieder sehr rasch. Vielleicht haben Sie einmal eine kräftige Höhensonne® eingeschaltet und nach einiger Zeit einen seltsamen Geruch wahrgenommen; das war der Geruch von Ozon (griech.: *ozein* = riechen). Und als Sie das Gerät abschalteten, wie rasch ist da dieser Geruch verschwunden? Fast sofort? Eben, das Ozon war wieder weg, war ganz rasch wieder zerfallen.

Diskutiert wird, ob sich Sulfate, also die Salze der Schwefelsäure, nicht auch aus Schwefelwasserstoff (H_2S) oder gar organisch-chemischen Schwefel-Verbindungen bilden. Auch mag der Wind aus sprühender Meeresgischt Sulfate an Land tragen. Schließlich ist zu bedenken, ob nicht bei der Verwitterung von Böden (evtl. unter Mitwirkung von saurem Regen) relativ viel Sulfate entstehen, die wir dann in überraschenden Mengen nachweisen können. Hier wird jedenfalls noch viel Forschungsarbeit zu leisten sein, bis auch die quantitativen Verhältnisse deutlich werden.

Als nächster Waldvernichter wurden die Stickoxide angeklagt und die Autoabgase als größte Stickoxidquelle benannt. Wir haben die Stickoxide bereits auf Seite 70 erwähnt, nun müssen wir sie aber doch etwas näher betrachten, denn wir stehen ja vor der Frage, wie wir von den Stickoxiden zu den entsprechenden Säuren und somit zum sauren Regen kommen können.

Das und genau das wird gerne übersehen, denn die Chemie der Stickoxide ist nun einmal nicht so einfach. Zunächst ist das Wort

Stickoxide dem Chemiker ein Greuel, denn es gibt kein Element »Stick«, sondern nur den Stickstoff. Also müßte es richtig Stickstoffoxide heißen. Davon lernt der Chemiker bereits im ersten Semester sechs kennen. Wir wollen sie hier nicht alle näher betrachten, sondern nur aufzählen:

1. N_2O	3. N_2O_3	5. N_2O_5
2. N_2O_2	4. N_2O_4	6. N_2O_6
↓	↓	
zerfällt zu	zerfällt zu	
2 NO	2 NO_2	

Da haben wir alles in allem nun sogar bereits acht Oxide des Stickstoffes!

Zu unserem Glück geben nur N_2O_3, NO_2 und N_2O_5 mit Wasser ihre entsprechenden Säuren, und wenn wir dann noch genauer hinschauen, bleiben uns als wesentlich nur die Salpetersäure, HNO_3, eine starke Säure, die Salpetrige Säure*, HNO_2, die unbeständig ist, die Unter-salpetrige Säure*, HNO, die instabil und nur eine schwache Säure ist. Davon ist allein die Salpetersäure interessant, und die bildet als Salze die Nitrate, vorzügliche Düngemittel.

Wo stehen wir nun? Saurer Regen – es gibt ihn. Aber es folgt die Frage: Wie wirkt er auf den Wald und auf andere Pflanzen? Auf Wiesen, Äcker, Blumenanlagen offenbar nicht oder nur sehr gering – aber da ist der sterbende Wald: Wieso wird gerade der Wald vom sauren Regen vernichtet, wenn andere Pflanzen keinen Schaden nehmen? Zeigen sich beim Wald Langzeitwirkungen? Auch dann müßten jedenfalls die Schäden dort am größten sein, wo es auch die größten Mengen an Schwefeldioxid und Stickoxid in der Luft gibt, also nahe bei Kraftwerken und im Inneren der Städte. Das aber ist nicht der Fall. In unseren Städten grünen die Bäume. Das Waldsterben ist paradoxerweise dort besonders

---

* Wir benutzen hier die »alte« Nomenklatur, da sie Zusammenhänge erkennen läßt.

groß, wo sogenannte »Reinluft«-Gebiete sind, in Höhenlagen in der freien Natur!

Sollte der saure Regen wirklich die Ursache des Waldsterbens sein? Immer größer werden die Zweifel. Und warum sollte der Wald gerade jetzt daran sterben, da doch seit fünfzig Jahren der

Dieses Bild aus einer halbamtlichen Umweltveröffentlichung soll Schrekken erregen.
Über dem Wald regnet es:
NO_3^- (Nitrat) wertvoller Düngemittelbestandteil, führt dem Boden pflanzenverwertbaren Stickstoff zu.
NH_4^+ (Ammonium), ist mit dem NO_3 ein handelsüblicher Stickstoffdünger!
SO_4^{2-} (Sulfat-Ion) bringt dem Boden Schwefel, ein wichtiges Element für den Pflanzenwuchs; wird rasch (meist) zu Gips. Ammonium-Ionen geben mit Sulfat-Ionen Ammoniumsulfat, einen wertvollen und jahrzehntelang hochgeschätzten Kunstdünger.
H^+ (Säure-Rest, versauernd, wird als Säure-Rest sichtbar; pH) schädlich, wenn nicht vom Boden neutralisiert.

Regen in der Bundesrepublik nicht saurer geworden ist? Die Schwefeldioxidmengen in der Luft haben seit 1970 sogar abgenommen. Eines kommt noch hinzu: Nehmen wir an, Schwefeldioxid sei ein wesentlicher Faktor beim Waldsterben, so könnten wir in der Bundesrepublik nur wenig daran ändern, denn im Harz kommen nur 25 Prozent, im Bayerischen Wald 20 Prozent und im Südschwarzwald 27 Prozent des Schwefeldioxids aus der Bundesrepublik. Die größten Mengen kommen aus dem Ausland, sind also Importe.

Örtliche Wald- und Flurschäden gibt es, etwa durch Fluorverbindungen bei Aluminiumhütten. Hier kann und muß Abhilfe geschaffen werden, aber sonst ist wenig Hoffnung.

Und wenn es nun also nicht der saure Regen ist, der unseren Wald umbringt, und wir einmal vom Fehler der Monokultur, dem Unheil der Dürrejahre und den ungenügenden Böden absehen, wo bleibt dann der Schuldige zu suchen? Sind es bisher unbekannte Krankheitserreger, sind es Schwermetalle, sind es Radarstrahlen, sind es unbekannte Faktoren aus der Kerntechnik?

Wir müssen uns eingestehen, daß wir beim Waldanbau Fehler gemacht haben, aber eine eindeutige Zivilisationsschädigung, die zum großen Waldsterben führt und die wir eventuell abstellen könnten, die ist bislang nicht bekannt. Der Wald soll gerettet werden, aber selbst wenn ein Schuldiger für das Waldsterben gefunden wird, rettet das den Wald noch nicht. Wir müssen uns daher überlegen, wie wir dem Wald *helfen* wollen und können. Die Frage heißt also: Was ist uns der Wald wert, wieviel sind wir alle bereit, in eine Waldhilfe zu investieren? Jammern und nach Schuldigen, nach »Verursachern«, suchen, bringt dem Wald nichts! Das rettet nicht einer einzigen Tanne das Leben.

Entweder der Wald ist uns wirklich so viel wert wie das Geschrei, das um ihn gemacht wird – dann sollte ihm aber auch durch jeden von uns die gleiche Sorgfalt und gewissenhafte Betreuung zuteil werden, die ein Bauer seinen Feldern zuteil werden läßt. Ständige Fürsorge, Düngung, Schädlingsbekämpfung – all das kostet Geld. Wieviel also möchten jene aufwenden, die unseren künstlichen, gepflanzten Wald in gutem Zustand erhalten wollen? Unser Wald ist eine Art Naturpark und erfordert Pflege wie eine Parkanlage.

Doch wie sieht die Wirklichkeit aus? Allen Mahnungen und Bitten zum Trotz sehen viele in ihm eine Art kostenlose Mülldeponie. Leere Flaschen und Bierdosen, Autoreifen, Zeitschriftenbündel, Bauschutt, alter Straßenbelag, Betonschwellen, Gartenabfall, Glasbruch, das alles und vieles mehr findet man im Wald. Solange so mit dem Wald verfahren wird, besteht kaum Hoffnung auf eine Rettung.

Untersuchungen im Solling, einem unserer großen Waldreviere, haben gezeigt, daß der Wald dort überhaupt nur deshalb noch weiterwachsen kann, weil er seinen Nährstoffbedarf aus Luftverunreinigungen zu decken vermag. Mußte es so weit kommen?

Schon heute ist Waldwirtschaft kein Geschäft mehr. Die Erlöse aus dem Holzverkauf können beispielsweise selbst in der sparsamen Schweiz längst nicht mehr den Forstbetrieb finanzieren. Hier bringt der Kubikmeter Holz einen Verlust von 10,30 bis 14,00 Schweizer Franken, je nach Revier. In Osteuropa, wo bereits vor 30 Jahren das Waldsterben begann, sind 3 Millionen Hektar (1 Hektar = 10 000 m^2) Wald schwer geschädigt. Das Erzgebirge soll auf einer Länge von 100 km bei 15 km Breite in Höhen oberhalb 800 m »praktisch tot« sein. Für das Riesengebirge und den Sudetenbogen, ehemals ertragreiche Waldreviere, befürchtet man Schlimmes. Die Schuld daran schreiben viele den großen Kraftwerken zu, besonders jenen, die minderwertige Kohle verheizen, also viel Schwefeldioxid produzieren. Auch für die Wälder Südkanadas, die in den Rauchfahnen der nordamerikanischen Schwerindustrie liegen, besteht wenig Hoffnung. In der Bundesrepublik Deutschland gelten (1984) 560 000 Hektar Wald als »absolute Schadensflächen«. Da in der EG noch etwa ein Drittel der Agrarflächen (das heißt etwa 35 Millionen Hektar) mit Wäldern bedeckt sind, werden generelle Befürchtungen laut, sind doch in der Gemeinschaft 1,4 Millionen Arbeitnehmer in der Waldwirtschaft tätig.

Es darf keine Zeit mehr damit verloren werden, den Zustand der Wälder zu beklagen und noch jahrelang den verschiedensten Schadensquellen nachzujagen. Jetzt muß dem Wald geholfen werden, vom reinen Luxusartikel wieder zu einem finanziell gesunden Wirtschaftsfaktor zu werden. Es kann dabei beispielsweise nicht genügen, Wildgehege zu erhalten, vielmehr gilt es, den Wald wieder zu einem gesunden Ökosystem von Pflanzen und Tieren zu formen. Wie sinnlos es ist, länger relativ kleine Schadstoffmengen analytisch zu erfassen, zu bejammern und (politisch) zu diskutieren, zeigen zwei Zahlenwerte: Abgase bringen etwa 65 Millionen Tonnen Schwefel jährlich in die Atmosphäre, die Natur selbst aber setzt allein über Pflanzen und Tiere ähnliche, eventuell sogar erheblich größere Mengen frei; die neuesten Schätzwerte liegen zwischen 32 und 103 Millionen Tonnen! Ob und welche Schäden entstehen, ist also vordringlich stets eine Frage örtlicher Abgaskonzentrationen, das beweist dieser Zahlenvergleich eindeutig.

Wasser – Abwasser

Je mehr Menschen, Tiere und Pflanzen auf der Erde leben, desto mehr Material wird von ihnen umgesetzt, sei es aus schierer Lebensnotwendigkeit oder im Rahmen erhöhter »Lebensqualität«. Es gelangt damit zunehmend bisher brachliegende Substanz in die großen Kreisläufe, von denen wir einige ausführlicher betrachtet haben. Die von der Natur zur Verfügung gestellten Reservoire und Lagerstätten werden abgebaut, werden verbraucht und bilden schließlich, mehrfach umgesetzt, »Abfall«, der sich aufgrund seiner Eigenschaften in neuen Lagerstätten selektiert ansammelt.

Transportiert wird eine große Menge des »Lebensabfalls« mit dem Wasser. Je mehr Leben und Lebensqualität, desto unsauberer also Bäche, Flüsse, Teiche, Seen und schließlich auch das Meer. Nehmen wir nur ein Beispiel: die Diskussion um die Wasch-, Spül-

und Reinigungsmittel. Von diesen Substanzen gehen allein in der Bundesrepublik Deutschland Jahr um Jahr etwa 1,5 Millionen Tonnen weitgehend über die Kanalisation direkt ins Abwasser. Die waschaktiven Substanzen machen dabei nur etwa 10 bis 20 Prozent der Menge aus. Der Rest ist eine sorgsam abgestimmte Mischung von vielerlei Hilfsstoffen, zur Wasserenthärtung, zur Schaumregulierung, zur chemischen Umformung des Schmutzes (Oxidantien, Enzyme), zur Aufhellung von Gewebefasern usw. Spezialwaschmittel sind geradezu künstlerische Kompositionen, um dem Waschgut nicht nur Sauberkeit, sondern auch Duft und Griff zu verleihen.

Als vor Jahren die waschaktiven schäumenden Inhaltsstoffe Flüsse und Kanäle mit weißen Schaumwolken überdeckten, erregte das Mißfallen. Gut, es wurden waschaktive Substanzen entwikkelt, die biologisch (von Mikroorganismen) leicht abbaubar (freßbar) waren, der Schaum verschwand, doch die übrigen Waschmittelkomponenten blieben. Dann ergab sich, daß an der »Überdüngung der Gewässer« mit Phosphaten nicht nur die Landwirtschaft schuld hatte, sondern auch der zur Wasserenthärtung dienende Phosphatgehalt der Waschmittel sein Scherflein dazu beitrug. Den Bauern den (subventionierten) Dünger zu beschneiden – in der DDR ist nur eine begrenzte Düngung in Ufernähe von Seen und Flüssen erlaubt –, das wagte niemand. Es zeichnen sich indessen Möglichkeiten ab, den bereits verringerten Phosphatgehalt der Waschmittel weiter zu reduzieren.

Alles das wird nichts daran ändern, daß wie eh und je – und zur Zeit von Schmierseife, Soda und Seifenflocken war es sogar noch übler – große Mengen Waschmittel mitsamt den von ihnen gelösten Schmutzmengen in die Flüsse gehen. Jedoch, und hier zeigt sich ein Zeichen der Zeit, wird weiter gefordert, daß diese und andere Fremdstoffe rasch abgebaut werden. Das aber heißt, generell gesehen, die besprochenen Kreisläufe sollen rascher ablaufen, also die Kreisläufe müssen kürzer werden. Mit anderen Worten: Wir sind daran interessiert, der Natur möglichst rasch wiederzugeben, was wir von ihr entliehen haben!

Rechtlich gesehen gehört das Wasser zu den Lebensmitteln. Damit hat es seinen Kontakt zu alten mythologischen und religiösen Vorstellungen – lebenspendende Quellen, Flußgottheiten und Nymphen, Weihwasser – verloren. Es ist Gegenstand ungezählter Rechtsvorschriften geworden, wird bewirtschaftet, überwacht und chemisch analysiert. Wassermangel ist nicht neu. In Ostfriesland, wo es keine Quellen gab und mooriges Wasser bestenfalls für den Tee brauchbar war, wurde das Regenwasser in Zisternen gesammelt; es war ein Behelf.

Heute verbraucht nach der Statistik jeder Bürger der Bundesrepublik täglich rund 150 Liter – eine Badewanne voll. Davon werden nur zwei bis drei Liter zum Trinken und Kochen verwendet, die Hauptmenge dient zur Körperpflege, Baden, Wäschewaschen und Hausputz, als Gießwasser für den Garten und zur Toilettenspülung. Woher kommt dieses Wasser? 62 Prozent sind Grundwasser, 10 Prozent Quellwasser und 28 Prozent Oberflächenwasser. Gelegentlich ist Quellwasser so rein, daß es direkt verwendet werden kann. Das Grundwasser und besonders das Oberflächenwasser – aus Talsperren oder als Sickerwasser neben Flüssen gewonnen – bedarf in der Regel einer Aufbereitung. Es gilt also, im Wasser gelöste Stoffe wie Eisen, Mangan oder Kalk aus dem Wasser zu entfernen, biologische Verunreinigungen zu beseitigen und vor allem jene Stoffe abzuscheiden, die durch Haushalte und Industrie als Abwasserreste in Grundwasser und Oberflächenwasser eindringen. Wasserverbraucher am Unterlauf großer Ströme erhalten zwangsweise Wasser, das vorher schon benutzt wurde. Trotz aller Bemühungen der Klärwerke und Wasserwerke bleibt oft nur noch eine chemische Behandlung, um solches Wasser keimfrei zu machen, sei es durch Chloren, Ozonbehandlung oder Ultraviolettbestrahlung.

Verschämt wird oft noch von »Wasser*gewinnung*« gesprochen, in Wirklichkeit handelt es sich um Trinkwasserherstellung, genaugenommen um einen Zweig der chemischen Industrie. Machen wir uns doch noch einen Augenblick deutlich, was alles ins Wasser geht:

- Der Regen bringt Gase und Staub ins Wasser.
- Die Erosion der Böden bringt Ackerland und Mineralien.
- Mit häuslichem Abwasser strömt eine Fülle verschiedenster Chemikalien, nicht nur Waschmittel, sondern ebenso Reste jeder Art Abfall, in das Wasser, soweit es die Kläranlagen nicht bewältigen.
- Die Landwirtschaft liefert nicht nur Düngemittel- und Pestizidreste, sondern auch Tierkot.
- Vom Verkehr kommen Straßenabrieb, abgefahrener Kautschuk, Reste von Bremsbelägen, Auspuffstoffe usw.
- Industrie und Gewerbebetriebe geben weitere Stoffe hinzu, soweit das gesetzlich erlaubt ist.
- Kraftwerke haben zwar, schon aus Gründen der Rentabilität, Kühltürme, doch erwärmen sie letztlich so manches Gewässer.
- Schließlich sind Gewässer ja der Lebensraum nicht nur von Fischen und anderem Getier, sondern auch von Pflanzen, Algen und vielerlei Mikroorganismen, ihre Stoffwechsel- und Zersetzungsprodukte bleiben auch im Wasser.

Um aus einer solchen Lösung wieder trinkbares Wasser herzustellen, bedarf es schon komplizierter Techniken! Teetrinker werden mit solchem Wasser selten zufrieden sein, und es ist kein Wunder, sie gelegentlich zu sehen, wenn sie sich einen Kanister Wasser an einer Waldquelle holen. Andere Leute sind längst dazu übergegangen, kistenweise Mineralwasser zu kaufen, und einige loben heute französisches Mineralwasser so hoch wie ehedem die Weine Frankreichs.

Der Rhein, die bundesdeutsche Abflußrinne

Niemand von uns kennt jenen Rhein, in dem sich Burgen gespiegelt haben, mit verträumten Städtchen an seinen Ufern, sagen- und märchenumwoben. Was wir heute vor uns sehen, ist ein großer offener Abwasserkanal, eingeschnürt von Eisenbahn und

Schnellstraßen, sind laute Touristenströme und Rheinweinseligkeit. Begonnen hat alles mit Dichterliedern, Nationalgesängen – jedenfalls mit viel Romantik. Dann kamen Rheinregulierungen. Viele Rheinwindungen, Inseln und tote Rheinarme verschwanden, der Rhein wurde begradigt, sein Flußbett vertieft, störende Felsen gesprengt, kurz, der Rhein wurde zu einer Wasserstraße. Schon Ende der zwanziger Jahre des vorigen Jahrhunderts fand die badische Rheinkorrektur unter der Leitung von Johann Gottfried Tulla statt. Es hat also keinen Sinn mehr, heute darüber zu jammern, daß längs des Rheines neue Industrien, neue Städte, Häfen und andere Verkehrsanlagen entstanden sind. Das alles wurde vor mehr als 150 Jahren entschieden, war beabsichtigt, wurde erhofft! Wir beklagen nun die Abwässer, Ölverschmutzungen und den Verlust der Rheinromantik. Aber sollten wir nicht eher stolz darauf sein, wie erfolgreich die Planung gewesen ist, wie Wirtschaft und Wohlstand gewachsen sind? Hätten wir die Industrie zwischen Basel und Düsseldorf nicht – wie viele Arbeitsplätze würden heute fehlen? Der Ruf »Zurück zur Natur!« ist hier längst verspätet. Wasser ist für unsere Generation nicht mehr nur ein Lebensmittel, es ist ein Wirtschaftsfaktor. Einige Zahlen mögen das eindringlich zeigen.

Es werden benötigt zur Herstellung von

1 Liter Bier	20 Liter	Wasser
1 Bierdose	40 Liter	Wasser
1 kg Stahl	25–200 Liter	Wasser
1 kg Feinpapier	400–1000 Liter	Wasser
1 Personenauto	bis 380 000 Liter	Wasser

Und da kann der Rhein kaum anders aussehen, als er ist.

Zu Beginn der sechziger Jahre wurde ein Vorschlag gemacht, der im ersten Augenblick bestechend aussah. Warum sollte man nicht eine große Kanalisation längs des Rheintales anlegen und alle Abwässer in Rohren aus Betonschleuderguß bis tief in die Nordsee führen? Dann bliebe der Rhein sauber. Heute haben wir nicht nur Angst, daß dann auch noch die Nordsee verdreckt und ihr Biotop zerstört wird, es läßt sich auch abschätzen, daß wir uns das gar nicht leisten können. Es gibt gar nicht so viel Wasser! Wir sind darauf angewiesen, gebrauchtes Wasser in Kläranlagen zu reinigen, bevor wir es in die Flüsse geben, um es anderenorts neu zu gewinnen, aufzubreiten und wieder zu verwerten. Wasser läuft bei uns längst im Recycling-Verfahren! Einige Zahlen mögen das belegen. Wenn das Rheinwasser ständig vermehrt mit Abfällen belastet würde, müßten die Mengen ununterbrochen zunehmen, das aber ist keineswegs der Fall. In der folgenden Übersicht stimmt das nur bei Zink (Werte in mg/kg).

	Zink	Kupfer	Chrom	Quecksilber	Cadmium
Basel	300	70	300	0,8	7
Mannheim	350	120	120	1,0	5
Wiesbaden	600	250	200	3,5	6
Düsseldorf	1300	300	400	2,5	25
Emmerich	2000	250	400	2,5	14

Die Zahlenwerte sind in dieser Form Anhaltswerte; denn es ist nicht bekannt, ob der Rhein Hochwasser führte oder Niedrigwasser war, ob und welche Zuflüsse nahe der Stelle, an der die Wasserprobe genommen wurde, die Salzkonzentrationen verfälschten. Doch von allen solchen Faktoren abgesehen, machen sie eben deutlich, daß Salzgehalte im Verlauf eines Stromes unterschiedlich sein können, daß die Verschmutzung eines Flusses wechseln kann.

Die Zahlenwerte haben aber auch eine trübe wirtschaftliche Bedeutung. Alle genannten Metalle sind ja nicht gerade billig. Die Industrie, die sie eingekauft und bezahlt hat, wäre glücklich, wenn sie nicht ins Abwasser (oder in den Müll) gehen müßten. Da klagen wir zum Beispiel – mit Recht – über die Verschmutzung der Elbe. Aber sie bringt jedes Jahr aus der DDR 3000 Tonnen

Eine moderne Kläranlage ist eine chemische Fabrik zur Herstellung sauberen Wassers.
Das Bild zeigt die Abwasserreinigungsanlage der BASF, Ludwigshafen, für rund 200 Millionen DM gebaut. Geklärt wird hier das Abwasser des Unternehmens und einiger benachbarter Gemeinden. Die Jahresbetriebskosten betragen 160 Millionen DM. Das Endprodukt sind 700 000 m^3 sauberes Wasser täglich.

Zink, je 500 Tonnen Nickel, Chrom und Kupfer sowie 25 Tonnen Cadmium mit. Leider gibt es noch kein rentables Verfahren, dieses Vermögen an Metallen zurückzugewinnen.

Von vornherein wertlos sind und bleiben die oft sehr hohen Gehalte der Flüsse an Natriumchlorid (Kochsalz) und verwandten einfachen Verbindungen. Der hohe Salzgehalt des Rheins, der aus dem Abfall der elsässischen Kaligruben stammt, wird von den Anliegerländern seit Jahrzehnten bejammert und in immer neuen Konferenzen diskutiert, ohne daß Abhilfe gefunden wird.

Zurückgegangen sind die Mengen an organischen Verunreinigungen des Rheins wie Phenolen, Ölen und anderen Abfällen von Schiffahrt, Industrie und Gemeinden. Mitte der sechziger Jahre roch der Rhein noch nach allerlei Chemikalien, trieben auf ihm Schaumberge, gab es häufig ein Fischsterben. Das ist vorbei. Der chemische Nachweis der Stoffe war damals noch schwierig, und die Herkunft solcher Substanzen war auch nicht leicht nachzuweisen. Heute gibt es auf dem Rhein eine ausreichende Überwachung aller eventuellen Verschmutzer. Was geblieben ist, ist ein Grundproblem, das der deutsche analytische Chemiker Günther Tölg 1975 so umschrieb: »Immer wenn im Spannungsfeld zwischen Gesetzgeber und Schadstoffemittenten fixierte Toleranzgrenzen überschritten werden, entscheiden Analysendaten über die Rechtslage. Somit erhebt sich die prinzipielle Frage: Wie verläßlich sind überhaupt analytische Informationen?

Nichtfachleute bauen auf sie, die Analytiker dagegen haben längst erkannt, daß ihr Image, exakt zu sein, nicht mehr zutrifft, wenn z. B. in umweltrelevanten Matrices nur geringe Spurengehalte an Schadstoffen zur Diskussion stehen. Zahlreiche Ringuntersuchungen ... lehren uns, daß die Ergebnisse der einzelnen Laboratorien trotz guter Reproduzierbarkeit weit ab vom wahren Gehalt liegen können. Diese recht deprimierende Entdeckung der jüngsten Zeit ist aber noch das kleinere Übel gegenüber der Unsicherheit, ob diese mehr oder weniger zuverlässig bestimmten Gehalte an Schadstoffen auch tatsächlich die ihnen zugeschriebenen Wirkungen hervorrufen.«

Schadstoffkrankheiten

Ja, wie wirksam, wie gefährlich sind Schadstoffe? Diese Frage wächst sich zu einem ganz neuen Wissenschaftszweig aus. Hier und dort genügt unser Wissen aus den Fächern Gewerbehygiene und Toxikologie gewiß noch nicht. Es geht eben in Wahrheit gar nicht so sehr um die Frage, wie groß der Betrag an dieser oder jener Verunreinigung ist, sondern wieviel wird wirksam? Das ist, wie wir bereits sahen, nur ein Teilbetrag, doch das kann keine Beruhigung bedeuten, wenn über die spezifische Wirksamkeit wenig bekannt ist. Nehmen wir als Beispiel hier das Aluminium.

Über die Gefahren einer ganzen Reihe von Verbindungen des Aluminiums wissen wir recht gut Bescheid, und wer mit Aluminium arbeitet, weiß, daß Aluminiumstaub explodieren kann und daß Wunden, bei denen Aluminium in die Haut eingedrungen ist, sehr schwer heilen. Wie aber ist es, wenn Trinkwasser erhöhte Mengen Aluminium enthält, etwa Aluminium, das saurer Regen aus Bodenmineralien freigesetzt hat? Sind chronische Aluminiumerkrankungen zu erwarten, und wie sehen sie aus? In kanadischen Seen wurden bereits Mengen nachgewiesen, die das Drei- bis Vierfache der Toxizitätsgrenze für Fische betragen. Nun, ob die Fische wirklich sterben, scheint davon abzuhängen, ob reichlich Calcium im Wasser ist. Wie das miteinander zusammenhängt, ist noch nicht bekannt, jedenfalls scheint das Aluminium stärker giftig zu wirken, wenn es dem Wasser an Calcium mangelt.

Für den Menschen galt Aluminium lange als ungiftig, doch im Jahre 1970 fiel etwas auf: Einige Nierenkranke, die sich über viele Jahre eines Dialysegeräts bedienen mußten, begannen unkontrolliert zu sprechen, entwickelten Wahnvorstellungen, hatten Krämpfe und starben. Bei anderen wurden die Knochen brüchig und schmerzten. Im Hirn, in Muskeln und im Knochengewebe fanden sich hohe Aluminiumkonzentrationen! Die Erkrankungen traten bevorzugt dort auf, wo in den Dialysezentren Wasser mit erhöhtem Aluminiumgehalt war.

Heute scheint es, daß nicht nur die »Dialyse-Enzephalopathie« durch Aluminium verursacht wird, sondern auch die entsetzliche Alzheimersche Krankheit, bei der der Patient körperlich und geistig ganz langsam verlischt, sowie die Parkinsonsche Krankheit, ja vielleicht auch eine Altersgeistesschwäche mit der Anwesenheit von Aluminium im Körper in Zusammenhang stehen.

Ungenügend ist auch unser Wissen darüber, ob, wie weit und auf welchen Wegen saure Gase (Schweflige Säure und Salpetrige Säure) die menschliche Gesundheit angreifen. Dazu müßte ihr Einfluß von sauren Stäuben und anderen Schadstoffen in der Luft abgegrenzt werden können, was nicht einfach sein wird. Was als erwiesen angesehen wird, ist, daß der saure Regen bisher wohl keine wesentlichen Hautschäden hervorgerufen hat.

Unumstritten scheint es, daß Leitungswasser, vom sauren Regen saurer geworden, auch aus Wasserrohren mehr Metalle herauslösen kann, als wir es gewohnt sind, und eventuell schädliche Metalle im Trinkwasser nicht von außen stammen müssen. Es wird daher angeraten, frühmorgens die ersten Liter Leitungswasser nicht zu benutzen, sondern abfließen zu lassen, denn dieses Wasser hat ja, während der Nacht im Leitungssystem stehend, ein Maximum an Fremdstoffen aus den Rohren lösen können.

Verursacht Asbest Krebs?

Gibt es weitere Krankheiten, die eventuell als »Umweltkrankheiten« rubriziert werden müssen? Krankheiten also, die nicht »Berufskrankheiten« sind oder auf Unfälle zurückgehen, sondern auf Umweltveränderungen (aus welchen Gründen auch immer)? Der wohl erste Fall stammt aus dem Jahre 1898. Damals behandelte ein Londoner Arzt einen Arbeiter aus einer Asbest verarbeitenden Fabrik. Der Mann war kurzatmig, leidend – und ein Jahr später starb er. Die Sektion ergab, daß seine Lunge schwer geschädigt war. Sieben Jahre danach wurde der Arzt befragt, ob Asbest auf die Liste jener Stoffe gesetzt werden sollte, für deren Schädigungen zu bezahlen sei. Der Arzt verneinte die Frage in gutem Glauben, wenn die Gefährlichkeit von Asbest bekannt sei, wäre doch alles in Ordnung.

1935 berichtete ein Arzt, ein Pathologe der Universität von South Carolina/USA, über einen seltsamen Fall: Der Patient hatte eine »Asbestose«, war also ähnlich krank gewesen wie ein Steinstaubarbeiter mit »Silicose«, und hatte gleichzeitig einen Lungenkrebs gehabt. Ein seltener Zufall? Lungenkrebs war damals noch eine sehr seltene Erkrankung.

Doch in den folgenden Jahren vermehrte sich das Krankheitsbild. Im Januar 1963 wurden in New York 1117 Personen untersucht, die mit Asbest arbeiteten. 725 von ihnen waren, soweit Röntgenaufnahmen der Lunge das erkennen ließen, weitgehend ohne Befund; sie alle waren weniger als 20 Jahre in Kontakt mit Asbest. Aber was war nach der 20-Jahre-Frist? Anstatt der statistisch erwarteten 32 Krebsfälle waren 95 eingetreten, statt 6 Lungenkrebsen waren es 42!

Weitere und umfassendere Untersuchungen haben die Regel ergeben: 20 Jahre bleibt der Asbestarbeiter meist ohne Erkrankung, gibt es jedenfalls kaum Todesfälle. Zwei Drittel von ihnen sterben vor dem 65. Lebensjahr. Das klingt seltsam, aber wie ist es mit dem Krebs durch Zigarettenrauchen? Auch hier verstreichen eventuell Jahrzehnte, bis der Krebs zuschlägt.

Inzwischen wissen wir von Asbestfällen, die schier unglaublich klingen:

Da ist ein Pilot, also scheinbar kerngesund. Aber 1937, als Student, hat er sechs Wochen in einer Asbest verarbeitenden Fabrik gejobbt. 40 Jahre später stirbt er am spezifischen Asbestlungenkrebs, einem Mesotheliom. Die Asbestfasern sind in seiner Lunge noch sichtbar!

Aus Südafrika, Johannesburg, wurden im Jahre 1960 47 Krebsfälle gemeldet. 45 der Toten hatten als Kinder an einer Straße gespielt, die von Lastwagen mit Asbest befahren war.

Neun Asbestkrebs-Todesfälle wurden um die gleiche Zeit in London entdeckt, bei denen die Erkrankung darauf zurückging, daß der Vater in einem Asbestbetrieb gearbeitet hatte und mit seiner Arbeitskleidung zwangsläufig Asbestfasern in den Haushalt eingeschleppt hatte.

Eine 35 Jahre alte Frau stirbt, weil ihr Vater im Schiffsdock mit Asbest gearbeitet hat und ihre Mutter abends im Hause seine Arbeitskleidung ausgeschüttelt hat (Vater und Mutter waren bereits an Krebs gestorben).

Die Liste ließe sich weiterführen. Statt dessen die Frage: Was ist überhaupt Asbest? Asbest ist eine Gruppe faseriger Minerale, die unter anderem Eisen, Magnesium und Aluminium enthalten und zu den Silicaten gehören. Große Vorkommen sind in Kanada, der UdSSR, in Südrhodesien, im Süden der USA, in Finnland und Westaustralien vorhanden. Asbest vereinigt in sich einige Eigenschaften, die es zu einem technisch kaum ersetzbaren Material machen: temperaturbeständig, geschmeidig, verspinnbar, gutes Isoliervermögen und feuerbeständig. Ungezählte Millionen Tonnen Asbest sind bergmännisch abgebaut und verarbeitet worden und wurden zu feuerfester Kleidung, Säureschutzkleidung, Elektroisolierungen, Filter- und Preßtüchern der Lebensmittel- und der chemischen Industrie, Asbestdichtungsschnüren oder Bremsbelägen, Asbestpappen und Asbestpapier. Der größte Asbestverarbeiter war die Asbestzement-Warenindustrie, die Platten, Rohre und Behälter aus Asbestzement in aller Welt anbot.

Historisch gesehen, ist die Verwendung von Asbest alt. Plinius weiß schon zu berichten, daß bei Feuerbestattungen in Rom wohlhabende Leute in Asbesttüchern verbrannt wurden, weil dann die Holzasche von den Leichenresten gut zu trennen war. Von Karl V. wird erzählt, er habe bei festlichen Anlässen seinen Gästen damit imponiert, daß er nach dem Mahl die benutzten (Asbest-)Tischtücher ins Feuer warf und sie später rein und weiß wieder aus den Flammen gezogen habe.

Um es kurz zu machen: Asbest ist längst zu einem Umweltschadstoff geworden, der überall vorhanden ist. Indessen dürfen wir uns etwas trösten: Nur Asbestfaserbruchstücke bestimmter Länge, etwa 5 bis 100 tausendstel Millimeter lang, scheinen besonders gefährlich zu sein. Andererseits sind so kleine Teilchen nur schwer nachzuweisen oder gar der Konzentration nach in Luft, Wasser und Getränken zu bestimmen.

Besteht Gefahr, und in welchem Ausmaß? In England, wo die Asbestverwendung schon viel früher als in der Bundesrepublik verboten worden ist, ist eine Art Hysterie ausgebrochen. Was ist mit jenen Arbeitern, die Asbestzementplatten, etwa beim Bau, zerschnitten haben und den Staub einatmeten? Was ist mit jenen, die ihr Trinkwasser durch Asbestzementrohre beziehen? Werden nicht auch schon andere Krebserkrankungen, so des Verdauungstraktes, auf Asbest zurückgeführt? Wird aus Asbestzement-Wasserbehältern nicht langsam Zement herausgelöst, und werden damit nicht Asbestfasern freigesetzt, die, mit dem Wasser getrunken, Krebs hervorrufen?

Also weg mit den Asbestzementrohren, -platten, -behältern und -dächern! Doch nun erhebt sich schon das Gegengeschrei: Wie stellt ihr euch das vor? Den ganzen Asbestzement herausreißen – was gibt das an neuer Umwelt-Asbestverunreinigung? Das wäre ja eine tödliche Bedrohung! Wohin soll gar der Abfallasbest, wie und wo sollte man ihn lagern?

Panik! Da helfen auch beruhigende Stimmen wenig, die meinen, es sei gefährlicher, mit einem Raucher im Zimmer zu sitzen als in einem Haus mit Asbestteilen zu wohnen.

Jedenfalls ist unsere Welt, die kleine Erde, seit Jahrzehnten mit Asbest verseucht. Ein echter Umweltschaden mit Krebs als Umweltkrankheit?

Bedenken wir an dieser Stelle noch einen generellen Gesichtspunkt: Niemand ist nur *einer* Umweltschädigung ausgesetzt, es kommen stets mehrere ungünstige Einflüsse zusammen, etwa Tabakrauch und Asbest. Der US-Asbest-Spezialist I. J. Selikoff hat die folgenden Ergebnisse aus einer Untersuchung an 17 800 Mitgliedern der US-Asbestarbeiter-Gewerkschaft erhalten:

Raucher	Asbestarbeiter	Krebsgefährdung
nein	nein	11
nein	ja	58
ja	nein	122
ja	ja	601

Die 1984 mitgeteilten Zahlen sind auf 100 000 Personen und den Zeitraum eines Jahres berechnet. Wie immer man sie bewerten mag, sie geben zu denken.

In Großbritannien rechnet man zur Zeit mit 500 Asbestkrebstoten im Jahr, besonders deshalb, weil während des Zweiten Weltkrieges viel Asbest in Gasmaskenfilter verarbeitet worden ist.

Weder Tabakrauch noch Asbestfasern bestehen ewig. Die Natur wird mit allem fertig, baut ab, so wie sie auch ständig wieder aufbaut. Das gilt, wie wir wissen, nicht nur für die unbelebten Naturbestandteile, sondern ebenso für das Leben, die Lebewesen, und so sei die Frage erlaubt, weshalb uns eine Tabelle wie die von Selikoff so betroffen macht?

Unfälle im Fahrzeugverkehr nehmen wir hin, weil wir eine fremde Person als Schuldigen sehen.

Katastrophen wie Erdbeben oder Überschwemmungen berühren uns wenig, weil wir sie unter »höhere Gewalt« abbuchen.

Bei Ereignissen, die sich als Umweltübel herausstellen, ist es aber anders. Hier müßten wir uns selbst anklagen! Das paßt uns nicht. Schon das Eingeständnis, dies oder jenes nicht vorher gewußt zu haben, empfinden wir als unangenehm, siehe Asbest. Wenn wir aber gar zugeben sollen, selber am Geschehen Anteil zu haben, die Umwelt aus Trägheit oder Nachlässigkeit verschludert zu haben, dann beginnen wir zu suchen, ob sich die Schuld daran nicht doch jemand anderem anlasten läßt, etwa »der Regierung« oder »der Industrie« oder »den Zeitumständen«. Ein weiterer Gesichtspunkt kommt hinzu. Mit Unfällen und Naturkatastrophen leben wir seit Jahrtausenden, selbst den »Unfall« Krieg sind wir gewohnt und kennen die Folgen. Mit den »Umweltkatastrophen« aber machen wir erst seit neuerer Zeit Bekanntschaft. Also ist uns das Geschehen unheimlich, es kommt zu Überreaktionen. Daß wir oft nicht genug Grundkenntnisse haben, uns auf technisch-wissenschaftlichem Gebiet bewegen müßten, macht die Angelegenheit empfindungsgemäß noch schlimmer und also das Geschrei darum noch lauter. Wir sehen uns in einer Zwickmühle, sehen die Schäden, möchten aber um alles in der Welt unser Verhalten nicht ändern, schleppen also zum Beispiel weiter Müll in den Wald.

Pestizide sind unverzichtbar

Im Jahre 1962 erschien in den USA ein Buch mit dem Titel »Silent Spring« (Stummer Frühling). Es warnte vor Umweltverschmutzung, insbesondere auch vor chemischen Schädlingsbekämpfungsmitteln, und bereits der Buchtitel deutete an, daß wohl alle Vögel sterben würden, kein Vogelgesang mehr einen Frühling ankündigen werde, wenn hier kein Wandel einträte. Das Buch fand ein interessiertes und gutgläubiges Publikum und wurde ein Bestseller. Heute kann jeder von uns hören und sehen, daß die Voraussagen der Verfasserin falsch gewesen sind. Die Frühlinge sind so schön wie eh und je, und die Vögel singen wie in alter Zeit. Gewiß, wir sind umweltbewußter geworden, haben uns bemüht, hinzuzulernen und einige grobe Fehler in unserem Verhalten zu vermeiden, haben uns wieder an den »Naturschutz« erinnert. Danach, wie viele Berge kahlgeschlagen, wie viele Wälder abgeholzt worden sind, um daraus das Papier für die Diskussion um den »Silent Spring« zu gewinnen, wollen wir aber lieber nicht fragen. Allein mit dem für die Papierherstellung benötigten Wasser – für eine Tonne Druckpapier benötigt man etwa 600 Tonnen Wasser – hätte sich gewiß ein kleiner See füllen lassen. Düstere Zukunftsprognosen sind eben stets aufregend, seltener förderlich, meist werden sie widerlegt.

So wirkt ein Unkrautbekämpfungsmittel nach sachgemäßer Anwendung beim Haferanbau.
Links: behandelt, reiner Hafer; *rechts:* unbehandelt, ein Unkrautgemisch mit Hafer. Dabei nehmen die Unkräuter dem Hafer nicht nur Nährstoffe aus dem Boden weg, sondern verbrauchen auch Bodenfeuchtigkeit, ja sie nehmen dem Hafer auch Sonnenlicht. Nicht genug damit, sobald der Hafer geerntet ist, werden die gedroschenen Körner auch Unkrautsamen und andere Verunreinigungen des Unkrauts enthalten. (Verwendet wurde »Basagren«, ein Herbizid-Mischprodukt der BASF.)

Wo stehen wir heute? Wenn wir von Pestiziden reden, so fällt uns an erster Stelle das DDT ein, das nur eines der chlorhaltigen Insektizide war, die heute in Verruf stehen. Das DDT war preiswert und wirksam. Ohne Zweifel hat es während und nach dem Zweiten Weltkrieg viele Menschenleben gerettet, indem es die Ausbreitung von Seuchen verhinderte. Hunderttausende von Menschen hat es vor Malaria bewahrt, solange es verwendet werden durfte; heute ist die Malaria wieder im Kommen. Nicht ein einziger Mensch auf der Welt ist dagegen bisher durch DDT-Anwendung gestorben. Es war ein Mißgriff, es zu verbieten, und in Indien ist es daher wieder in Produktion.

Generell aber geht es heute um eine ganz andere Fragestellung. Wir kämpfen mit chemischen Mitteln darum, uns unsere Ernährungsbasis zu erhalten. Fleißiger Ackerbau und künstliche Düngung genügen nicht, wenn Unkräuter den Nutzpflanzen den Lebensraum streitig machen und Schädlingstiere die Erntemenge verringern, später gar die geernteten Vorräte wegfressen oder für den menschlichen Verzehr unbrauchbar machen. Uns bleibt nur das, was uns die Insektenwelt übrig läßt – so wurde die Situation schon trefflich beschrieben. Wir, die Menschen, sind auch ein Faktor im Ökosystem, und es ist nur recht und billig, wenn wir ebenso wie die mit uns konkurrierenden Lebewesen versuchen, soviel wie möglich zu bekommen!

Die Anstrengungen für unsere Ernährung sind enorm. Trotzdem reichen unsere Ernten – weltweit gesehen – nicht aus. Um die Ernteleistungen zu verbessern, gibt es eine Reihe von grundsätzlichen Maßnahmen:

- Änderung der Agrarstruktur, also etwa Vermeidung von Monokulturen,
- verbesserte Bodenbearbeitung,
- zusätzliche Bewässerungssysteme schaffen,
- Mechanisierung der Betriebe,
- Pflanzenzuchtfortschritte ausnutzen,
- Anwendung von Pflanzenhormonen und -wuchsstoffen,
- Pflanzenschutz, chemisch.

Agrarstrukturen ändern zu wollen ist ein mühsames Geschäft, denn bäuerliche Kleinbetriebe beruhen auf Geschlechtertraditionen.

Verbesserungen bei der Bodenbearbeitung lassen sich ebenfalls nur schwer durchsetzen, denn noch gilt zum Beispiel der Aberglaube, daß je tiefer gepflügt wird, desto mehr wertvoller Boden verfügbar sei. Dabei ist es mancherorts durchaus fraglich, ob nicht durch gewohntes Pflügen der Bodenerosion leichtsinnig Vorschub geleistet wird und überdies die Mikrostrukturen und die Mikrolebewesen im Boden nachhaltig geschädigt werden.

Wenn die Wüsten weiter nach Norden vordringen, wird auch die Bewässerungstechnik neuer Überlegungen bedürfen. Wenn es in Israel gelungen ist, Wüstenflächen wieder in grüne Gartenflächen zu verwandeln, so deshalb, weil dort nicht die Wüsten bewässert werden, sondern jeweils nur die Wurzelballen der betreffenden Pflanzen. Die Kunststoff-Rohrleitungsanlagen, die,

Einzelpflanzenbewässerung über Polyethylen-Leitungen in Jerusalem (Foto: F. L. Boschke).

zur günstigsten Tageszeit, jeweils die einzelnen Pflanzen tropfend bewässern, sind beeindruckend. In letzter Vollkommenheit werden durch das Rohrleitungssystem den Pflanzen auch noch Düngemittel und Wuchsstoffe dosiert zugeführt.

Erstaunlich sind die neuen Methoden der Pflanzenzüchtung. Ehedem war die Kreuzung von Pflanzenarten das Mittel der Wahl, etwa um frostbeständige Getreidesorten zu erhalten. Bis Saatgut zur Verfügung stand, dauerte es Jahre. Heute bedarf es nur einer einzigen Pflanze, die etwa durch natürliche Mutation entstand, um sogleich 100 000 Exemplare der gleichen Sorte zu erhalten: Jede einzelne Pflanzenzelle enthält das gesamte genetische Material. Also wird die betreffende Pflanze zerkleinert, zerlegt bis in ihre Zellen, und nun wird auf speziellen Nährböden aus jeder intakten Zelle eine vollständige neue Pflanze gezüchtet. Es ist faszinierend zu beobachten, wie aus den Zellen erst ein grünes Klümpchen entsteht, das dann ein feines Würzelchen bildet, sich nun eine Art Blatt oder Stengel nach oben schiebt und wie endlich ein Pflänzchen sich bildet. Nach wenigen Wochen kann die Einzelzell-Züchtungsanstalt ihrem Kunden die gewünschte Anzahl von Pflanzen einer neuen, bisher unbekannten Sorte liefern.

Der Gedanke, schädliche Insekten, Raupen, Blattläuse, Nematoden (Wurzelälchen) und sonstiges Ungeziefer anders als mit chemischen Mitteln zu vernichten, ist kaum noch zu diskutieren. Gewiß, unter besonders günstigen Bedingungen ist eine biologische Verminderung von Schädlingen möglich oder wenigstens zu erwägen, aber das sind seltene Fälle. Oder gibt es noch Tausende von Erwachsenen und Kindern, die wie 1945/46 ohne Lohn, aber zwangsweise über Kartoffeläcker ziehen möchten, um Kartoffelkäfer und ihre Larven von den Kartoffelsträuchern zu sammeln? Man kann sich das heute kaum noch vorstellen, aber Tatsache ist, daß damals auch mehr oder minder wehrhafte Frauen und Kinder mit Knüppeln, Beilen oder Messern bewaffnet auf Anordnung der Militärregierung in Gruppen durch die Felder zogen, um der Wildschweinplage Herr zu werden.

Es ist eine traurige Tatsache, daß in technisch-wissenschaftlich rückständigen Ländern Jahr um Jahr einige tausend Menschen an Vergiftungen mit Schädlingsbekämpfungsmitteln sterben. Die Ursachen liegen auf der Hand: Nichteinhaltung von Anwendungsvorschriften, etwa nach dem Schema viel hilft viel. Aber auch blanke Dummheit beziehungsweise Unwissenheit sind im Spiel. Typisch ist vielleicht der Fall vom Mai 1983 im Senegal, wo Bauernfamilien ihr Speiseöl in Behältern aufbewahrten, die Schädlingsbekämpfungsmittel enthalten hatten. Das Resultat waren 19 Tote. Wenn es bei uns in einem Einzelfall zu einer Vergiftung kommt, was zum Glück selten ist, muß entsprechend die Frage erlaubt sein, wie es um das Chemiewissen des Betreffenden bestellt gewesen ist. Die Chemie ist ein wesentlicher, unverzichtbarer Bestandteil unserer Kultur, ja unserer tagtäglichen Existenz, und Unkenntnis auf diesem Gebiet muß zwangsläufig ihre Folgen haben. Leider gibt es auch bei uns noch Leute, die eigenbrötlerisch bestrebt sind, ihre Unwissenheit in der Chemie zu kultivieren, nach dem Schema: »Was geht mich das an? Davon will ich erst gar nichts hören!« Für sie kommen schlechte Zeiten, denn aus der Ferne, aus anderen Ländern, speziell Ländern mit großen Monokulturen, kommt eine weitere Chemiewelle auf uns zu: die Pflanzenwuchsregulatoren.

Pflanzenwuchsregulatoren

Wie Tier und Mensch sind Pflanzen Lebewesen. Sie haben nicht nur einen höchst komplizierten Stoffwechsel, sondern unterscheiden oben und unten (Geotropismus), hell und dunkel (Phototropismus) und weichen im Wuchs Hindernissen aus oder klammern sich daran fest (denken wir nur an die Ranken vieler Kletterpflanzen). Das heißt, sie besitzen auch Organe, die imstande sind, die Umwelt zu »sehen« und das Resultat der Erkundung über ein Leitungssystem weiterzumelden, damit eine folgerichtige Reaktion eingeleitet werden kann.

Pflanzen durchlaufen aber auch einen Lebensweg, vom Keimen über Wachstum, Astbildung, Blätterwachstum, Blütenbildung, Blühen, Fruchtansatz, Fruchtabfall, Blätterabwurf bis hin zu winterlichem Tod. Jeder von uns weiß das und sieht die Parallelen zum Tierleben. Die Stoffe, welche diesen Wandel begleiten, nennen wir im Tierreich »Hormone«, und so ist es verständlich, daß diese Bezeichnung anfangs für die Pflanzenwelt übernommen worden ist. Besser wäre es vielleicht, von »Wachstumsregulatoren« zu sprechen, denn chemisch gesehen sind die Hormone des Tierreiches von den entsprechenden Stoffen des Pflanzenreiches doch recht verschieden. Wir kennen von den Wachstumsregulatoren der Pflanzen erst einige wenige, zumal sie offensichtlich nicht bei allen Pflanzenarten gleich sind. Aber uns sind auch synthetische Produkte der organischen Chemie bekannt, die entsprechende Wirkungen zeigen. Für die Landwirtschaft ergeben sich nun geradezu phantastische Möglichkeiten.

Einige Wachstumsregulatoren sind uns schon aus dem Alltag bekannt. Jeder, der im Herbst Kartoffeln einkellert, weiß, daß man Mittel kaufen kann, die die Einlagerungskartoffeln am Keimen hindern; das sind Wachstumsregulatoren. Auch gibt es Blumenzwiebeln zu kaufen, etwa Amaryllis, die mit Wachstumsregulatoren so vorbehandelt sind, daß sie direkt mit dem Blühen beginnen. Auch das Agent Orange, das von den USA in Vietnam angewandte Entlaubungsmittel, ist keine ätzende Substanz, sondern ein Stoff aus der Gruppe der Wachstumsregulatoren. Solange dort noch Reste der Substanz vorhanden sind, werden alle Pflanzen, die auf Agent Orange reagieren, immer wieder ihre Blätter abwerfen. Schließlich gehören auch einige Unkrautbekämpfungsmittel, Herbizide, zu den Wachstumsregulatoren. Sie veranlassen Pflanzen zu übermäßigem Wachstum, so daß sich die Pflanzen gewissermaßen totwachsen.

Generell zu unterscheiden sind die folgenden Klassen von Wachstumsregulatoren: die Auxine, sie vergrößern die Pflanzenzellen, die Gibberelline, sie stimulieren die Zellteilung und die Vergrößerung von Pflanzenzellen oder beides und die Cytokinine, sie regen Zellteilungen an. »Inhibitoren« sind eine Gruppe von Wachstumsregulatoren, die den Stoffwechselablauf in Pflanzen unterdrücken oder verzögern.

Obgleich dieses für die Landwirtschaft neue Gebiet bereits seit rund 60 Jahren als Forschungsbereich besteht, gibt es noch viele Probleme; denn die Pflanzen reagieren eben nicht nur nach ihrer Art, sondern auch je nach Alter, Umwelt, Nährstoffverfügbarkeit und natürlichem Gehalt an diesem oder jenem Wachstumsregulator unterschiedlich.

Die erste praktische Verwendung von Pflanzenwachstumsregulatoren geht etwa auf das Jahr 1940 zurück. Damals gelang es, die Wurzelbildung und das Blühen von Ananaspflanzen mit Ethylen und Acetylen positiv zu beeinflussen. Heute gibt es etliche anorganische Chemikalien, die dafür sorgen, daß Pflanzen ein kräftiges, gut verzweigtes Wurzelsystem bilden. Um nur einige zu nennen: Rosen, Tee, Rhododendron, Feigen, Wein, Apfelbäume, Pflaumenbäume usw. Das sind durchaus verschiedene Pflanzen – aber wir können für ihre optimale Bewurzelung sorgen!

Wie bekommen wir Blumen dazu, just dann zu blühen, wenn ein Bedarf besteht, etwa zu Ostern, zum Muttertag oder zu anderen Festtagen? Das ist ein Problem der gärtnerischen Wirtschaftlichkeit, lösbar durch Wachstumsregulatoren. Aber in Wahrheit ist die Aufgabenstellung umfassender: Wenn von einem Ackerfeld Früchte geerntet werden sollen, so sollten alle gleichzeitig reif sein. Die Aufgabe heißt also, erst das Blühen einzelner Pflanzen so lange verzögern, bis alle Pflanzen gleich kräftig sind, dann alle blühen lassen (nachdem durch die Chemie für einen reichen Ansatz für Blütenknospen gesorgt ist) und nun ein gleichmäßiges Reifen bewirken. Wenn die Ernte Schwierigkeiten macht, kann vor der Ernte auch noch ein Blattabwurfmittel angewandt werden, das dann vielleicht sogar ein maschinelles Pflücken erlaubt. Ein anderes Beispiel: Getreide, das gegebenenfalls leicht von Wind oder Sturm und Regen flachgelegt wird, läßt sich so beeinflussen, daß es nur kurze Halme bildet, die den Wettereinflüssen widerstehen.

Abertausende von Substanzen sind auf ihre Brauchbarkeit als Pflanzenwachstumsregulatoren geprüft worden. Diese waren zu toxisch, andere in der Produktion zu teuer, hatten Nebenwirkungen oder schieden aus anderem Grund für die Anwendung aus. Wer aber heute zum Beispiel gegen das Moos oder andere Unkräuter in seinem Rasen ein Mittel nach Gebrauchsvorschrift anwendet, kann unbesorgt sein: Die selektive Wachstumsregulation wird gelingen.

Für das Jahr 2000 gilt die Vorhersage: Höhere Ernten bei gleichzeitig verbesserter Qualität und geringeren Kosten, ja sogar Einsparung an Arbeitskraft werden möglich sein. Die Pflanzenwachstumsregulatoren werden populär und ihre Anwendung so allgemein verbreitet sein wie heute Düngemittel. Leider werden sie wohl aber auch, zumindest anfangs, so überdosiert werden wie Düngemittel oder Waschmittel. Damit ergibt sich dann auch hier das Rückstandsproblem. Gewiß, die Natur wird auch die Substanzen dieser neuen Stoffgruppe abbauen, doch vielleicht läßt sich so ein Wert wie die »Halbwertszeit« für radioaktive Substanzen finden. Er würde die Anwender vielleicht stärker beeindrukken als Angaben darüber, wie lange nach der Anwendung dies oder jenes sicherheitshalber nicht getan werden sollte.

Energie – woher?

»Seid fruchtbar und mehret euch und füllet die Erde und machet sie euch untertan ...«, so heißt es bereits im 1. Buch Mose im 1. Kapitel. Das ist ein sehr verführerischer Text, der den Gelüsten primitiver Geister entgegenkommt: Der Mensch also jüdisch-christlich pflichtgemäß als Herrscher, als Richter und Ausbeuter der Natur? Indessen, er wird es nicht schaffen. »Füllet die Erde ...«, nicht einmal das werden wir erreichen können. Da sind die Wüstengebiete der Erde, die, wie wir bereits gesehen haben, wachsen werden, in denen menschliches Leben abnehmen wird. Die Eisflächen der Antarktis, Grönlands zum Beispiel, wir werden uns dort nicht ausbreiten können. Die Hochgebirge, sie werden nicht als Lebensraum erschließbar sein. Für die Ozeane gibt es erste Ansätze, sie dem Menschen nutzbar zu machen, Hochseefischerei, Erzabbau auf dem Meeresgrund (Manganknollen), Ölbohrungen im Schelfbereich der Kontinente – doch machen wir uns damit die riesigen Wasserzonen unserer Erde »untertan«? Gewiß nicht! Statt dessen herrschen bis heute Hunger und Elend, Hitze und Kälte – der Mensch ist ein geplagtes Wesen. Denken wir nur an die Krankheiten, gegen die wir vergeblich kämpfen. Gewiß, da sind einige bakterielle Erkrankungen, die wir einigermaßen beherrschen, etwa mit Sulfonamiden und Antibiotika, aber der Rest? Die Fülle der Stoffwechselkrankheiten hat sich kaum vermindert. Die Alterserkrankungen, denken wir hier nur an die Entkalkung der Knochen, die Osteoporose, sie sind unheilbares Schicksal. Die Immunkrankheiten, die Virenerkrankungen, der Krebs, stehen wir ihnen nicht recht hilflos gegenüber? Parasitenbefall, Malaria oder Bilharziose als Beispiele genannt, plagen Millionen Menschen. Selbst eine solche Allerweltskrankheit wie Schnupfen können wir noch nicht beherrschen. Uns fehlen noch Tausende von Heilmitteln, und wenn uns jemand erzählen möchte, es seien bereits zu viele vorhanden, so sollten wir uns fragen, ob das aus Dummheit geschieht oder ob der Betreffende darin eine Chance sieht, etwas zu verdienen.

Zweifellos könnten wir wesentlich besser dastehen, wenn wir genügend preiswerte Energiequellen besäßen. Wüsten ließen sich bewässern, Gebäude je nach Notwendigkeit heizen oder kühlen, Nahrung im Überfluß gewinnen und auch dahin transportieren, wo sie fehlt. Aber was haben wir denn zu verheizen, was in Energie umzuwandeln? Kohle, Erdöl, Erdgas, Torf, Holz, das alles ist chemisch gesammelte Sonnenenergie. Stets stand am Anfang eine Pflanzenzelle, deren grüner Farbstoff, das Chlorophyll, Sonnenlicht einfing und seine Energie zum Pflanzenwuchs verwendete. Allzu selten machen wir uns klar, was Holz heute noch für uns bedeutet: Die Holzmenge der Erde wird auf derzeit etwa 100 Milliarden Tonnen veranschlagt. Jahr um Jahr werden davon zur Papierherstellung etwa 140 Millionen Tonnen benötigt. Die Bundesrepublik Deutschland hat 1983 ungefähr 8,3 Millionen Tonnen Papier verbraucht, davon 43 Prozent Altpapier, aber dennoch sind das 6 Prozent des Weltpapierverbrauchs bei nur 1,5 Prozent Anteil an der Weltbevölkerung. 800 Millionen Tonnen Holz werden auf der Erde jährlich für Bauzwecke und als Brennholz geschlagen.

Eine relativ winzige Menge Energie gewinnen wir mit Gezeitenkraftwerken und mit Hilfe von Talsperren. Noch kleiner sind die Beträge aus Windkraft, Erdwärmeausnutzung, Sonnenenergieeinfang über Photozellen und Hausdachwarmwasseranlagen. Vielleicht lassen sich in einigen Jahrzehnten aus solchen Hilfsenergiequellen einige Prozent Energie zum Gesamtenergiegewinn entwickeln.

Wichtig zur Energieergänzung ist derzeit nur die Kernenergie. Wir glaubten sie erfunden zu haben, mußten allerdings 1972 lernen, daß die Natur längst vor uns Kernreaktoren in Betrieb gehabt hat. Die Entdeckung der Naturkernreaktoren ähnelt einem Kriminalfall:

Die französische Atomenergiebehörde besitzt eine eigene Urananreicherungsanlage. Im Natururan sind vom spaltbaren Uranisotop 235 nur 0,7 Prozent enthalten, die dort auf 3 bis 4 Prozent angereichert werden, um dann in die Kernreaktoren zu gehen. Routinegemäß wird das angelieferte Uran überprüft, es kommt in der Regel aus ehedem französischen Besitzungen Frankreichs in Afrika. Die Oklo-Minen im Staat Gabun sind ein wichtiger Uran-Lieferant für die französischen Uran-235-Anreicherungsanlagen. 1972 ergab sich bei der Kontrolle von Uran aus den Oklo-Minen, daß der Gehalt an Uran-235 keineswegs bei 0,7 Prozent lag, sondern weit darunter, einige Proben enthielten nur 0,3 Prozent des allesentscheidenden Uran-235. Hatte hier jemand versucht, bereits verbrauchtes, »abgebranntes« Uran zu verkaufen? Wo war ein Reaktor, von dem dieses Uran stammen konnte? Solche Gedanken lagen gewiß im ersten Augenblick nahe, doch dann zeigte es sich, das konnte nicht der Fall sein, die Gesamtzusammensetzung der Probe hätte anders sein müssen, wenn es sich hier um »Atommüll« gehandelt hätte. War die Probe aus Gabun? Vor Ort wurden in Gabun Proben genommen, und nun war die Sensation da: An der Fundstelle mußte eine Uran-Reaktor-Reaktion abgelaufen sein, und aus der Analyse der verbliebenen Spaltprodukte ergab sich, dies war vor etwa 1,7 Milliarden Jahren geschehen! Noch verblüffender, dieser »Reaktor« in Gabun war über 100 000 Jahre »in Betrieb« gewesen! Was niemand für möglich, ja nur für denkbar gehalten hatte, hier war es geschehen. Das Uran-Erz lag zwischen Gesteinsschichten, und stets wenn Wasser in die Erzschicht hatte eindringen können, hatte es als »Moderator« gewirkt, war eine Kettenreaktion angesprungen, war Uran-235 verbraucht worden! Nach und nach entdeckten die Wissenschaftler dreizehn Stellen, an denen Urankettenreaktionen abgelaufen waren. Insgesamt 12 000 Tonnen Uran-235 waren umgesetzt worden, das entspricht einer Menge, wie sie etwa 12 000 Leichtwasserreaktoren in einem Jahr verbrauchen würden. Phantastisch! Hätte das nicht die gesamte Erde radioaktiv verseuchen müssen? So ohne alle Sicherheitsmaßnahmen, wie wir sie heute für unerläßlich halten? Und das war die zweite Sensation: Sehr genaue Analysen ergaben, die Spaltprodukte hatten sich innerhalb von jeweils einer Million Jahren maximal nur 10 Meter vom Ort der Kernreaktion fortbewegt. Ein Fall idealer »Endlagerung«, und das seit fast 2 Milliarden Jahren.

Uranverseuchung?

In der Bibel der anorganischen Chemiker, dem Werk »Gmelins Handbuch der Anorganischen Chemie«, heißt es 1936 noch lapidar: »Da einerseits Uranverbindungen bei der Radiumgewinnung in großen Mengen anfallen, andererseits aber die Verwendung von Uran und Uranverbindungen sehr gering ist, hat man sich bis jetzt jedoch ohne Erfolg bemüht, dem Uran neue Verwendungsmöglichkeiten zu erschließen.« Während wenige Jahre später in den USA jede, auch die kleinste Menge Uran für die Herstellung von Atombomben zusammengesucht wurde, verschoß die deutsche Wehrmacht, als ihre Wolframreserven verbraucht waren, probeweise panzerbrechende Geschosse mit Urancarbidspitzen.

Metallisches Uran ist silberweiß und dem Gewicht nach etwa so schwer wie Gold. Die älteste Verwendung von Uranverbindungen ist die, Glas damit zu färben. Das Glas wird eigentümlich gelbgrün, eine unverwechselbare Färbung. Es heißt, frühestes urangefärbtes Glas sei nahe Neapel gefunden worden, es soll aus dem Jahre 79 n. Chr. stammen. Im vorigen Jahrhundert wurde nahe der St.-Annen-Grube bei Joachimsthal urangefärbtes Glas in großen Mengen hergestellt. Heute gibt es Spezialsammler, die »St.-Annen-Gläser« hoch schätzen und teuer bezahlen. Der Urangehalt beträgt üblicherweise etwa 1 Prozent Uranoxid, das heißt, daß die Radioaktivität sehr deutlich meßbar ist.

Uran ist, so seltsam das auch scheinen mag, gar kein so seltenes chemisches Element. In der Tabelle der Häufigkeit in der Erdkruste steht es an 50. Stelle, weit vor Thallium, Quecksilber oder Cadmium, um nur einige zu nennen. Es kommt fast so häufig vor wie das Arsen. Es gibt einige Dutzend von Uranmineralien. Toxisch dürften alle Uranverbindungen sein; denn selbst wenn sie unlöslich und unverändert den Körper nur durchlaufen würden, so wäre immerhin ihre Radioaktivität nicht unbedenklich.

Heute ist die bekannteste Uranverbindung das Uranhexafluorid (UF_6). In der Form des Uranhexafluorids werden die Uranisotope getrennt, beziehungsweise wird das Uran-235 so weit angereichert, bis es für den entsprechenden Reaktortyp brauchbar ist. 1984 machte das Uranhexafluorid Schlagzeilen. Der französische Frachter »Mont Louis«, ein 5000-Tonnen-Schiff, war am 25. August 10 Meilen vor der belgischen Küste, nahe Ostende, nach einer Kollision mit einem Fährschiff gesunken. 350 Tonnen Uranhexafluorid, die in 30 Behältern an Bord waren, sollten nach Riga verfrachtet und dort in einer UdSSR-Anlage »wiederaufgearbeitet« werden. Da Uranhexafluorid die Substanz ist, die in Gasdiffusionsanlagen zur Isotopentrennung dient, ging es also in Wahrheit darum, das spaltbare Uran-235 anzureichern. Frankreich hat selbst eine derartige Anlage. Aber da gibt es auch einen alten Vertrag aus dem Jahre 1972, nach dem die UdSSR mit der Trennung beauftragt ist, und außerdem ist die Trennarbeit in der UdSSR preiswerter.

Kaum lag das Schiff im flachen Wasser auf Grund, breitete sich Angst aus, und die Geschwätzigkeit zog plappernd dahin: Würde alles explodieren? Radioaktive Verseuchung? Fluor als Umweltgift? Großes Fischsterben, verseuchte Badestrände?

Eine hübsche Leistung war eine bundesdeutsche amtliche Information aus dem Innenministerium. Die ersten drei Absätze besagten, es ist vorgesorgt, mit Gesetzen, Vorschriften usw., nach dem Schema: Was nicht sein darf, kann auch nicht sein! Absatz 4 besagte dann: Wenn doch etwas passiert, so besteht keine Gefahr.

Es ist einfach jammervoll zu sehen, wie seltsam Behörden sich gelegentlich benehmen und auch hier wieder benommen haben. Zunächst wurde nicht zugegeben, daß Uranhexafluorid an Bord war. Als ein Faß an den Strand rollte, hieß es erst einmal, es enthalte flüssigen Stickstoff. Der belgische Gesundheitsminister teilte mit, das Schiff könne nicht durchbrechen, es brach durch. Eine Ölverschmutzung (etwa 300 Tonnen Heizöl) der Strände sei unmöglich, sie trat ein. So ließe sich mehr aufzählen. Tatsache bleibt, man hatte Glück gehabt. Was wäre geschehen, was hätte passieren können, wenn beim Zusammenstoß Uranhexafluoridbehälter aufgerissen wären?

Ein kleines Leck hätte sich eventuell im Kontakt mit Wasser selbst »versiegelt«, denn das Uranhexafluorid bildet mit Wasser ein Zersetzungsprodukt, das wenig löslich ist. Tritt in der Uranhexafluorid-Industrie einmal ein kleiner Riß in einem Faß auf, so kann man ihn mit Wasser »dichten«. Wie es heißt, soll ein Behälter der Schiffsladung tatsächlich ein Leck aufgewiesen haben, und es habe sich etwas Fluorwasserstoff gebildet. Nun ist Fluorwasserstoff beim Hantieren zwar vielfach unangenehmer als Chlorwasserstoff, aber gewiß ist seine Bildung keine Katastrophe.

Wären aber viele oder gar alle Fässer schwer beschädigt worden, so hätte die Angelegenheit doch kritische Aspekte annehmen können: Hohe, wenn auch nur örtliche Säurekonzentrationen, und Uran, das von Pflanzen und Mikroorganismen gespeichert worden wäre. Muscheln und Fische wären vielleicht für lange Zeit ungenießbar gewesen. Und die Radioaktivität? Die Firma British Nuclear Fuels Ltd. beobachtete die Bergung, rein aus Interesse. Sie schätzt die Strahlung aus den Behältern auf 1,35 Millirem stündlich ($mrem \cdot h^{-1}$). Etwas Glück haben die Belgier damals schon gehabt!

Kein Zweifel, radioaktive Stoffe müssen transportiert werden, ob Uranmineralien, Uranhexafluorid, metallisches und angereichertes Uran, ausgebrannte Brennelemente, Wiederaufbereitungsgut wie Plutonium usw. Man wird das mit aller Vorsicht tun. Es ist ohnehin müßig, sich um derlei allzuviel zu sorgen, solange noch Laien, halbausgebildete Soldaten, nebenan mit Atombomben exerzieren.

Kernreaktoren

Seit dem 2. Dezember 1942, als der erste künstliche Urankernreaktor, gebaut von einem italienischen Nobelpreisträger für Physik, Enrico Fermi, in Chicago zu arbeiten begann, ist es uns bewußt, daß der Bau eines Atomreaktors nicht allzu schwierig ist. Voraussetzungen sind allerdings das Vorhandensein von reinem Uran und einem Stoff, der die Spaltungsneutronen des Uran-235 in ihrer Energie so weit herabmindert, daß recht viele von ihnen neue Spaltungen veranlassen können.

Fermis erster Kernreaktor bestand nur aus normalem Reinuran und Reingraphit, aufgebaut in einer sorgsam berechneten Struktur. Wie groß die Anlage sein mußte, wußte niemand. Wie von Maurern wurden zunächst Uranziegel und Graphitziegel zusammengepackt zu einem »Pile«. Nur eine Vorsichtsmaßnahme gab es: Über dem Bauwerk standen drei junge Männer, das »Selbstmordkommando«, wie sie spaßeshalber genannt wurden, mit Gießkannen voll Cadmiumlösung. Falls die ersehnte Kettenreaktion gar außer Kontrolle geraten sollte, hatten sie die Aufgabe, über dem »Pile« ihre Kannen auszugießen. Das Cadmium, als großer Neutronenfänger, würde dann die Kernreaktionen abbrechen. Ferner konnten Cadmiumstäbe zum Regulieren der Kernreaktion zu gegebener Zeit aus dem »Pile«-Mauerwerk gezogen werden.

Um 15 Uhr 20 Minuten war am 2. Dezember 1942 der kritische Augenblick gekommen, der »Reaktor« lief an. »Der italienische Seefahrer hat die Neue Welt erreicht«, meldete Fermi seiner Regierungsstelle. Diese Verschlüsselung der Nachricht war aus Sicherheitsgründen erforderlich. Denn was war der Sinn des Experiments? Jede Kernreaktion dieser Art liefert als Nebenprodukt zwangsweise Plutonium! Plutonium aber kann ebenso als Atombombenmaterial dienen wie reines Uran-235. Nur einen Unterschied gibt es: Plutonium läßt sich relativ einfach und preiswert aus dem Reaktorabfall isolieren, während Uran-235 selbst für Militärs kaum bezahlbar ist.

Mit Fermis Uran/Graphit-Kernreaktor begann also nicht nur das Zeitalter der Atomenergie, sondern auch die Zeit der Atomwaffen und des Atommülls.

Den deutschen Forschern wurde 1945 von den Besatzungsmächten alle Forschung auf dem Gebiet der Kernphysik sofort verboten, der Besitz auch kleinster Mengen Uran unter Strafe gestellt. Zunächst bedeutete das wenig. Es gab andere Probleme, etwa: Würde es möglich sein, die beiden Laborfenster, seit November 1944 ohne Scheiben, mit Brettern zu vernageln, nachdem ein Student einige Bretter »schwarz« beschafft hatte? Der Vorrat an alten Nägeln würde nicht reichen, also müßte ein »Eisenschein« für vielleicht 300 g Eisen beantragt werden, wenn dann irgendwo Nägel passender Länge aufzutreiben wären – eventuell gegen 10 Zigaretten?

Mit hungrigem Magen im Bett (700 cal/Tag im Jahre 1947) durfte aber auch ein deutscher Physiker träumen: Was wäre, wenn wir einen, und vielleicht auch nur einen ganz kleinen, Reaktor hätten? Dann könnten wir moderne Forschung betreiben. Dann würden wir strahlendes Material gewinnen und eine neue Art Strahlenphysik und Strahlenchemie entwickeln können. Dann wäre das Feld frei für neuartige Werkstoffuntersuchungen. Dann könnten wir vielerlei Isotope isolieren und mit ihrer Hilfe chemische Reaktionen prüfen, Arzneimitteln im Körper nachspüren. – Vielleicht würden eines Tages sogar Reaktionen denkbar, die soviel Atomenergie entwickeln, daß sie für Kraftwerke brauchbar sind?

Nur langsam wurde deutschen Physikern und Chemikern wieder erlaubt, wissenschaftliche Forschung zu betreiben, dann durften sie sogar im Schwarzwald und im Fichtelgebirge nach eigenen Uranvorkommen suchen, und endlich erhielten sie auch erste kleine Forschungsreaktoren. In den folgenden Jahren wurden große internationale Forschungszentren gegründet, der wissenschaftliche Wettlauf zwischen den USA, Europa und der UdSSR begann.

Was anfangs kaum ein Mensch ernstlich vermutet hatte, geschah dann, die Kernenergie trat zur Steinkohle in Konkurrenz! In England entstand 1956 das Kraftwerk Calder Hall, es wuchs neben den Plutonium produzierenden Anlagen von Windscale (heute Sellafield) aus dem Boden und arbeitete von Anbeginn an relativ rentabel und sicher. Der Kernreaktor lieferte die Energie zur Dampferzeugung, ersetzte also das Heizwerk. Der Rest der Anlage blieb konventionell bis auf sehr große Dampfkühltürme, denn Atomenergie aus Uran kann nun einmal Wasserdampf nicht so hoch aufheizen wie ein anderes Kraftwerk, und was an Temperaturdifferenz fehlt, muß eben durch größere Dampfmengen eingebracht werden.

Vielerlei Reaktortypen sind heute in Betrieb. Im Jahre 1984 erzeugten westdeutsche Kernkraftwerke 92,6 Milliarden Kilowattstunden. Das war etwa achtmal soviel wie zehn Jahre zuvor. 1974 lieferte die Kernenergie nur 4 Prozent der Stromerzeugung, heute sind es 27 Prozent des Strombedarfs. In Frankreich und

Belgien kam bereits 1983 die Hälfte des benötigten Stroms aus Kernkraftwerken. Längst scheinen halbe Zehntelpfennige im Kilowattstundenpreis wichtiger als das Grundprinzip aller Reaktoren: der Zerfall des Uran-Isotops U-235.

Da ist niemand mehr, der verzückt dem langsamen Knacken oder gar dem wilden Schnarren eines akustisch anzeigenden Geiger-Müller-Zählrohres lauscht, wissend, daß jeder Ton einen zerfallenden Atomkern als Ursache hat.

Das erhebende Gefühl, bei einer Ur-Reaktion unseres Kosmos, der Umwandlung von etwas fester Materie in unsichtbare, aber gewaltige Strahlung, dabeizusein – wer verspürt es noch? Das kalte violettblaue Licht der Čerenkov-Strahlung im Wasser eines Triga-Reaktors, einst eine solche Sensation, daß Otto Hahn (der Entdecker der Uranspaltung) auf der ersten Atomkonferenz in Genf 1958 herzlich bat, sie doch auch sehen zu dürfen* – heute nicht mehr wert als ein Achselzucken?

Wer kann, der mag Goldbarren auf Goldbarren türmen, aber das Gold wird nur Gold bleiben. Uran (oder Plutonium) zusammengetragen, das gibt ein kosmisches Ereignis, da entsteht ein kleines neues Weltall an chemischen Elementen, das endet in Alchimie in höchster Potenz.

Die Kerntechnik ist eine moderne Großtechnologie geworden, das ist alles.

Reaktorunfälle

Doch da ist ein Risiko, das *jede neue* Technik beinhaltet, unvermeidlich, unübersehbar, nicht abzuschätzen. Sind Unfälle möglich, und wie groß kann dann der Schaden sein? Der ungarisch-amerikanische Physiker Edward Teller, »Vater der (US-)Wasser-

* Die USA-Reaktor-Bedienung schlug die Bitte ab – Mittagspause. Auf den Hinweis »Ich bin Otto Hahn!« gab es nur ein Achselzucken. Otto Hahn??

stoff-Bombe«, hat die Situation etwa so beschrieben: »Die Wahrscheinlichkeit für einen (Reaktor-)Unfall geht gegen Null, seine Wirkung gegen Unendlich. Die Praxis läßt jedoch vermuten, daß Null näher bei gar nichts liegt als Unendlich bei sehr viel.«

Nun, dieser Satz ist bereits etliche Jahre alt. Wir wissen von Atomunterseebooten, die mit intakten Atomreaktoren untergegangen sind, nicht geborgen werden konnten und bei denen wir uns damit trösten, daß der Strahlenpanzer wohl auch die Reaktorradioaktivität noch lange fest einschließen wird. Nur ungern werden derlei Unfälle erwähnt.

Der erste wirkliche Reaktorunfall, von dem die Öffentlichkeit hörte, fand bereits 1957 in der Plutonium-Wiederaufbereitungsanlage Windscale statt. Hier überhitzte sich ein Reaktor, und radioaktive Substanzen entwichen über den 120 m hohen Abgaskamin. Radioaktives Iod schlug sich in der Umgebung nieder, insbesondere auf Wiesen. Kühe, die dort weideten und damit gewissermaßen auch das radioaktive Iod sorgsam wegfraßen, gaben einige Wochen radioaktive Milch, die vernichtet werden mußte. Alles schien ausgestanden und vergessen, bis 1983 herauskam, daß der Unfall ganz wesentlich schlimmer gewesen ist! Neben Iod sind radioaktives Cäsium, Strontium, Ruthenium, Zirkonium und andere Elemente, sind vor allem erhebliche Mengen Polonium-210 in die Umwelt gelangt. »Umwelt«, das heißt in diesem Fall große Teile Englands, Hollands und weitere Gebiete Europas! Wir wissen erst wenig über die Wirkungen der verschiedenen radioaktiven Substanzen und ihre Strahlung beziehungsweise Strahlenfolgen. Die »Verursacher« können also leicht Minimalrechnungen, die Umweltbetroffenen leicht Maximalrechnungen anstellen. Pessimisten haben 1200 Leukämie-Tote als Folge des Windscale-Unfalls errechnet. Der Skeptiker fragt: Warum wurde Windscale in Sellafield umgetauft?

Eine sehr »vorsichtige Informationspolitik« gab es auch beim Three-Miles-Island-Unfall im Jahre 1979. Trotz aller technischer Vorsichtsmaßnahmen und Sicherungseinrichtungen hatte hier menschliche Dummheit gesiegt und den Reaktor ruiniert. Die

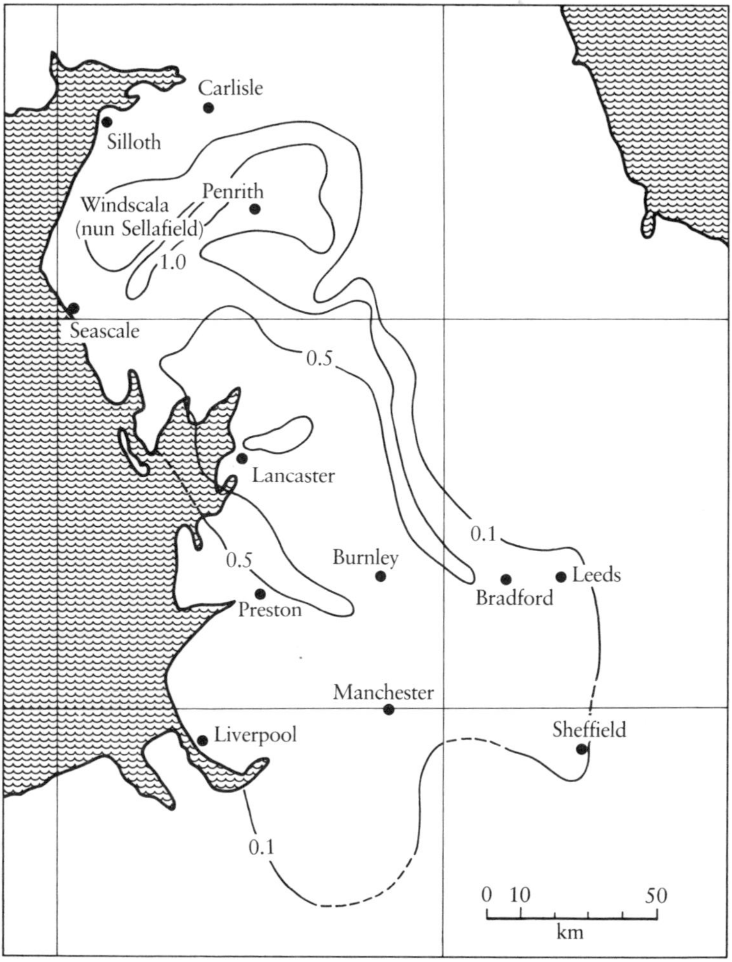

Diese Karte zeigt die Radioaktivität an ^{131}Iod nach dem Reaktorunfall vom Oktober 1957 in England.
Die Ziffern sind Mikrocurie pro Quadratmeter. 1 Mikrocurie entspricht etwa 37 000 Becquerel (Bq). Ein Becquerel ist definiert als ein radioaktiver Atomzerfall pro Sekunde. Das heißt also, daß nahe Windscale je Quadratmeter Boden 37 000 Atome ^{131}Iod in jeder Sekunde strahlend zerfielen. (Quelle: *Nature* 302 (1983), 207).

Bedienungsmannschaft tat das Falsche zur verkehrten Zeit, so etwa drückte man es hinterher aus. Was am Ende blieb – wir wissen das erst seit 1985! –, war ein erstarrter Schmelzkuchen aus Urandioxid, aus Zirkonium und anderem Reaktormaterial. An einigen Stellen hat die Temperatur 2815 °C betragen, als der Reaktor durchging! Die Aufarbeitung der Trümmer wird etliche hundert Millionen Dollar kosten, doch wichtiger ist die Frage: Wie ist es um die Radioaktivität in der Umwelt bestellt? Werden wir je erfahren, wieviel und welche Art Radioaktivität aus dem Reaktor entwich und wo sie geblieben ist? Und wenn nun Material aus dem Reaktor ausgeräumt wird, wo bleibt es, welche Maßnahmen werden zur Sicherung dieses Materials getroffen? Was soll mit Reaktoren geschehen, die durch Unfall zerstört sind, was mit jenen, die ganz einfach ausgedient haben? In der Reaktorfrühzeit wurde vorgeschlagen: Zubetonieren und zu einem Berg aufschütten. Warum eigentlich nicht? Das Verfahren wäre preisgünstig, die Radioaktivität bliebe an einer Stelle konzentriert.

Beim Three-Miles-Island-Unfall sind 200 000 Menschen evakuiert worden beziehungsweise geflohen. Was sind die Geschäfte, Fabriken, Häuser, Straßen, Besitz und schließlich 200 000 Menschenleben selbst wert? Die sogenannte »Nuklearhaftung« belief sich in der Bundesrepublik Deutschland bis 1985 auf 1 Milliarde DM. Das heißt, es standen in einem Fall wie Three Miles Island als Entschädigung jämmerliche 5000 DM pro Betroffenen zur Verfügung. Den erhöhten Deckungsbetrag von 10 Milliarden DM vorzusehen (50 000 DM sind doch auch noch wenig!), wurde regierungsseitig abgelehnt: »Er würde Verbraucher und Betreiber etwa 100 Millionen DM im Jahre kosten und liefe daher Gefahr, sich ruinös auszuwirken.« Unfallgefahr? Was nicht sein darf, kann auch nicht sein! Nun soll es aber doch eine »unbegrenzte« Haftung geben. Kann sich jemand vorstellen, was das bedeutet?

Ist Atomstrom wirklich rentabel, wenn angemessene Kosten für Versicherungen, Wiederaufbereitung, Endlagerung verbrauchter Brennstäbe und verseuchter Bauteile und Demontage der Reaktoranlagen eingerechnet werden? Nun, jeder Fortschritt beinhaltet Mut zum Risiko, das war bei der Einführung der Dampfmaschinen gar nicht anders und wird auch bei künftigen Entdeckungen nicht anders sein können. Vorerst wird über Reaktorunfälle geschwiegen, solange es geht, dieser Eindruck hat sich festgesetzt, und das ist schlimm.

Wenn es uns gelingt, Kernreaktoren vom Typ »Schneller Brüter« serienreif zu bauen, dann allerdings dürfte es wohl kaum noch einen Zweifler an der Kernenergie geben. Wir könnten das heute nur für Atomwaffen »nützliche« Plutonium zur friedlichen Energieerzeugung verwenden, hätten damit schon für die Uranreaktoren eine gute Rentabilität, verminderten das Endlagerungsproblem, und letztlich dürften wir auf eine 50- bis 60fache Energieausbeute hoffen gegenüber heutigen Atomkraftwerken. Vielleicht würde die Energie dann ausreichen, bis es betriebsbereite Fusionsreaktoren gibt? Zunächst wird diskutiert: Über Endlagerung – wie, wo, wann, was? Über Aufbereitung von verbrauchten Brennelementen – wo, wie, und lohnt es sich überhaupt? Wie es scheint, lohnt sich eine Wiederaufbereitung gegenwärtig nicht! Alles, was verbraucht oder ausgebrannt ist wegzuwerfen, das ist (ohne rentable Plutoniumwirtschaft) einzig vernünftig. Doch wohin?

Niemand will Atomabfall haben; denn da das eigene Wissen über Menge, Art und Eigenschaften nicht genügt, hat jeder Bürger, jeder Bürgermeister und jeder Landesvater Angst vor dem, was da vielleicht auf ihn zukommt. Mit Recht?

Wie groß sind die Umweltgefahren des Kernreaktorbetriebes? Wir können sie heute kaum erahnen.

Radioaktive Umwelt

Was wissen wir über radioaktive Umweltverseuchung? Sicher ist, daß wir hier noch keine Gefahrengrenzwerte angeben können. Tatsächlich werden erste Richtwerte, die sich in mancherlei Verordnungen finden, ständig revidiert.

Die Abwiegler haben gute Argumente, wenn sie meinen, Strahlung, radioaktive Strahlung, könne so schlimm schließlich nicht sein. Leben wir, ja alle Pflanzen und Tiere ebenso, nicht seit es Leben auf der Erde gibt in einem kosmischen Strahlungsklima von Sonnenstrahlung und Höhenstrahlung hoher Intensität? (Zyniker mögen hier erwidern: Deswegen also diese kaum existenzfähige, miserable Art?) Weiter: Haben nicht Generationen von Indern in und um Goa zu Hunderttausenden auf radioaktivem Monazitsand, ohne Schaden zu nehmen, gelebt? (Wegen des Monazitsandes raubte Indien den Portugiesen diesen Stützpunkt.) Lebt nicht beispielsweise in Norwegen eine kerngesunde Bevölkerung von uranhaltigem Wasser, das so radioaktiv ist, daß sein Genuß verboten werden müßte? – Diese Aufzählung ließe sich erweitern.

Dagegenzusetzen sind: Die Bergleute von Joachimsthal und Schneeberg, die um die Jahrhundertwende im Wismut- (= Bismut) beziehungsweise Uran/Radium-Bergbau radioaktive Substanzen einatmeten und häufig an Lungenkrebs starben. Die Frauen, die Leuchtzifferblätter mit radiumhaltigem Material nachzeichneten, an ihren feinen Pinseln leckten und an Krebs dahinsiechten. Ungezählte Physiker und Chemiker, die sich beim Umgang mit radioaktiven Präparaten (und Röntgenstrahlung!) Schäden zuzogen.

Aus der »heroischen« Zeit des Arbeitens mit radioaktiven Substanzen gibt es die folgende Anekdote, die typisch die Zeitgewohnheiten charakterisiert: Zur Bestimmung des Atomgewichts waren dem Münchener Spezialisten Otto Hönigschmid 3 g Radium geliehen worden. Die Versichungssumme gegen Diebstahl hätte (1934) mehr als eine halbe Million RM betragen – doch das Geld fehlte, nicht einmal die primitivsten Strahlenschutzeinrichtungen waren vorhanden. Also handhabten Hönigschmid und sein Assistent die Kölbchen mit den bloßen Fingern. Zwei Besucher schüttelten darüber weise den Kopf, doch Hönigschmid: »Ach was! Ich habe keine Kinder und Sachtleben (sein Assistent) braucht keine mehr.« Die Besucher verschwanden ohne weitere

Diskussion, wohl froh, den Strahlungsbereich verlassen zu können.

Die Haut der Finger, ja der ganzen Hände jener Radiochemikergeneration war verhornt, glatt und voller ständig aufbrechender Schrunden. Der Autor dieses Buches fragte als junger Student einst einen Radiochemiker: »Haben Sie je ein hochradioaktives Präparat versehentlich angefaßt?« »Ja, ein Stück Kobalt-60.« »Und?« »Ich meine, es hat in den Fingerspitzen etwas geprickelt.«

Die Atomwaffenentwicklung ist von Anbeginn an eine Umweltverseuchung ungeheuerlichen Ausmaßes gewesen. Sie ist deshalb besonders kritisch, weil kein Mittel auch nur denkbar ist, sie rückgängig zu machen. Was in die Luft oder in ein Gewässer an Radioisotopen eingebracht wird, läßt sich chemisch nicht selektiv umwandeln und nicht aus der Umwelt herausfischen.

Die erste Versuchsatombombe detonierte am 16. Juli 1945 in Alamogordo/Neu-Mexiko. Drei Wochen später, am 6. August 1945, stellte eine Papiermühle, 1700 km entfernt, Verpackungsmaterial für Röntgenfilme her. Die Röntgenfilme erwiesen sich als unbrauchbar, denn über das von der Papierfabrik verwendete Wasser waren so viele Radioisotope in das Packpapier gekommen, daß ihre Strahlung die Röntgenfilme mit einem »Nebelschleier« überzogen hatte!

Im Februar 1951 fiel in Rochester und Detroit radioaktiver Schnee, er stammte von Atombombenexplosionen vom 27. Januar bis 6. Februar 1951 in der Nähe von Las Vegas. In Freiburg/Breisgau wurde am 18. Oktober 1951 zum erstenmal eine radioaktive Staubwolke registriert. Und so ging es weiter, Jahr um Jahr.

Einen Reinfall spezieller Art stellte die erste Unterwasser-Atombombenexplosion in der Bikini-Lagune am 25. Juli 1946 dar. Wie würde die Explosion auf Kriegsschiffe wirken? Also waren im weiten Umkreis neben Dutzenden kleiner, noch kampffähiger Schiffe auch große Schlachtschiffe und Kreuzer verankert, so unter anderem die »Nevada« (USA), »Nagato« (Japan), »Prinz Eugen« (Deutschland) und der seinerzeit berühmte US-Flugzeugträger »Saratoga«. Nun gut, es würde interessant sein zu sehen, welche Schäden sich zeigen würden. Nach dem Versuch war alles klar: Niemand konnte die Schiffe mehr genauer untersuchen, sie waren viel zu stark radioaktiv verseucht.

Die aus diesem Resultat abgeleitete kuriose Idee, die Decks von Kriegsschiffen mit Sprinkleranlagen zu versehen, wurde tatsächlich erprobt. Es geschah dies am 1. März 1954 nach einem Großversuch auf der Bikini-Insel. Vieles ist bei diesem Experiment schiefgelaufen. Daß die Folgen für manche Zuschauer tödlich waren, ist dem sturen Geheimhaltungsbemühen der Behörden zu verdanken!

Zu den Beobachtern des Versuches vom 1. März 1954 gehörten Spezialisten auf etwa zehn Schiffen der US-Kriegsmarine, die in 30 Seemeilen Entfernung von Bikini lagen. Es galt als unwahrscheinlich, daß in dieser Entfernung irgendeine Gefahr für die kleine Flotte bestehen könnte. Wie erwartet, stieg die Explosionswolke pilzartig empor – doch nun trieben mit dem Wind Wolkenfetzen über die Schiffe, und es wurde befohlen, die Decks zu räumen. Alle Türen und Schotten wurden verriegelt, die Sprühanlagen wuschen die Decks, die Mannschaften schwitzten unter Deck. Nach einem halben Tag wagten sich die Besatzungen wieder hervor und durften nun in Schutzanzügen die restliche Radioaktivität ins Meer abwaschen. Die Angelegenheit wurde als »Unfall« deklariert, doch bleiben Zweifel, ob hier nicht bewußt ein Risiko eingegangen worden ist.

Etwa 85 Seemeilen vom Bikini-Atoll entfernt war am 1. März 1954 ein japanisches Fischereischiff mit 23 Mann Besatzung. Was die Besatzung zuerst aufregte, war die Beobachtung: Die Sonne geht im Westen auf! Dann verfärbte sich der Himmel rot, und sogleich ahnten alle, das ist eine Atombombe! Fünf Minuten später bebten Meer und Boot, und ein ungeheurer Donner erfüllte die Luft. Was tun? Wenige Stunden später sah die Luft aus, als ob ein Schneesturm losbrechen könnte. Oder war es ein feiner weißer Nebel? Nun fiel weißlicher Sand, oder war es Asche? Das weiße Pulver drang in alle Räume des Schiffes ein. Später sollte sich zeigen, daß insgesamt etwa 7 kg zerstäubtes radioaktives Korallenmaterial auf den »Glücklichen Drachen« gefallen sind. Die Strahlenkrankheit begann fast sogleich: Müdigkeit und Augenbrennen waren die ersten warnenden Beschwerden. Appetitlosigkeit und Schwindelzustände folgten. Nach zwölf Stunden begannen die Klagen über Übelkeit, Erbrechen, Kopfschmerzen.

Das Schiff lief nun in Richtung Heimathafen, 2000 Seemeilen bis Yaizu. Als das Schiff am 14. März morgens dort anlegte, waren die Krankheitszeichen unverkennbar. Die Haut der Leute war bräunlich-schwärzlich geworden, Pusteln und Blasen bedeckten insbesondere Kopf und Hände, Haar ging büschelweise aus. Bald kursierte in Japan das Wort von der »Todesasche«, doch die Seeleute hatten noch einmal Glück: Nach langem Krankenlager und Monaten des Siechtums überlebten sie – bis auf den Schiffsfunker – endlich doch.

Nicht alle Beobachter der ersten Atombombenexplosionen sind so glücklich davongekommen. Sorgsam war berechnet worden, wie groß die Hautflächen seien, die der Strahlung ausgesetzt sein würden – doch die innere Oberfläche des Körpers, die Lunge, hatte man nicht einkalkuliert. Von radioaktivem Staub auch innerlich bestrahlt, entstanden nach Jahrzehnten Schäden, die erst nach langwierigen Gerichtsverhandlungen anerkannt worden sind. Viele der noch lebenden Augenzeugen der Atombombenversuche haben aber bis heute noch keine Rentenzahlungen erhalten, obwohl sie längst arbeitsunfähig sind.

Selbstverständlich sind solche umweltverseuchenden Pannen auch anderen Ländern passiert. Bekannt wurden 1985 die lange zurückliegenden Fehlgriffe, Irrtümer und »Großzügigkeiten« – um es nicht schlimmer zu kennzeichnen –, die bei den britischen Kernwaffenexperimenten unterliefen. Die erste britische Idee für eine Kernwaffe war gar nichts anderes als eine systematische Umweltverseuchung mit Radioaktivität! Der Grundgedanke war: Da haben wir all den radioaktiven Abfall der Kernkraftwerke, füllen wir ihn also in Bomben zu etwa 1350 kg, und werfen wir sie ab, so wird der Gegner die Landschaft evakuieren müssen. Überschlagsberechnungen ergaben, ein Kraftwerk sollte genügen, um mit seinem Abfall 200 km^2 radioaktiv zu verseuchen. Gewiß haben die Briten dabei nicht an 200 km^2 englischen Landes gedacht.

Dann kam Churchills Beschluß, eigene Atombomben zu bauen, und dazu brauchte er ein Testgelände. Weitab lag bei West-Australien die winzige Monte-Bello-Insel, eigentlich eine Inselgruppe. Am 3. Oktober 1952 fand dort der erste Versuch statt. Zwei Schiffe wurden 8 km südöstlich, ein weiteres Schiff 20 km südöstlich vom Explosionspunkt stationiert. Über das, was nach der Explosion geschah, gehen die Berichte auseinander. Da ist zu lesen, man sei gelandet, habe radioaktiven Abfall eingesammelt, in Fässer gepackt und diese dann anderenorts im Meer versenkt. Gewiß scheint, daß gegen Sicherheitsmaßnahmen verstoßen worden ist; die Krebsrate unter den Beteiligten darf als überhöht gelten.

Noch schlimmer ging es bei dem Atombombenversuch am 19. Juni 1956 zu. Er gilt als der »schmutzigste« britische Atombombenversuch. Über ganz Nordwest-Australien hing damals eine radioaktive Wolke. Die Sprengenergie war fast fünfmal so hoch, wie es der Regierung Australiens offiziell mitgeteilt wurde!

Nach dem Versuch fand eine Art »Atommanöver« statt. Drei Gruppen von je 8 Mann marschierten und krabbelten durch radioaktives Gebiet. Sie und 91 andere trugen Schutzanzüge, aber alle wurden radioaktiv verseucht, so stark, daß auch Duschen nicht alle Radioaktivität beseitigen konnte. Einige Canberra-Bomber wurden durch die Explosionswolke geschickt, um Substanzproben zu nehmen. Sie stellten fest: »Die Wolke war sehr dick und schien uns wie Londoner Nebel. Wir mußten an Bord die Beleuchtung einschalten.« Die Strahlenbelastung der Besatzung war, wie zu erwarten, sehr hoch. Es hat wenig Sinn, hier die Strahlenmengen zu diskutieren, zumal sie nicht definiert worden sind, doch sind sie anscheinend bei einigen Soldaten fünfmal so hoch wie damals erlaubt gewesen.

Was ist mit den britischen Testgebieten geschehen? Einige sind offenbar mit Stacheldraht und Warnschildern gesperrt, doch die Eingeborenen Australiens sollen zum Beispiel längst in das Testgebiet von Maralinga in Süd-Australien eingedrungen sein. Doch was soll das Klagen? Auch britische Soldaten haben radioaktives Material als »Andenken« weggeschleppt. Wo es geblieben ist, weiß niemand. Bleibt noch zu vermerken, daß ein Veteran jetzt (1985) einen Entschädigungsanspruch vor einem englischen Gericht (vorläufig!) durchgesetzt hat.

Was Eingeborene angeht, so darf nicht vergessen werden, daß im März 1954 nicht nur die Besatzung des »Glücklichen Drachen« betroffen wurde, sondern der ganze Bereich der Marschall-Inseln über Hunderte von Kilometern. Die Bewohner der Insel Rongelap wurden evakuiert, wieder angesiedelt, erneut evakuiert, nachdem Strahlenkrankheiten deutlich wurden, mußten nach der letzten Rückkehr auf ihr Atoll lange ausschließlich von Dosennahrung leben und sollen jetzt auf eine andere Insel übersiedeln.

Hiroshima und Nagasaki

Hiroshima wurde am 6. August 1945 durch eine Bombe zerstört, die etwa 60 kg Uran-235 enthielt und deren Sprengkraft ungefähr 13 000 Tonnen Trinitrotoluol (TNT) entsprach. Nagasaki wurde das Opfer einer Plutonium-Bombe, die um die 8 kg Plutonium-239 enthielt (Gesamtgewicht der Bombe 4,5 t), die Sprengkraft wird auf 22 000 Tonnen TNT beziffert. Über die Opfer gibt es seit 1976 einen japanischen Bericht, zunächst war auch in Japan jede Beschäftigung mit »militärischen« Problemen durch die Besatzungsmacht verboten gewesen. Nur um die Situation zu verdeutlichen einige Zahlen (nach britischen Angaben):

Deutsche Luftangriffe auf England	70 000 Tote
Alliierte Luftangriffe auf Deutschland	600 000 Tote
USA-Luftangriffe konventionell auf Japan	600 000 Tote
Hiroshima (Atombombe)	141 000 Tote
nach 1946 gestorben	10 000 Tote
Nagasaki (Plutonium-Bombe)	80 000 Tote

Die beklagenswerten Opfer der amerikanischen Atombomben waren nicht nur Japaner, sondern auch einige Zehntausende von Koreanern, Zwangsarbeitern, ferner einige kriegsgefangene US-Bürger, Mitglieder ausländischer Botschaften sowie Missionare und Studenten aus anderen Ländern.

Was die Umweltfolgen der Explosionen angeht, so müssen zuerst einige physikalische Phänomene klargestellt werden. Eine Bombe herkömmlicher Art von etwa 1 Tonne Gewicht erzeugt im Explosionszentrum höchstens eine Temperatur von ungefähr 5000 °C. Hier aber wurden im Innern des Explosionsblitzes etwa 300 000 °C erreicht (geschätzt). 15 Tausendstelsekunden nach dem Beginn der Detonation beträgt die Außentemperatur des »Feuerballs« etwa 1800 °C, aber sie steigt dann auf rund 7700 °C! Etwa 35 Prozent der Gesamtenergie wird in Wärme verwandelt. 10 Sekunden später erlischt der »Feuerball«, dessen Lichtaussendung allein bereits Augen zerstören kann. Die sonstigen Schäden hängen davon ab, wieviel der Lichtenergie vom getroffenen Objekt absorbiert wird. In der Regel werden nur die Oberflächen der Objekte zerstört, für Schäden durch Wärmeleitung ist die Einwirkungszeit zu kurz. Weiße Kleidung bietet Schutz. Dunkle Kleidung oder unbedeckte Hautpartien verbrennen oder verkohlen. Dachziegel zeigen an der Oberfläche Blasen.

50 Prozent der Atomenergie werden zu einer Druckwelle. Sie zeigt die Folgen, wie wir sie von »Wohnblock-Knackern« von 1 oder 2 Tonnen Gewicht aus Hamburg, Dresden usw. kennen. Das heißt, Stahlkonstruktionen werden zerdrückt, armierter Beton reißt oder verschiebt sich, Mauerwerk zerfällt. Nur 3 Prozent der Bombenenergie gehen in radioaktive Strahlung über. Große Teile der Strahlungsenergie werden von Luft und Staub absorbiert. Kritisch sind die γ-Strahlung und freie Neutronen. Die Neutronen können (zum Teil) die Trümmer am Boden künstlich radioaktivieren. So wurden radioaktive Porzellanisolatoren gefunden, in ihnen war Radioschwefel entstanden. Auch menschliche Knochen zeigten Radioaktivität: Radioaktiver Phosphor-32 war im Knochenphosphat entstanden.

Zur Strahlung tragen selbstverständlich auch Reste von Plutonium und Uran sowie radioaktivierte Bombenbestandteile bei. Erheblich sind auch die bei der Explosion entstandenen Spaltprodukte. Vieles an strahlendem Material kommt erst nach längerer Zeit als »Fallout« wieder auf den Erdboden.

Was wurde nun an Umweltveränderungen beobachtet? Moskitos, die in Hiroshima eine Plage gewesen waren, gab es zunächst kaum noch, doch nach einigen Tagen stieg ihre Anzahl ganz erstaunlich. Mit den Fliegen ging es ähnlich. Fische, insbesondere Karpfen, starben noch in 2 bis 2,5 km Entfernung vom Detonationspunkt, weil ihre Schwimmblasen zerstört wurden. Tote Frösche und Eidechsen wurden nicht gefunden. Die Vogelwelt erlitt große Verluste, die aber rasch ausgeglichen wurden. So wie Menschen Haare verloren, verloren Vögel ihre Federn. Der Rattenbestand soll unverändert geblieben sein. Insekten, die auf oder im Boden leben, überlebten anscheinend relativ gut. Erdwürmer blieben sogar sehr nahe dem Detonationspunkt ohne Schaden.

Der Pflanzenwelt ging es schlecht. Blätter verbrannten, Zweige verdorrten, Stämme verkohlten auf der der Explosion zugewandten Seite. Der Explosionsdruck riß viele Bäume um oder aus. Bambus zeigte bis in 8 km Entfernung Schäden, Reispflanzen bis zu 5,7 km. Das Wurzelwerk der Pflanzen überlebte weitgehend und trieb neu aus. Als sehr empfindlich erwiesen sich alle Nadelbäume. Abnormitäten wurden bei Pflanzen bis in etwa 1 km Entfernung vom Detonationspunkt gefunden (Änderungen der Blütenformen und -farben). Als Glück für die Pflanzenwelt wird angesehen, daß in Hiroshima bald nach der Atombombenexplosion eine Regenperiode einsetzte.

Die Strahlenspäteffekte dauern noch an, noch sterben Überlebende der Angriffe an Leukämie, Krebs, Schäden der Schilddrüse und des Bronchialsystems.

Wie groß die Mengen an radioaktivem Material sind, das bei den Luftangriffen entstand, und wo es verblieben ist, weiß niemand zu sagen. Schätzungen zufolge sollte es bis etwa 2090 n. Chr. bedenklich sein. Hier wie überall, wo großzügig von

»radioaktivem Staub« geredet wird, ist ja zu bedenken, daß »der Staub« zum Beispiel nicht umgesetzte Plutoniumreste enthält oder Staubteilchen mit anderen extrem radioaktiv-gefährlichen Isotopen. Diese »heißen« Staubteilchen sind wohl die Ursache der örtlichen Bläschenbildungen, wie sie die japanischen Fischer beobachteten. Niemand dürfte es wundernehmen, wenn sie sich inzwischen als weltweit verbreitet erweisen würden. Wie vertrackt die Situation längst ist und auf welche Überraschungen wir gefaßt sein müssen, zeigte im April 1983 eine Untersuchung in den USA. Es ging um die Folgen der Atomversuche von 1951 bis 1958 im Süden Nevadas. Die Erwartung, daß die Radioaktivität je weiter vom Explosionsort entfernt um so geringer sein würde, erwies sich als falsch. Die Bewohner von Städten, die einige hundert Kilometer weit ab lagen, wie Salt Lake City, Ogden und Provo erhalten eine wesentlich höhere Strahlendosis als Leute, die näher am Explosionsort wohnen. Der Wind hat den radioaktiven Staub eben ungleichmäßig verteilt.

Die radioaktiven Tischbeine

Da fährt eine Karre mit Eisenteilen durch ein Atomwaffenforschungszentrum der USA bei Los Alamos in Neu-Mexiko – und schon gehen die Alarmanlagen los. Rasch zeigt es sich, radioaktiv, stärker radioaktiv, als es erlaubt ist, sind die Eisenteile, die dort transportiert werden! Wie ist das möglich? Woher stammt dieses Eisen? Nur ganz langsam gelingt es, der bizarren Geschichte auf den Grund zu kommen.

Am Anfang steht eine Eisenhütte in der mexikanischen Stadt Ciudad Juarez, nahe der Grenze von Texas. Sie kauft auch Schrott auf, und so auch das Altmetall, das von einem örtlichen Klinikversorgungsunternehmen abgestoßen wird. Unseligerweise ist 1983 unter diesem Schrott auch eine Bestrahlungsanlage, nie benutzt, die Tausende winziger Kügelchen des stark strahlenden Isotops Kobalt-60 enthält. Alles wandert in den Hochofen. Das erhaltene

Eisen wird der Industrie verkauft, auch nach den USA, bis hinauf nach Kanada. Neben Baueisen für Betonkonstruktionen werden u. a. aus dem radioaktiven Eisen 30 000 Beine für Restauranttische hergestellt. In einem Hochofenbetrieb sind etwa 3000 Leute mit dem strahlenden Material in Kontakt gekommen, wegen Strahlenschäden sind 150 klinisch behandelt worden.

Als die Situation so weit zu übersehen ist, gilt es, den radioaktiven Stahl zu sammeln, um ihn irgendwo in ein »Endlager« zu bringen. Viel ist bereits verbaut, in Mexiko und den USA müssen aus Hunderten von Häusern, Neubauten, Baueisen herausgerissen werden. Gleichzeitig werden Gesundheitsinspektoren, die von Radioaktivitäten so gut wie nichts wissen, mit Geiger-Müller-Zählern auf die Strahlensuche geschickt. Irgendwann hofft man so, zwischen 2000 und 6000 Tonnen mit Kobalt-60 radioaktivierten Stahl wieder eingesammelt zu haben. Wo er vergraben werden kann, wird sich ergeben, bisher möchte niemand mehr den strahlenden Stahl in seiner Nähe wissen. Vielleicht wird er in einer alten spanischen Silbermine seine letzte Ruhe finden.

Gewiß wäre es übertrieben zu sagen, die Erde sei bereits radioaktiv verseucht, sei in dieser Hinsicht unrettbar umweltgeschädigt – doch sind Sie, lieber Leser, sicher, in einem strahlungsfreien Raum zu sein? Zumindest sollten Sie jetzt einmal aufstehen, die Fenster öffnen und gründlich lüften, denn aus den Wänden Ihres Hauses austretend sammelt sich sonst radioaktives Radon (Radon-222) in Ihrer Stube! Gut, der Betrag ist an sich nicht nennenswert, aber meßbar ist er. Sogar die sehr leicht weiter zerfallenden Tochterprodukte des Radon-222 sind in der Zimmerluft nachzuweisen: Polonium-218, Blei-214, Bismut-214 und Polonium-214.

Was bleibt nach einem Atomkrieg?

Die Bomben, die auf Hiroshima und Nagasaki gefallen sind, waren Erstlinge, die an sich verfügbare Energie wurde nur zu einem Teil freigesetzt. Heute verfügt eine Reihe Staaten über wesentlich »verbesserte« und größere Atombomben, insbesondere auch Wasserstoffbomben. Was kann geschehen, wenn in einem Krieg solche Bomben eingesetzt werden?

Es ist gewiß nicht wahr, daß niemand den Abwurf einer kleineren oder »taktischen« Atombombe, von denen Zehntausende in den Arsenalen liegen, überleben kann, es sei denn, der Abwurf überrascht ihn im Freien mit voller Energie. Soviel hat sich an Pflanzen und Tieren in Hiroshima und Nagasaki gezeigt. Die größte Furcht bestand in den letzten Jahrzehnten daher vor dem *Fallout,* also vor der Radioaktivität des entstehenden Staubes. Würde er nicht über Wochen und Monate weite Landstriche »verseuchen« und unbewohnbar machen? Dabei wurden zwei Arten von Fallout unterschieden. Einmal der in große Höhen emporgerissene und nur langsam und in geringer Konzentration wieder heruntersinkende Staub, zum anderen der örtliche Fallout, der bei einer bodennahen Explosion ja zum großen Teil auch aus Trümmerstaub bestehen würde. Dieser Staub muß notwendigerweise sehr stark radioaktiv sein, weil er rasch niedergeht, also auch kurzlebige Strahler enthält, die sonst auf dem Luftweg um den Globus in großer Höhe unschädlich zerfallen. So und ähnlich wurde lang und breit spekuliert, wobei im Hintergrund wohl stets die alten Vorstellungen von den chemischen Kampfstoffen standen. Immerhin, die Aspekte waren entsetzlich genug: Da gab und gibt es bereits US-Karten über den Atombombeneinsatz in Deutschland: Der Einsatz ist nur bei Südwestwind geplant, damit der Fallout über die Ostsee abgetrieben wird und die »neutralen« Länder nicht zu sehr belästigt! Gesperrt wird durch die Fallout-Wolken das norddeutsche Flachland, der Durchstoß einer Ostarmee hin nach Holland, Belgien, Nordfrankreich, Kanalküste und schließlich Britannien soll verhindert werden. Während bei

Atombombentests sorgsam darauf geachtet wurde, daß möglichst kein Regen fiel und den örtlichen Fallout vergrößerte, wird wohl für den Ernstfall Regen eingeplant sein.

Besonders diskutiert wurde auch eine Reihe weiterer Probleme des Fallout. Da war man einst von der Annahme ausgegangen, die Hauptmasse der Bewohner der nördlichen Halbkugel würde etwa 20 Strahlungseinheiten abbekommen, das heißt so viel, wie sonst für 50 Lebensjahre vorgesehen, doch dann zeichnete sich ab, es könnten bei entsprechenden Wetterbedingungen, Wind, Regen oder Schneefall, auch 250 Einheiten werden. Wenn die sich über längere Zeit verteilen würden, so möchte aber auch das noch tragbar sein, denn der Körper kann gewisse Reparaturmechanismen gegen Strahlenschäden einsetzen. Eine einmalige konzentrierte Dosis von 100 Einheiten muß noch nicht unbedingt zur Strahlenkrankheit führen, so meinen viele.

Und was ist, wenn der Fallout in die Nahrungskette kommt? Wenn sich dabei die Strahlungsmenge für den Menschen etwa verdoppelt?

Während so noch die Belastbarkeit der Umwelt durch Atombomben diskutiert wurde, warf eine Arbeitsgruppe die Frage auf: Und wenn *Kernenergieanlagen* angegriffen werden, etwa mit Atombomben? Und weiter, sind nicht auch Wiederaufbereitungsanlagen, ja selbst Endlager gefährdet? Alles, was mit Kernenergie zusammenhängt, wird »kriegswichtig« sein und also das Ziel von Angriffen. Gleichgültig ob Kernreaktor, Zwischenlager für Brennelemente, Endlager oder Wiederaufbereitungsfabrik, ein Atomwaffenangriff wird hier zusätzliche Mengen radioaktiven Materials im Explosionspilz in die hohen Schichten der Atmosphäre emporreißen. Es wird einen geradezu ungeheuerlichen Fallout geben, einen weltweiten Fallout relativ langlebiger strahlender Substanzen. Ob daher Neutronenwaffen gegen solche Ziele vorgesehen sind? Sie werden vielleicht etwas weniger Fallout bringen, aber letztlich sind sie ja doch nur abgemagerte Wasserstoffbomben.

Als die Meinung laut wurde, die *Ozonschicht* der Erde könnte unter dem Einfluß aufgestiegener Fluor-Chlor-Kohlenwasserstoffe Schaden erleiden, fragten bald auch die Kernwaffengegner: Was wird mit der Ozonschicht im Kriegsfall? Haben nicht schon die frühen Atombombenversuche die Ozonschicht geschädigt? Kein Zweifel, Stickoxid (NO_x) wird bei Atombombenexplosionen gebildet und in die Stratosphäre injiziert. Dort kann es mit Ozon reagieren, also Ozon verbrauchen. Angenommen, es bräche wirklich eines Tages ein Atomkrieg aus, so muß die Ozonschicht an Schutzwirkung verlieren, und wir, die Lebewesen auf der Erde, würden vermutlich nicht nur an Hautkrebs erkranken, sondern (wie schon auf S. 135 ausgeführt) kaum überleben. Das gesamte uns tragende Ökosystem würde zusammenbrechen können. Naturlich hängt alles von Anzahl, Art und Einsatzort der Kernwaffen ab. Es ließen sich Bedingungen ausdenken, unter denen die Ozonschicht wesentlich nur örtlich vermindert würde oder noch schützende Ozoninseln verblieben.

Als es deutlich wurde, daß Vulkanausbrüche zu geringen Klimaänderungen führen können, wurden Atombombenpilze mit Vulkanausbrüchen verglichen. Das Resultat der Überlegungen führte eindeutig zu der These: Ein großer »Atomschlag« wird, wie der Staub einer großen Vulkaneruption, eine vorübergehende *Klimaänderung* bewirken – mit allen entsprechenden Umweltfolgen (siehe S. 44). Betrachten wir die Einzelheiten etwas genauer:

Was ist *Rauch*? Ist das nicht einfach Staub in der Luft? Nein. Wir müssen uns darüber klarwerden, bevor wir den nun folgenden Abschnitt beginnen. Rauch ist so fein verteiltes Material, daß es in der Atmosphäre wie gelöst ist. So wie feinster Staub im Wasser schwebt, so schwebt Rauch in der Luft. Den Staub im Wasser sieht man erst, wenn Licht durch das Wasser fällt; Rauch in der Luft erkennt man gleichfalls nur als trüben, dunklen Hauch. Staub fällt herab, Rauch senkt sich nur ganz langsam, erst im Verlauf von Wochen, Monaten oder gar Jahren, dem Boden zu.

Im Jahre 1982 erinnerte der Direktor der Abteilung Luftchemie am Max-Planck-Institut für Chemie in Mainz, Paul J. Crutzen, daran, daß bei einem Atomkrieg ohne Zweifel auch große Mengen Rauch in die Atmosphäre der Erde gelangen würden, denn was würde da alles brennen: Städte und Dörfer, Wälder und Felder, Mineralöltanks und Kohlelager. Und die Folgen? *Schwarzer Rauch würde monatelang am Himmel stehen.* Die Sonne würde den Rauch erwärmen und also nicht mehr den Erdboden erreichen, die Erde würde sich abkühlen, wir würden einen *»nuklearen Winter«* erleben.

Wie das etwa ablaufen kann, das hat schon der hervorragende britische Astronom und exzellente Science-Fiction-Autor Fred Hoyle 1958 in seinem Roman »Die schwarze Wolke« geschildert. Wie machtlos der einzelne und wie unfähig Regierungen einem solchen Ereignis gegenüberstehen, auch das hat er deutlich gemacht. Nun aber, in unseren Tagen, begannen die Wissenschaftler das Problem zu berechnen, und je weiter sie dabei vorankamen, desto erschreckender wurde das Ergebnis, der Atomkrieg selbst ist gegen den nuklearen Winter noch eine Art Vergnügen. Wo auch immer der Atomkrieg stattfindet (viele USA-Forscher nehmen längst ohne weitere Diskussion an, daß es Europa sein wird), bedeckt nach 14 Tagen der schwarze Rauch weite Gebiete und bildet als Folge das, was wir heute Inversionswetterlage nennen: Wir würden unter einer Dunstglocke leben. Während die hohen Schichten der Atmosphäre um etwa 5 °C wärmer würden, würde bei uns, durch den Rauch von der Sonnenwärme abgeschirmt, die Temperatur ganz wesentlich sinken, möglicherweise bis zu – 30 °C. Die Ozeane würden einige Zeit noch einen Wärmeausgleich schaffen können, doch dann wäre auch ihre Kapazität als Wärmespeicher erschöpft. Stellenweise wird es, bevor alles einfriert, noch zu heftigen Regenfällen kommen, und orkanartige Stürme sind zu erwarten.

Britannien, als Inselland von »warmem« Wasser umgeben, würde gegenüber dem europäischen Festland in einer günstigen Lage sein. Aber wie sähe die aus? Wenn der nukleare Winter, also der große Atomkrieg, im Sommer beginnt, wird die Temperatur auf den Nullpunkt sinken, eventuell noch darunter. Beginnt der

Krieg im Winter, dann beginnt sogleich der große Frost, ein Alaskaklima, die neue Eiszeit.

Was hat ein überlebender Engländer zu erwarten, wenn er aus seiner Deckung wieder hervorkriecht? Dämmerndes Dunkel liegt über der Erde, dann und wann ist die Sonne zu erahnen. Die Temperaturen wechseln zunächst zwischen 0 °C und etwa 20 °C, doch dann wird es kälter und kälter, Gewitter toben und schmutzigschwarzer Regen fällt, oder schwarzer Schnee. An den Küsten bildet sich Eis. Der Erdboden wird von Dauerfrost überzogen. Mit einer Arktisausrüstung könnte das Leben noch gefristet werden, solange man noch gesund ist und Lebensmittelreserven und Heizmaterial besitzt. Doch es wächst nichts mehr, und auch die Reste tierischen Lebens gehen zu Ende. Wie frühzeitliche Jäger und Sammler, wie Eiszeitmenschen hausend, werden endlich auch die letzten Überlebenden des großen Atomschlages eingehen.

Dieses Konzept ist in dreifacher Fassung in den USA durchgerechnet worden, und auch aus der UdSSR ist eine Modellrechnung bekannt. Der Physiker Edward Teller meint als Optimist, 10 Prozent aller lebenden Menschen könnten doch eine Überlebenschance haben, denn vielleicht dauert das Dauerdunkel ja »nur« zwei Jahre. Sonst sind die Rechenergebnisse aber einigermaßen in Übereinstimmung.

Besteht die Gefahr, daß jemand die so vorhergesagte Umweltkatastrophe experimentell nachprüfen will? Ist es möglich, daß eine Atommacht im »Erstschlag« so viel Atommunition einsetzt, daß dem Angegriffenen keine Möglichkeit zu atomarer Gegenwehr mehr bleibt, will er nicht die Erde in den Nuklearen-Winter-Zustand versetzen? Vermutlich wird irgendeine der kleinen Atommächte einmal mit der Atomwaffe herumpröbeln.

Was bleibt uns an Hoffnungen? Abwehrwaffen? Soweit sie in den Weltraum reichen, werden alle Länder ihre »Lufthoheit« ausdehnen, vergleichbar mit der Ausdehnung der »Hoheitsgewässer« um die Küsten. Rüstungsverminderung? Etwa so weit, bis ein Krieg wieder führbar wäre? Damit wäre der Welt auch nicht geholfen. Also totale Abrüstung! Angenommen, es würden alle Armeen bis auf Polizeischlagstöcke abgerüstet, wie lange würde es im Kriegsfall dauern, bis alle Waffen wieder vorhanden wären? Wir haben nun einmal die Konstruktionsprinzipien, das Material und – das Geld. Nach vier Wochen gäbe es wieder Maschinengewehre und Haubitzen, nach einem halben Jahr wären auch wieder Atomwaffen einsatzbereit. Wozu da jahrelange Abrüstungsgespräche?

Unsere Situation scheint miserabel zu sein. Aber liegt das nicht nur an unserem Unverständnis? Da ist es in unserem Jahrhundert gelungen, eine großartige Entdeckung zu machen: Wir können Materie in Energie umsetzen, sei es durch Atomspaltung oder -verschmelzung. Das ist eine Entdeckung, wie sie der Menschheit seit Jahrhunderten nicht geglückt ist. Die »Eroberung des Weltraums« – lies Flug zum benachbarten Mond, was nun wirklich nicht »die Welt« ist – zeugt nur von der technischen Vervollkommnung des schon im frühen China bekannten Raketenprinzips – und von der politischen Macht, dem Steuerzahler die Kosten riesiger Treibstoffmengen abverlangen zu können. Nun ja, schließlich hat er als Gegengabe ja auch die teflonbeschichtete Bratpfanne erhalten! Über unsere »Raumflüge« wird man in 50 Jahren lachen, in 100 Jahren lächeln. Die Entdeckung Otto Hahns und Fritz Straßmanns aber wird dann in jedem Schullesebuch der Erde stehen.

6. Kapitel

Machtfaktor Naturgeschehen

Abfall, Müll

Wir haben dieses Buch einleitend mit den zeit-gekippten Gedanken des Physikers Otto Robert Frisch begonnen, der darlegte, wie unangenehm es werden würde, wenn die Menschheit zuerst die Kernenergie entdeckt hätte und künftig nun auch Kohleenergie benutzen müßte: Wohin mit den ungeheuren Mengen an Abfall, an Asche und Abgas? Wir nun, langsam und ängstlich in die Kernenergiezeit vordringend, fragen uns ebenso besorgt: Wohin mit dem radioaktiven Abfall, wohin mit dem Atommüll? Hier wird vorgeschlagen, ihn in den riesigen Hallen ausgebeuteter Steinsalzbergwerke zu lagern. Dort meint man, es sei vernünftig, ihn in Granitkavernen unterzubringen, und anderenorts wird darum gestritten, ob sich nicht noch bessere und gründlichere »Endlager« finden ließen. Darf der atomare Abfall denn wirklich nicht in der Umwelt bleiben? Nur wo er sichtbar, zumindest kontrollierbar, aufgehoben ist, brauchen wir uns um ihn keine Sorgen zu machen. Jedenfalls sollte er so gelagert werden, daß er zugänglich bleibt.

Was ist denn »Abfall«? Abfall, das sind Stoffe, für die es in unseren Tagen keine Verwendung gibt, die *zur Zeit* nicht verkäuflich sind. Abfall kann sehr rasch zu einem Rohstoff werden, wenn nicht gar zu einem Hauptprodukt! Die Chemie kennt genug Beispiele für solche Entwicklungen. Und überlegen wir die Situation auch einmal von der wirtschaftlichen Seite: Vom Ausgangsprodukt an ist der Stoff durch den langen, kostspieligen Herstellungsprozeß mitgelaufen. Er hat Geld gekostet, das der Rentabilität halber auf den Preis des Hauptproduktes aufgeschlagen werden muß.

Für die Chemie ist und bleibt ein Nebenprodukt, ein »Abfall«-produkt, ein »Wertstoff«. Denken wir an alte Bergwerkshalden von »Abraum«. Das sind immer noch Mineralienlager, vermindert um die seinerzeit ausgebeuteten Mineralien; umgekehrt gesehen, damit aber auch an allen übrigen Inhaltsstoffen angereichert!

»Abfall« und »Müll«, das sind nur relative, zeitgebundene Begriffe. Nehmen wir das Cadmium als Beispiel. Zuerst war Cadmium ein unerfreulicher Abfall bei der Zinkproduktion: Auf die Deponie damit! Dann entdeckte man die herrlich leuchtenden roten und gelben Cadmium-Anstrichfarben: Wunderbar! Ja, das Cadmium war sogar als Korrosionsschutz für Metalle großartig, mehr noch, es war auch für Batterien und als Kunststoff-Stabilisator verwendbar. So war Cadmium auf manchem Gebiet für vielerlei Zwecke nützlich – bis jemand in Cadmium eine Umweltgefahr entdeckte. Was wird in hundert Jahren sein, wird es dann unter Umständen ein wertvolles Cadmium-Pharmazeutikum geben?

Wie fern der Realität und wirtschaftlichen Aspekten die Situation heute noch ist, belegt ein geradezu komischer Fall in den USA, bei dem es um einen »hochtoxischen« Abfall ging. Da gibt es eine Firma, die Magnesiummetall in einer Elektrolytschmelze herstellt und ihre Produktionsreste, die noch 18 Prozent Magnesium enthalten, an eine Gesellschaft verkauft, die versucht, diese 18 Prozent Magnesium noch zu gewinnen. Dieses zweite Unternehmen zermahlt die Schmelzbrocken und gibt das Mahlgut auf Siebe. Durch die Siebe fällt ein Gemisch der Schmelzsalze zusammen mit einem Rest von etwa 2 Prozent Magnesium der rentabel nicht mehr zu gewinnen ist. Die gewonnenen 16 Prozent Magnesiummetall machen das Verfahren wirtschaftlich. Aber wohin mit den Rückständen? Nach sechsjährigem Betrieb liegt da ein widerlicher Haufen, 50 000 Tonnen, der bei feuchtem Wetter nach Ammoniak riecht und der gelegentlich sogar losbrennt, wenn sich die feinverteilten Magnesiumreste entzünden. Die Öffentlichkeit nimmt Anstoß! Was tun? An sich wäre der Abfall chemisch gar kein so übles Düngemittel, aber von den fünf Tests, die entscheiden, ob ein Stoff harmlos ist oder nicht, besteht die Substanz den fünften nicht: Eine Substanz gilt danach als »extrem gefährlich«, wenn sie in einer Konzentration von 100 ppm (siehe S. 125) Regenbogenforellen tötet, und noch immer als »gefährlich«, wenn 1000 ppm dazu ausreichen. Allen ist klar: Es ist das Ammoniak, das die Fische tötet, sonst nichts, doch das Gesetz sagt (in unserem Sprachgebrauch) »hochtoxisch«. Also auf eine Deponie damit! Indessen, welche Deponie nimmt einen hochtoxischen Stoff in solchen Mengen? Der Transport hätte überdies 100 Dollar pro Tonne gekostet. – Also besann man sich auf die Düngereigenschaften, prüfte und fand, die Substanz ist nicht nur pflanzenverträglich, sondern für Erbsen, Bohnen und Getreide tatsächlich ein gutes Düngemittel. So wurde sie denn unter einem Handelsnamen angemeldet, wurde ein offizielles Handelsprodukt und fiel nun nicht mehr unter die Verordnungen über toxische Stoffe! Es kam noch besser: Nachdem der Stoff in die Form der handelsüblichen Düngemittelkügelchen gebracht worden war, verkaufte er sich mit 30 Dollar pro Tonne!

Es ist wie mit unserem täglichen Kochsalz: einige Gramm ins Aquarium geschüttet, und jeder Fisch geht ein, aber wer wird deshalb in ihm ein Umweltgift sehen?

So makaber es klingen mag, betrachten wir einmal den toten Menschen – was war er bisher anderes als eine Abfallsubstanz, die recht bald einem Sammel- und Endlager, dem Friedhof, zugeführt werden mußte? Im beginnenden Zeitalter der Ersatzteilchirurgie wird nun jede menschliche Leiche zum Wertobjekt.

Nein, es ist nicht gut, allen »Abfall« zu vernichten. Sorgsam ausgewählte, dokumentierte »Abfall«-Lager, ähnlich einem Chemikalienlager, wären eher ideal. Das gilt auch für radioaktiven »Abfall«!

Der Evolutionsablauf kennt keine Pause

Verzeihung, sind Sie abergläubisch? Nein, wir wollen hier nicht von Freitag dem Dreizehnten oder von astrologischen Weissagungen reden, sondern von wirklichem Aberglauben, von unbewußten Denkvorstellungen. Nein, auch von Fähigkeiten der Politiker – wem Gott ein Amt gibt, dem gibt er auch den Verstand? –, nein, auch darüber wollen wir nicht reden. Es gibt da den ur-christlichen Aberglauben, der Mensch sei die Krone der Schöpfung – oder die Natur böte dem Menschen die optimale Existenz und alles auf Erden sei für den Menschen gemacht, unveränderlich und gut. Die Vorstellung, unsere »natürliche« Umwelt sei die beste Umwelt und wir könnten uns an ihr »vergehen«, das ist wahrhaft ein Aberglaube erster Ordnung. Die Geschichte der Natur mag eine endlose Folge von Katastrophen sein, und das Auftreten und die Ausbreitung des Menschen mögen zu solchen Naturkatastrophen gerechnet werden müssen – vielleicht –, aber jedenfalls sind Dasein und Tätigkeit des Menschen naturgegeben. Wenn der Mensch die Umwelt ändert, so ist das – aufs Ganze gesehen – ein kleiner Faktor in der natürlichen Evolution.

Die »gute alte Zeit« – was war denn das, wenn wir einmal in anderen Zeiträumen rechnen als unserem Alltag? Da war »die Umwelt« doch total anders als heute!

Vor etwa 5 Milliarden Jahren kontrahierte sich im Sonnensystem eine rotierende Gasmasse zu einer flüssigen Materialkugel. Die Kugel erkaltete langsam, wobei sich eine Schichtung ausbildete. Die leichten Bestandteile bildeten eine Außenhülle, die zu erstarren begann. Diese Kugel ist unsere sich bis heute drehende und um die Sonne bewegende Erde geworden.

Ganz erstaunlicherweise finden sich eine gute Milliarde Jahre später schon so etwas wie erste lebende Zellen auf der Erde. Das Entstehen von Lebensformen muß also auf der Erde ein überaus wahrscheinliches Geschehen gewesen sein. Lange galt es als sicher, daß diese frühen Einzeller bereits Kohlendioxid aufgenommen und Sauerstoff ausgeatmet haben, doch sind daran neuerdings einige Zweifel geäußert worden. Wie dem aber auch sei, zu den frühesten Lebewesen gehörten wohl auch Einzeller, wie wir sie heute noch beobachten, die aber einen extrem anderen Stoffwechsel besitzen:

1. die Archäbakterien, die Methan »ausatmen«,
2. die Schwefelbakterien, die ihre Energie aus der Umwandlung von Schwefelwasserstoff zu Schwefel und dessen weiterer Oxidation zu Sulfat gewinnen,
3. Eisenbakterien, die Kohlendioxid aufnehmen, aber ihre Lebensenergie aus der Oxidation von Eisen- (und Mangan-) Verbindungen beziehen.

Für einige solcher und anderer früher Lebensformen ist unsere heutige Umwelt recht lebensfeindlich. Viele Bakterienarten vertragen beispielsweise nicht die heute relativ hohe Sauerstoffkonzentration unserer Luft, sind An-aerobier. Für unsere Pflanzenwelt hingegen ist die gegenwärtige Kohlendioxid-Konzentration nur knapp ausreichend (siehe S. 140). Ob je eine Art von Lebewesen auf der Erde optimale Umweltbedingungen vorgefunden hat? Ist ein Teil der Lebewesen vielleicht stets in einem Aussterbeprozeß begriffen? Wir werden auf diese Frage noch zurückkommen.

Und die Metalle, die Schwermetalle? Nun, wir benötigen als Zentralatom unseres Hämoglobins, das den aufgenommenen Sauerstoff in unserem Körper transportiert, Eisen. Einige seltsame Meeresbewohner, die sogenannten Seescheiden, tragen anstelle von Eisen im entsprechenden Molekül das Metall Vanadium. Die Archäbakterien wiederum brauchen, wie wir seit wenigen Jahren wissen, Nickel. Einige Kohlearten und Mineralöle enthalten auffällige Mengen Germanium – ob es einst auch eine besondere Stoffwechselbedeutung gehabt hat? Gewiß werden wir noch manche Überraschung erleben, denken wir beispielsweise nur daran, daß – wie wir heute wissen – die riesigen und wirtschaftlich so bedeutenden Lagerstätten an Schwefeleisen (Pyrit) auf mikrobielle Tätigkeit zurückgehen.

Geologische Umweltkatastrophen

Für die letzten, die neuesten 600 Millionen Jahre haben wir sehr exakte Belege über das Leben auf der Erde, und es sind zwei Dinge, an denen es heute nichts mehr zu rütteln gibt:

Es existiert eine nicht abreißende Folge von Lebewesen entsprechend ihrer geologischen Umwelt.

Mit dem Wechsel der geologischen Epochen gehen biologische Katastrophen einher. Die natürlichen Umweltveränderungen lassen breite Gesellschaften von Tieren und Pflanzen zugrunde gehen. Es folgen neue Arten.

In geologischen Zeiträumen gesehen, verlaufen die biologisch-geologischen Umweltveränderungen oft rasch, man möchte fast sagen momentan, und auch recht dramatisch. Da gehen Gruppen von Lebewesen unter, die viele Jahrmillionen existiert haben.

Vor 65 Millionen Jahren verschwinden auf dem Lande die Dinosaurier, eine Tiergruppe, die es 130 Millionen Jahre gegeben hatte. Gleichzeitig etwa schlägt für die Ammoniten (ihre schnekkenartigen Gehäuse hatten bis zu 2 m Durchmesser) die letzte Stunde, nachdem sie, in Dutzenden von verschiedenen Arten, sogar rund 330 Millionen Jahre die Meere bevölkert hatten. Auch die Trilobiten, Dreilappkrebse, immerhin 250 Millionen Jahre lang typische Vertreter der Entwicklungsstufe, konnten in der neuen Umwelt nicht überleben.

Der Paläontologe A. Boucot von der Oregon State University (USA), international von hervorragendem Ruf, nimmt für die letzten 600 Millionen Jahre zwölf Umweltperioden an, während derer es Treibhaus- und Eishaustemperaturen gab, Korallenriffe wuchsen oder untergingen, in denen es Phytoplankton (vom Wasser getriebenes pflanzliches Material, Grundnahrung vieler Meeresbewohner) in großen Mengen oder fast gar nicht gab. Die große Preisfrage ist und bleibt vorerst: Warum änderten sich die Umweltlebensbedingungen so oft, und was war das auslösende Ereignis? Wenn wir das wüßten, sollten wir ja auch erkennen können, wohin unsere heutige Umwelt steuert und wie lange wir

Erdgeschichte und Aussterbezeiten

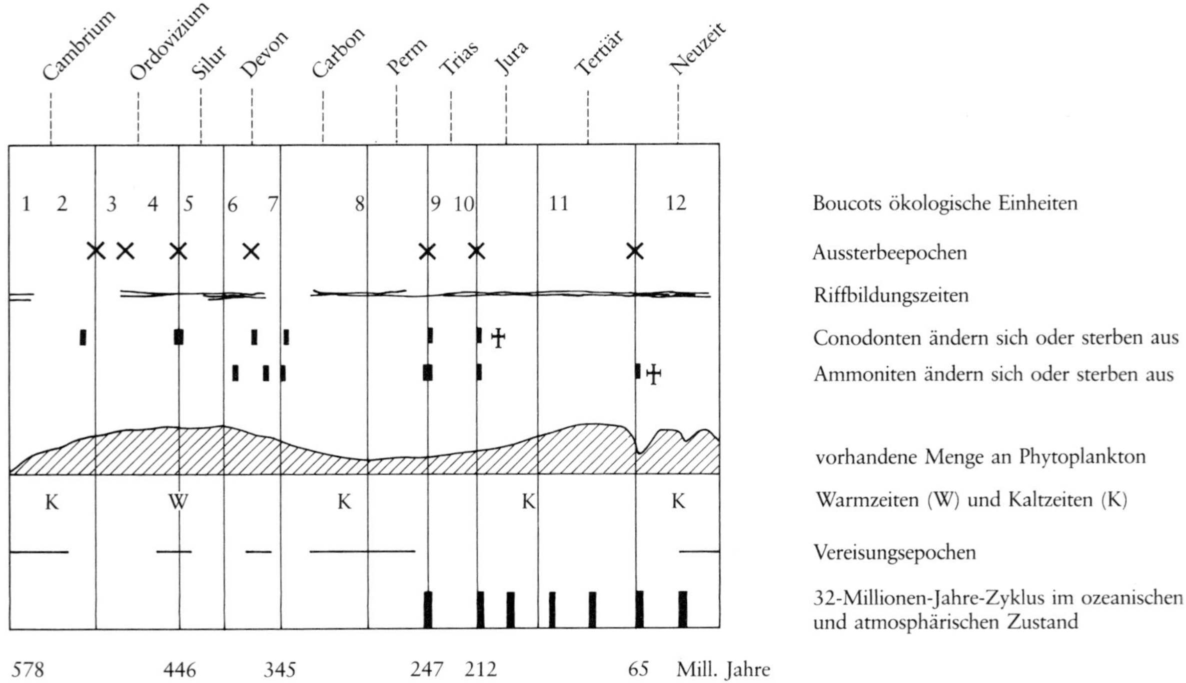

noch hoffen dürfen, sie in einer uns angenehmen Weise erhalten zu können. Selbstverständlich sind wir gegen Naturgewalten am Ende hilflos. Will die Natur etwas verändern, so hat sie nicht nur mehr Energien verfügbar, als der Mensch mobilisieren kann, sondern sie hat auch mehr Ausdauer, auf einige hundert Jahre kommt es ihr schließlich kaum an. Wenn wir beispielsweise mit absoluter Sicherheit wüßten, daß die Wüsten von Afrika aus den Mittelmeerraum erobern werden, so könnten wir das mit einer großzügigen Langzeitplanung bestenfalls vielleicht hundert Jahre hinauszögern.

Was also kann die Ursache der geologischen Katastrophen, des Verlöschens von Tier- und Pflanzenarten gewesen sein? Da ist längst eine lange Liste von möglichen Ursachen aufgestellt worden. Diese Theorien haben eigentlich alle nur einen Fehler: niemand vermag zu sagen, weshalb diese »Ursachen« eingetreten sind. Aber lassen wir das, in der Politik geht ja alle Welt auch nur bis zu einer just eben passenden »Ursache« zurück, ohne weiterzufragen, was für diese der Anlaß gewesen ist. Also hier die Liste der Ursachen:

1. Störungen in der Erdumlaufbahn,
2. Änderung des Wärmeflusses im Erdinneren,
3. Mangel an Phytoplankton, der Grundlage ozeanischen Lebens,
4. Kaltwasser aus der Arktis,
5. Steigen oder Fallen des Meeresspiegels,
6. Passage des Sonnensystems durch eine interstellare Wolke,
7. große Gasausbrüche auf der Sonne,
8. kosmische Strahlungsfelder,
9. Zusammenstoß der Erde mit einem Kometen oder Meteoriten.

Diese Aufzählung läßt sich leicht noch verlängern. Sie ist vor allem deswegen interessant, weil sie zeigt, welchen Gefahren wir und unsere Umwelt ständig ausgesetzt sind.

Nun läßt sich natürlich danach suchen, ob es in einer solchen Liste Geschehnisse gibt, die mit gewisser Regelmäßigkeit eintreten können und die dann eventuell der Anlaß für den Beginn neuer geologischer Epochen oder das Aussterben von Tier- und Pflanzenarten sind. Tatsächlich scheint sich eine gewisse Periodizität abzuzeichnen, zumindest für die letzten 250 Millionen Jahre. Einige Forscher glauben, daß etwa alle 30 Millionen Jahre, andere meinen alle 26 Millionen Jahre, eine Katastrophe auf der Erde eintritt. Was ist dann aber die Ursache?

Der Kosmos greift ein

Die Vermutung liegt nahe, daß es sich um ein kosmisches Geschehen handeln muß, welches die irdischen Veränderungen (Wechsel in der Höhe des Meeresspiegels oder dergleichen) zwangsweise einschließt. Zwei Möglichkeiten zeichnen sich ab:

1. Eine Schaukelbewegung, eine Oszillation des Sonnensystems in der Ebene der Milchstraße, die auf 33 ± 3 Millionen Jahre veranschlagt wird.
2. Einschläge großer Meteorite oder Asteroide, die vielleicht ein bislang unbekannter Begleitstern der Sonne in einer 28,4-Millionen-Jahre-Periodizität hervorruft.

Die Schwankungen der Lage des Sonnensystems in der Milchstraße können die Ursache dafür sein, daß wir durch Gas- oder Staubwolken hindurchfliegen und sich deshalb Bahnen von Kometen oder kometenähnlichen Körpern im Sonnensystem ändern, es möglicherweise zu Zusammenstößen solcher Weltkörper mit der Erde kommt.

Einschläge von großen Meteoriten oder anderen Himmelskörpern lassen sich auf vielen Planeten und Monden im Sonnensystem finden. Näher untersuchen und einigermaßen sicher datieren aber können wir bislang nur die von ihnen erzeugten Einschlagkrater auf unserer Erde. Nach den Untersuchungen der Geophysiker W. Alvarez und R. A. Müller von der Universität von Kalifornien (Berkeley) bleiben 13 Einschlagkrater, für die sich eine Periodizität von 28,4 Millionen Jahren nachweisen läßt.

Auf ein Alter von etwa 15 Millionen Jahren datiert ist der etwa 25 km breite Meteoritenkrater, den wir das »Nördlinger Ries« nennen und der in der Übersicht von W. Alvarez fehlt. Er würde zeitmäßig in der Periodizität etwa passen. Wie umwelteffektiv ein Meteoriteneinschlag sein kann, läßt sich am Ries-Krater erkennen. Als er einschlug, riß er ein Loch in den Jura, das dann zur Paßstraße geworden ist, die Handelsstraße über die Stadt Nördlingen. Aus einem Gebirgszug wurde Ackerland. Der Kalk des Gebirges wurde zertrümmert, wurde zu leicht abbaubarem Material für Straßenbau und Zementfabrikation. Fein gemahlen dient das Schmelzgestein als Rohstoff für feuerfeste Keramik. Bis zu Glas zusammengeschmolzene Gesteinsreste flogen bis Brünn in der heutigen Tschechoslowakei und wurden dort Anlaß für die Entwicklung einer Schmuckindustrie.

Gibt es ein besseres Beispiel für die kosmische Gestaltung unserer heutigen Umwelt? Eine ganze Landschaft und ihre Bewohner leben von einem Meteoriteneinschlag, der 15 Millionen Jahre zurückliegt.

Falls es zutrifft, daß die Erde etwa alle 28 Millionen Jahre eine Katastrophe erleidet, so hätten wir wohl noch etwa ein Dutzend Millionen Jahre vor uns, bis die Situation wieder kritisch werden kann. Wir sollten uns darum keine Sorgen machen. Ob es bis dahin überhaupt noch Individuen menschlicher Art gibt, steht dahin. Wir kennen zwar etliche Tier- und Pflanzengruppen, die während der letzten 600 Millionen Jahre aufblühten und auch wieder untergegangen sind, doch lassen sich daraus gewiß keine Parallelen ableiten und schon gar nicht der Schluß, der Mensch würde nun noch soundsoviele Jahre auf der Erde existieren. Betrachten wir nur einmal die Existenzzeiten einiger ausgestorbener Formen:

Die Trilobiten (Dreilappkrebse) tauchen etwa vor 580 Millionen Jahren auf, geraten vor 350 Millionen Jahren offenbar in ungünstige Lebensumstände, nehmen an Arten ab und sind um 250 Millionen Jahre vor unserer Zeit verschwunden.

Die Archaeocyathus-Tiere, 2 bis 8 cm große tütenförmige,

schwammähnliche Gebilde mit einem Kieselsäureskelett, mit Kalkalgen Riffe bildend, erscheinen auch vor rund 580 Millionen Jahren, verbreiten sich rasch und zahlreich, existieren dann aber nur rund 50 Millionen Jahre.

Die Graptolithen, wirbellose marine Lebewesen mit einem Chitingerüst, die Kolonien bilden, erscheinen vor etwa 550 Millionen Jahren, gewinnen keine beherrschende Bedeutung, sind aber für Paläontologen heute doch ein Leitfossil; sie kommen fast 200 Millionen Jahre auf der Erde vor.

Die Ammoniten, die »Ammonshörner«, wir haben sie bereits erwähnt, tauchen zuerst vor etwa 390 Millionen Jahren auf. Ihre Form und Häufigkeit haben mehrfach gewechselt. Vor 270 und dann erneut vor 185 Millionen Jahren sieht es so aus, als würden sie zugrunde gehen, doch es gelingt ihnen jedesmal, noch zu überdauern, und erst vor rund 60 Millionen Jahren sterben sie dann wirklich aus.

Die Frage bleibt, was sich denn nun in Wirklichkeit bei den kosmischen Eingriffen in die Umwelt verändert hat. Was war es, das den aufgeführten Meerestieren das Überleben unmöglich machte? Wir sind geneigt, leichthin zu sagen, das Klima änderte sich so, daß sie nicht länger existieren konnten, doch das ist wohl etwas zu einfach. Was war denn beispielsweise die Klimaänderung von der Buntsandsteinzeit zur Muschelkalkzeit?

Noch vor wenigen Jahren hieß es, das Klima der Buntsandsteinzeit sei »überwiegend wüstenartig« gewesen, versteinerte Reste von Tieren und Pflanzen gäbe es kaum. Heute wissen wir, daß wir diese Meinung korrigieren müssen. Es hat damals zwar ein heißes, trockenes Klima geherrscht, aber es gab doch sehr viele Tier- und Pflanzenarten. Eine Vielzahl von Muscheln und Fischen kam vor, auch Amphibien, und an Pflanzen fehlte es auch nicht. An Flußmündungen gab es Mangrovengürtel, Sümpfe boten einer reichen Tier- und Pflanzenwelt gute Lebensbedingungen.

Es schloß sich die Periode des Muschelkalks an. Nun wurde der Reichtum an Pflanzen und Tieren so groß, daß die Nennung der Artenvielfalt Kataloge erfordert, um sie aufzählen zu können.

Der wesentliche Unterschied zwischen diesen beiden geologischen Epochen aber bleibt ein chemischer! Plötzlich, und niemand weiß exakt zu sagen weshalb, lagert sich nicht mehr rötlicher Sand, Siliciumdioxid, in Schichten ab, sondern Kalk ($CaCO_3$). Wir haben einen radikalen Wandel in der Umweltchemie. Es muß sich entweder die Zusammensetzung der Atmosphäre geändert haben, die mehr Kohlendioxid enthielt, oder es muß im Wasser zu einem großen Überschuß an Calcium gekommen sein, vielleicht weil das Wasser lösliche Calciumsalze aufnahm. Im Roten Meer kennen wir vielleicht ein vergleichbares Geschehen, in seinen Tiefen löst das Wasser derzeit eine Metall-Lagerstätte auf.

Charles Darwin hat 1859 eine Entwicklungslehre der Arten vor uns ausgebreitet, den »Kampf ums Dasein«, der gewissermaßen ein soziologischer Kampf in einer sonst unveränderten Welt ist. Wir sehen heute auch einen *chemischen Darwinismus,* der sich durch die Erdgeschichte zieht und in dem jene Arten überdauern und sich neue Formen entwickeln, die der Veränderung der chemischen Umwelt folgen können. Es mag sein, daß wir exakt einen chemischen Darwinismus erleben, wenn wir bei Versuchen mit »Umweltgiften« sehen, wie ein gewisser Prozentsatz der Pflanzen oder Tiere stirbt, während Einzelexemplare unter den Versuchsbedingungen keinen Schaden nehmen. Selbst beim Menschen zeigen sich ja Unterschiede, und sei es gegenüber dem Tabakverbrauch – nicht jeder Raucher bekommt Lungenkrebs.

Chemie sichert unsere Existenz

Vor gut 2 Millionen Jahren erscheint auf der Erde eine Art von Wirbeltieren, der man keine gute Überlebensprognose geben möchte. Ihrer Umwelt muß sie als eine kuriose genetische Minusvariante vorgekommen sein, für das Leben auf dem Lande wenig geeignet, zum Fliegen oder Schwimmen kaum fähig, keine Federn, keine Schwimmflossen, nur kümmerlich behaart. Die neue Art ist wenig wehrhaft, hat keine Krallen, kaum Reißzähne, keine Giftdrüsen: es ist der Mensch. Einzeln und in freier Wildbahn sind die Überlebensaussichten wohl kaum groß, doch dieser Mensch bildet Herden und vermehrt sich gut. Wie alle anderen Lebewesen nutzt auch er jedes Hilfsmittel, das ihm die Natur bietet. Er fertigt Werkzeug aus Knochen, verwendet Steine, und bald baut er – fast bergmännisch – Feuersteinknollen ab, um daraus Messer, Schaber, Schlagwerkzeuge, Pfeil- und Lanzenspitzen zurechtzuschlagen. Vor 33 000 Jahren hat es im Niltal schon eine Feuersteinwerkzeug-*Industrie* gegeben, die auf Feuersteinklingen spezialisiert gewesen sein dürfte. Aus Kenia ist der erste Gebrauch von Feuer durch den Menschen bekannt, er liegt 1,42 Millionen Jahre zurück. Wie es scheint, wurde das Feuer zum ersten Verbündeten des Menschen.

Bis vor etwa 200 Jahren lagen die naturwissenschaftlichen Fortschritte des Menschen dann im wesentlichen auf physikalischem beziehungsweise mechanischem Gebiet. Lebensmittelzubereitung, Kochen, Backen und Braten sind ja Chemie, vielleicht der größte und der Alltagszweig der Chemie, auch die Metallgewinnung, aber wir haben sie heute noch kaum als Chemie im Bewußtsein, ebensowenig wie die Keramik. Doch nun hat, mit der Alchimie als Vorstufe, die Chemie, das Zeitalter der bewußt studierten und angewendeten Chemie, begonnen. Über die Umweltchemie dringt sie mit ihren Problemen und Möglichkeiten in unseren Alltag ein. Und jedermann erwartet von ihr Wunder! Warum? Weil allzu viele allzu wenig von der Chemie wissen! Ist denn der Chemiker nicht eine Art Zauberkünstler? Gewiß, der Chemie sind die unglaublichsten Dinge gelungen. Wo immer ein Mangel auftrat, wurde die Chemie zur Hilfe gerufen. Schon der Erste Weltkrieg sah die »Kunststoffe«. Heute möchten wir uns fragen, ob es noch *Kunst*stoffe sind? Längst haben die Polymeren (Plaste) ein Eigenleben begonnen. Wieviel Holz wird heute durch Kunststoffe eingespart? Schachteln, Kästen, Stühle, Naßzellen im Hausbau, Autoteile usw., da ist kein Ende abzusehen. Mit Lacken und Klebstoffen geht es weiter. Dann kommen die Fasern für unsere Bekleidung. Halt, ruft da jemand, wäre es nicht umweltfreundlicher, Wolle und Baumwolle zu nehmen, die wachsen natürlich, sparen Energie? Gewiß, Baumwolle wächst ohne Chemie – oder doch nicht? Nein, da müssen die Felder gedüngt, da müssen sehr fatale Schädlinge chemisch bekämpft werden. Die Bewässerungsanlagen und später die Pflückmaschinen, alles verbraucht Energie. Die Bilanz ist unverkennbar und eindeutig: Man benötigt mehr Energie (mehr Kohlendioxid-Produktion, mehr saurer Regen), um ein Hemd aus Baumwolle als aus Polyester herzustellen! Und in Kunststoffschaumstoffe verpacken wir – um Heizung zu sparen und die Umweltbelastung zu verringern – nun ganze Häuser.

Wer glaubt, ein Auto könnte ohne Chemie auch nur hundert Meter weit fahren? Wir müssen endlich begreifen, daß ein Auto zwar auch Blechmechanik enthält, daß es aber in Wirklichkeit ein Chemieerzeugnis ist: Lack, Reifen, Polsterung, Schmieröl, Treibstoff, Batterie, Schlauchleitungen, Isoliermaterial – wo ist keine Chemie? Selbst die Metallteile wären ohne die Mitwirkung von Chemikern nicht zustande gekommen!

Das mag als Aufzählung eindrucksvoll sein, und im Prinzip weiß das auch jeder von uns, aber entscheidend ist etwas ganz anderes: Meist ist jemand zu den Chemikern gekommen und hat sie aufgefordert: Macht uns einen Stoff, der die folgenden Eigenschaften hat ..., denn in der Natur finden wir nichts, was paßt! Hier liegt die eigentliche Bedeutung der Chemie. *Alles, was die Chemie an erstaunlichen Produkten schuf, war Auftragsarbeit, entsprach einem Bedarf!*

Theoretisch gesehen, könnten wir auch zu Fuß gehen und auf Autos verzichten. Wir müßten allerdings barfuß laufen, denn genug Leder für Schuhe gibt es nicht; wir laufen ja längst in Schuhen, die zum großen Teil aus Kunststoffen bestehen. Auch Socken hätten wir nicht, denn sie enthalten Kunstfasern. Einige deutsche Wehrmachtseinheiten, denen man 1945 ihre Stiefel genommen hatten, konnten auf ihren ®Perlon-Erprobungssocken weiterziehen.

Doch vor allem ist es der *Hunger* der wachsenden Bevölkerung, der immer neue Forderungen stellt. Mit Bioernährung könnte nur ein Bruchteil aller Menschen überleben, wäre Nordeuropa längst verhungert. Gewiß, es läßt sich mit einem Minimum an Nahrung noch existieren, aber als Leben kann man das nicht mehr bezeichnen. Die Deutschen wissen das sehr genau. Da hatte der Völkerbund in Genf 1936 zwar beschlossen, der Grundbedarf eines Erwachsenen betrage täglich 2400 Kilokalorien (was heute etwa 10 000 Kilojoule wären), doch erhielten im März/April 1947 zum Beispiel die Bürger Bayerns (in der damaligen US-Zone) laut Lebensmittelkarte nur 668 Kilokalorien.*

Die Welt schreit nach Fetten, die Chemie entwickelte Margarine, Koch- und Bratfette.

Eiweiß fehlt! Also wurde sonst nicht eßbares Eiweiß aufbereitet, und von der Biotechnologie erhoffen wir uns weiteres Eiweiß aus Algenzuchten.

Getreide, Stärke, Kohlenhydrate fehlen! Gut, die kann die Chemie heute noch nicht liefern, trotz aller Versuche, aus Holz Zucker zu gewinnen. Aber die Ernte kann die Chemie verbessern, nicht nur durch Düngung und Pflanzenwuchsstoffe, sondern auch, indem sie dafür sorgt, daß Schädlinge uns nicht die halben Ernten wegfressen. Auch fault und verdirbt das Erntegut nicht mehr, denn da gibt es nun eben hervorragende Konservierungsmittel.

Dennoch, der Wettlauf zwischen Nahrungsmittelerzeugung und Bevölkerungszunahme bleibt vorerst unentschieden. Schätzungen, die natürlich mit größter Vorsicht zu sehen sind, sagen, daß im Jahre 2025 etwa 8,2 Milliarden Menschen auf der Erde sein werden, 2100 sollen es sogar 10,2 Milliarden sein. Doch hier und dort sinken die Geburtenzahlen, so in Westdeutschland, in Japan und vor allem in China, nachdem dort per Gesetz nur noch ein Kind je Familie »erlaubt« wird. Dem steht allerdings eine rasch wachsende Anzahl zum Beispiel von Muslims in Zentral-

---

* Das waren pro Tag 3 Scheiben Brot (à 50 g), 2,2 g Käse, 21 g Fleisch, 7 g Fett.

asien gegenüber (wodurch die Russen vielleicht zur Minderheit werden), und auch in den Ländern Afrikas und Südasiens ist mit großen Bevölkerungszunahmen zu rechnen.

Rumänien will derzeit seine Einwohnerzahl systematisch erhöhen: Bei Frauen wurde die Heirat für erst Fünfzehnjährige erlaubt, und wer mit 25 Jahren noch unverheiratet ist, soll dort künftig 5 Prozent mehr Einkommensteuer zahlen müssen!

Alles in allem gesehen, hoffen die Statistiker aber doch, daß die Zunahme an Menschen nicht so erheblich sein wird, wie es vor wenigen Jahren noch als Lehrmeinung galt.

Wichtig wird die Altersentwicklung der Bevölkerung sein. Japan, jetzt mit der relativ jüngsten Bevölkerung, sollte den Berechnungen nach in rund 50 Jahren die älteste Bevölkerung haben.

In der Bundesrepublik sind bereits heute etwa 20 Prozent der Bewohner älter als 60 Jahre. Der Vergreisungsprozeß verläuft so: Die Altersgruppe zwischen 75 und 80 Jahren nimmt von 1975 bis 1990 um 17 Prozent zu; die Altersgruppe zwischen 80 und 85 Jahren steigt im gleichen Zeitraum um 51 Prozent. Die über 90jährigen nehmen um 42 Prozent zu. Insgesamt aber sinkt die Einwohnerzahl der Bundesrepublik, denn die Geburtenzahlen sinken.

Das bedeutet, daß die Anzahl der Berufstätigen ständig abnimmt, also weniger Geld zur Verfügung steht. Das ist ein Faktum, das primär den Wohlstand und also den Verbrauch an Energie und Material vermindern muß, als weitere Folge eine veränderte Umweltsituation bewirken wird.

Möglicherweise aber gibt es auch hier einen natürlichen Gegenregulationsmechanismus, wird sich die Sterberate der Alten doch erhöhen, denn trotz aller Mühen der Mediziner zeigt sich schon jetzt ein erstaunliches Phänomen am Beispiel der Alterskrankheit Bluthochdruck: Von den entsprechenden ärztlichen Verordnungen werden etwa 7 Prozent erst gar nicht zum Apotheker gebracht und werden 60 Prozent der ärztlichen Hinweise vergessen. Ob die gekauften Arzneimittel nach vernünftigen Regeln angewendet werden, scheint weitgehend fraglich.

Es mag sein, daß sich die Bevölkerungszahlen in einer Art Wellenlinie bewegen, mit Höchst- und Niedrigwerten wie eben so manches geschichtliche Geschehen.

Selbstredend bedeutet das nun nicht, unser Leben sei in Gefahr! Alles Reden darüber, wir wären dieser oder jener gefährlichen chemischen Substanz ausgesetzt, verblaßt, wenn wir uns klarmachen, wieviel gesünder wir heute leben im Vergleich zu früheren Zeiten: Die Lebensdauer des Menschen wächst, was auch immer als Schreckgespenst vor uns aufgebaut wird. Sehen wir uns die folgende Tabelle an:

Lebenserwartung eines Neugeborenen	in Jahren
im klassischen Griechenland	etwa 20
in Deutschland 1875	30
in Deutschland heute – männlich	69,9
– weiblich	76,6

Bereits 1970 durfte ein Mensch in den hochentwickelten Industrieländern hoffen, 70,6 Jahre alt zu werden, während er in weniger entwickelten Staaten (bei »natürlichem Leben«) im Durchschnitt nur ein Alter von 49,6 Jahren erreichen konnte. Leider machen wir uns die beweisende Kraft, die in diesen einfachen Zahlen liegt, viel zu wenig klar. Kurzgefaßt sagen sie ja nur, daß wir für eine chemisch-technische Umwelt geschaffen sind, nicht für ein Leben unter »natürlichen« Umweltbedingungen. Wenn wir Risiken vermeiden möchten, so sollten wir die Tabak- und Alkohol-Umwelt meiden! Sprechen wir über den Alkohol (weil er eine reine Chemikalie ist, wogegen der Tabakgenuß die Einwirkung einiger hundert Chemikalien bedeutet) und nehmen wir an, er sei soeben entdeckt und in unsere Welt eingeführt worden, so würde er als stark wirksames Mittel selbstverständlich der Rezeptpflicht unterliegen. Auf jeder Flasche Schnaps klebte dann nach den Angaben des Bundesverbandes der Pharmazeutischen Industrie ein Zettel mit etwa dem folgenden Text:

Zusammensetzung und Anwendungsgebiete: 0,75 l 40%iger Alkohol enthalten 0,3 l reinen Alkohol. Bei freudigen Anlässen, fehlendem Frohsinn, Streß usw. Bei voller Wirkung totales Vergessen von Problemen und Mißempfindungen möglich.

Gegenanzeigen: Überempfindlichkeit gegen Alkohol, Schwangerschaft, Lebererkrankungen, Entzündungen der Bauchspeicheldrüse und der Magenschleimhaut.

Nebenwirkungen: Bei Anwendung über längere Zeit in höherer Dosierung können durch nachlassende Verträglichkeit folgende unerwünschte Wirkungen auftreten: Zittern der Hände, morgendliche Übelkeit bis zum Erbrechen, Wadenkrämpfe.

Hinweis: Bei kurzfristiger Anwendung rückbildungsfähige Schädigungen im Bereich des Zentralen Nervensystems.

Wechselwirkung mit Arzneimitteln: Alkohol verstärkt die Wirkung von ...

Warnhinweis: Bereits bei geringer Dosierung ist das Reaktionsvermögen herabgesetzt, so daß das Führen von Fahrzeugen und die Bedienung gefährlicher Maschinen unzulässig sind. Suchtgefahr. In der Schwangerschaft besteht das Risiko von Mißbildungen. Alkohol für Kinder unzugänglich aufbewahren!

So gefährlich wie Schnaps sind nur wenige Lebensmittel. Unsere Vorstellungen über Umweltgefahren sind generell, wohl aufgrund unsachlicher Berichterstattung, ganz erstaunlich unzutreffend. Wie die tabellarische Übersicht zeigt, sehen US-College-Studenten die größte Bedrohung in der Kernenergie, versicherungsmäßige Unterlagen ordnen die Kernenergie erst an Platz 20 ein. Rauchen, Alkohol und Autos rangieren auf den Plätzen 1 bis 3 und werden in ihrer Gefahr weit unterschätzt. Lebensmittelfarbstoffe, Lebensmittelkonservierungsstoffe und Schädlingsbekämpfungsmittel (Pestizide) stellen, mit weniger als einem Toten pro Jahr, kaum ein Versicherungsrisiko dar.

In einer amerikanischen Umfrage wurden 30 Gefahrenquellen der Reihe nach eingestuft und das Ergebnis mit versicherungsstatistischen Schätzungen verglichen:

	College-Studenten	Mitglieder akademischer und geschäftlicher Vereine	Versicherung	Todesfälle/Jahr
Rauchen	3	4	1	150000
Alkohol	7	5	2	100000
Autos	5	3	3	50000
Motorrad	6	2	6	3000
Schwimmen	30	17	7	3000
Haushalt	27	27	15	200
Kernkraft	1	8	20	100
Lebensmittelfarbstoffe	20	30	26	< 1
Lebensmittelkonservierungsstoffe	12	28	27	< 1
Pestizide	4	15	28	< 1
Spraydosen	13	23	30	< 1

Ausblicke

Mit der Anzahl der Menschen auf der Erde wird die Ausbeutung der natürlichen Reserven zunehmen und andererseits auch die Umweltbelastung, denn schließlich wird alles zu »Abfall«: Nahrung, Kleidung, Werkzeug und Wohnungen. Wissenschaftliche, technische und industrielle Fortschritte erlauben es einer erstaunlich hohen Anzahl von Menschen, ein einigermaßen menschenwürdiges Leben auf der Erde zu fristen. Es geht uns sogar so gut, daß wir uns den Luxus leisten, neue Entwicklungen daraufhin

»abzuklopfen«, ob sie »umweltverträglich« sind, das heißt die Umwelt so zu belassen, wie wir sie gewohnt sind, wie sie uns derzeit behagt. Wo das nicht der Fall ist, setzt unser Aberglaube ein, schließlich sei doch alles machbar, wir müßten also nur noch einen zusätzlichen Aufwand erbringen, um diesen oder jenen erstrebenswert scheinenden Vorteil auch noch zu genießen.

Betrachten wir unsere Ernährungsmöglichkeiten. Ohne jeden Zweifel hat während der letzten Jahrhunderte die Landwirtschaft die größten Umweltveränderungen bewirkt, indem sie Moore kultivierte, Flüsse und Bäche regulierte, Wald rodete, Wiesen in Ackerland verwandelte, Sümpfe drainierte, neu gewonnenes Land hinter Deichen schützte, Seen trockenlegte und was nur irgend möglich war an Nährstoffen aus dem Boden herausholte. Die Pflanzenwelt wurde dabei in »Nutzpflanzen« und »Unkraut« geschieden, die Tierwelt in »Nutztiere« und »Schädlinge« geteilt. Was an Pflanzen und Tieren nicht den Wünschen entsprach, wurde mit allen Mitteln ausgerottet. Seit einigen Jahrzehnten ist die Landwirtschaft damit auch zu einem der größten Kunden der chemischen Industrie geworden! Ohne Chemie ist eine rentable Landwirtschaft gar nicht mehr vorstellbar.

Nun aber paßt uns das alles nicht mehr. Ackerbau ja, aber so nicht! Die Umwelt soll wieder »natürlich« werden, Moore zum Beispiel sollen wieder einer früheren Lebensgemeinschaft, einem »natürlichen« Ökosystem zur Verfügung stehen. Nein, keine Ackerlandgewinnung mehr am Meer, das Wattenmeer ist einmalig wertvoll für seltene Tiere und Pflanzen. Künstlicher Dünger? Nein, Biodünger – überhaupt, es lebe die »alternative« Landwirtschaft, mögen ihre Produkte auch teuer sein. Wer muß da hungern, weil die Erträge geringer sind? Den Propheten der Bioexistenz, denen es gut geht, scheint das egal zu sein. Wir aber sollten doch einmal einen Blick auf die »Entwicklungsländer« werfen. Dort gibt es riesige Gebiete mit vorzüglichen Landwirtschaftsflächen – und Bioanbau. Das Resultat: Hunger. Sollen wir uns vor lauter Umweltängsten auf einen solchen Landbau zurückschrauben lassen?

Die Behauptung zum Beispiel, daß sich mineralische Düngemittel negativ auf die Qualität pflanzlicher Nahrungsmittel auswirken, ist ebenso falsch wie die Meinung, Nahrungsmittel aus alternativem Anbau seien besser als solche aus modernem, den man auch konventionell nennt: In drei landwirtschaftlichen Untersuchungs- und Forschungsanstalten wurden drei Jahre lang 720 Proben von Brot, Äpfeln, Möhren, Salat und Kartoffeln aus alternativem und konventionellem Angebot analysiert. Das Ergebnis bestätigte viele andere Untersuchungen: Es wurden keine Unterschiede im Gehalt an wertgebenden Inhaltsstoffen, an Pflanzenschutzmittelrückständen, an Schadstoffen und im Geschmack gefunden, alternative Produkte sind nicht besser.

So bestehen keinerlei lebensmittelchemische Unterschiede zwischen alternativ und konventionell erzeugten tierischen Lebensmitteln, weder bei Fleisch noch bei Milch. Es ist verständlich, wenn Verbraucher angesichts täglich neuer Schreckensmeldungen zu »natürlichen« Lebensmitteln greifen, die sie für schadstofffrei und deshalb für »gesund« halten. Aber Obst und Gemüse können nicht weniger belastet sein als die Umwelt, in der sie reifen. Wollte man aber etwa alle chemischen Pflanzenbehandlungsmittel verbieten, so würde manches Obst und Gemüse für den Normalverdienenden unbezahlbar, es sei denn, es würde vom Ausland importiert – wie es dann um Hygiene und chemische Behandlung stünde, bliebe bestimmt recht zweifelhaft.

Wohlstand und Energieverbrauch gehen Hand in Hand. Jeder, aber wirklich auch jeder Wunsch, den wir uns erfüllen, verbraucht Energie. Die in ihrer Herstellung teuerste Energie, die wir verbrauchen, ist die elektrische Energie. Um sie herzustellen, wird uns erst einmal die Gewinnung von Wärmeenergie abgefordert, gleichgültig ob aus Kohle, Erdgas, Mineralöl oder Atomenergie. Die Wärmeenergie muß in die Energie des heißen Dampfes überführt werden. Sie treibt dann eine Dampfturbine, deren Energie in einem Dynamo in elektrische Energie – in Strom – umgeformt wird. Jeder dieser Schritte ist mit einem Energieverlust verbunden. Von der Ursprungsenergie verbleiben uns am Ende nur etwa 34

Prozent, und diese Leistung vermindert sich noch um den Teil, der in den Stromleitungen beim Stromtransport bis zum Verbraucher verlorengeht. »Für nichts gibt es nichts«, heißt es volkstümlich, und das ist richtig. Wer hier aufschreien möchte und fragt, ob sich die Energieausbeute nicht verbessern läßt, dem halten die Physiker den »zweiten Hauptsatz der Thermodynamik« entgegen, ein Naturgesetz, unangreifbar, das im Prinzip dasselbe besagt wie die alte Volksweisheit. Als Umwelterkenntnis bleibt zu vermerken, 66 Prozent Abfall bei der Energieerzeugung sind unvermeidbar!

Wenn wir nun den Wunsch haben, die natürliche Umwelt zu erhalten, so ist die Erfüllung auch dieses Wunsches wieder mit einem Energieverbrauch verbunden. Der Betrieb einer »Entstikkungsanlage«, einer Schwefelreinigung der Abgase eines Kraftwerkes, der Entstaubungsanlage eines Zementwerkes, eines Katalysators, was immer es auch sei, es kostet uns Energie. Die Folge: mehr Abgase, mehr Kohlendioxid und so weiter. Bereits die endlosen Diskussionen und Stellungnahmen, ob, wo, wie und in welchem Umfang solche Anlagen notwendig sind, kosten uns irgendwo auf der Welt einen kleinen Wald für das verbrauchte Papier. Nur wenn wir unsere Wünsche reduzieren, unsere Ansprüche verringern, uns bescheiden, nur dann können wir von Grund auf etwas für eine natürlichere Umwelt erreichen. Bescheidenheit und Sparsamkeit sind die Umwelttugenden, an denen es uns fehlt!

Lassen wir einmal alle frommen Wunschvorstellungen weg, etwa der Mensch sei ein besonderes, sei ein außerhalb des Naturgeschehens stehendes Wesen oder die Welt sei für ihn geschaffen, optimal und unveränderlich. Nehmen wir uns als das, was wir sind, ein Glied im naturbestimmten Entwicklungsablauf. Es liegt dann auf der Hand, daß die zunehmend rasche Vermehrung der Menschen irgendwo eine Grenze finden muß. Unsere Bevölkerungszunahme ist so etwas wie eine Kettenreaktion, und der Chemiereaktor Erde wird einmal seine »kritische Masse« Mensch erreichen. Das wird um so eher eintreten, je höher unsere Ansprüche an Wohlstand, Lebenssicherheit und Luxus sein werden.

Unverkennbar sind aber Dinge wie Wohlstand und Lebensqualität soziale Faktoren. Der Streit um die Erhaltung der gegenwärtigen Umwelt beziehungsweise ihre Ausnutzung ist also auch ein sozialpolitischer Streit. Sehen wir einmal etwas genauer hin, so wird das in vielen Umweltdiskussionen bereits sehr deutlich, denn oft geht es eindeutig um die Frage: Wer darf was, und wer darf dies oder jenes nicht? Und dabei wird exakt mit jener Terminologie und jener verbissenen Wut gestritten, mit der einst die »Arbeiterklasse« gegen die »Fabrikherren« kämpfte.

Steckt hinter den oft so unsachlich geführten Diskussionen um »Umweltskandale« nicht vielleicht ein guter Teil Neid auf jene, die sozial besser gestellt sind? Die Erfahrung zeigt, daß bei jeder »Umweltkatastrophe« (und bei Unfällen) zuerst einmal nach einem zahlungskräftigen »Schuldigen« Ausschau gehalten wird. Auch die Regierungen versuchen an der Umweltproblematik zu verdienen, man bedenke nur einmal, wieviel Mehrwertsteuer dem Staat bei der Einführung eines Abgaskatalysators zufließt. Milliardenbeträge kommen da in wenigen Jahren zusammen. Die Frage, wer am Umwelt-»Rummel« verdient, darf wohl gestellt werden.

Zweifellos verfolgt die große Menge der Umweltschützer durchaus uneigennützig das Ziel, »Mutter Natur« zu erhalten. Manchem aber fehlt der Sachverstand. Indessen, Sachverständige gäbe es genug um zu retten und zu helfen, doch offenbar finden sie nur selten Gehör. Verzagen sie, weil sie überschrien werden? Sie sollten nicht verzagen, denn sie haben auf ihrer Seite ja am Ende doch die stärksten Bataillone: Unumstößliche Naturgesetze, vor denen selbst die ausgeklügeltsten Produkte der Verordnungs- und Gesetzgebungshysterie werden kapitulieren müssen. Unser Wissen um die großen Stoffkreisläufe in der Natur und die Wege, auf denen die Natur mit den Schadstoffen fertig wird, sind erst bescheiden. Wir werden noch manches überraschende Forschungsresultat erleben und noch so manche heute gültige Ansicht berichtigen müssen. Doch genau darin liegt bekanntlich der Reiz der *wissenschaftlichen Forschung!* Geowissenschaftler, Chemiker, Klimatologen, Biologen und Toxikologen sind aufgerufen zu gemeinsamer Arbeit, denn das neue Thema »Umweltforschung« ist so vielschichtig wie kaum ein anderes Forschungsgebiet. Es muß und wird Lehrfach an allen Universitäten werden. Die studentische Jugend ist aufgefordert, hier voll »einzusteigen«, die »Umweltmedizin« beispielsweise dürfte schon bald ein gesuchtes Fach werden!

Es bleiben die politischen Aspekte. Umfassende Umweltsachkunde dürfen wir von keinem Politiker erwarten, dazu ist das Gebiet zu breit. Wichtig ist, daß sich jeder von uns der Tatsache bewußt bleibt, daß die Bundesrepublik nur ein kleines, schmales Land ist. Wirklich wesentliche Lösungen des Umweltproblems sind nur gemeinsam mit unseren Nachbarn möglich. Schon ein Wind, den die Meteorologen einen »leichten Zug« (Windstärke 1) nennen, treibt Luft und Abgase binnen drei Tagen quer über die Bundesrepublik. Bei einer »frischen Brise« zieht die Luft in weniger als einem halben Tag über die gleiche Strecke. Was haben da die Bundesbürger von »Luftreinhaltung«, wenn die Nachbarländer nicht mitmachen?

Was ist zu erwarten? Wir werden mit einer überperfektionierten Umweltgesetzgebung rechnen dürfen. Dabei wird, wie so oft, gegen die goldene Regel aller Gesetzgebung: »Erlasse nur Gesetze, die du im Notfall erzwingen kannst!« verstoßen werden. Sie nicht strikt zu beachten, wird also bald unter die »Kavaliersdelikte« fallen, und ihre Beachtung wird etwa der von Verkehrsvorschriften oder des Lebensmittelgesetzes entsprechen. Es steht uns noch viel Ärger ins Haus!

Reicht unser Wissen?

Nie vergessen sollten wir die Frage, ob und wie weit die Natur damit einverstanden sein wird, wenn wir diese oder jene uns zweckmäßig scheinende Umwelt-»Verbesserung« vornehmen. Es wäre immerhin denkbar, daß die Natur einen Gegenregulationsablauf besitzt, denn jeder menschliche Eingriff ist ja ein Eingriff in einen bestehenden Stoffzyklus! Kennen wir alle Stationen in seinem Ablauf? Wissen wir, wie er mit anderen Zyklen zusammenwirkt? Das chemische Umweltgeschehen ist mindestens ebenso kompliziert wie der Stoffwechsel eines lebenden Organismus.

Wie sehr unser Umweltwissen noch am Anfang steht, demonstriert uns die Natur gelegentlich sehr nachdrücklich. Ein Beispiel möge genügen, um Zweifel an unseren Kenntnissen zu wecken. Es geht dabei um die Ozonschicht (siehe S. 135). Da berichtet im Mai 1985 ein britischer Wissenschaftler über einen winzigen Moderpilz, der auf faulendem Holz, alter Wolle, aber auch auf Zeitungspapier wächst. Dieser Pilz hat eine Stoffwechselfähigkeit, die die Chemiker gerne beherrschen würden. Er kann aus Chlor-Ionen (Cl^-) und Methylgruppen ($-CH_3$) $ClCH_3$ machen, also einen Chlorkohlenwasserstoff. Da er diese Reaktion mit 90 Prozent Ausbeute ablaufen läßt, ist er für die Biotechnologie ein hoffnungsvoller Kandidat. Das Pilzlein heißt übrigens *Phellinus pomaceus*. Umweltchemisch gesehen schien alles zunächst belanglos, doch als man anfing zu rechnen, wieviel Chlormethan dieser Pilz weltweit wohl jährlich erzeugt, war jedermann baß erstaunt. Wie immer gerechnet wurde, es ergab sich der stolze Betrag von jährlich 5 000 000 Tonnen! 5 Millionen Tonnen Chlormethan – wo bleibt da unsere Ozonschutzschicht? Da haben wir uns um unsere menschliche Chlormethan-Produktion Sorgen gemacht, sie bejammert und verdammt, dabei beläuft sie sich nur auf 26 000 Tonnen. Das ist ein Nichts gegen die Produktion dieses Pilzes. Nichts? Nun gut, etwas schon, rund ein halbes Prozent.

Alles, was wir an Theorien und Hypothesen über die Halogenkohlenwasserstoffe und ihre Wirkung auf die Ozonschicht unserer Erdatmosphäre gedacht und spekuliert haben, bedarf nun – wieder einmal – neuer Erwägungen. Doch ärgern sollten wir uns darüber nicht, sondern der Natur für diese Lektion danken. Sie gibt Anregungen für die Forschung.

Es ist immer wieder faszinierend zu sehen, welche Überraschungen die Umweltforschung uns noch zu bieten vermag. Doch das Feld ist ja auch extrem breit. Stehen wir nicht vielleicht erst an einem Anfang? Da sind besonders die medizinisch-toxikologischen Probleme. Es ist ja nicht wahr, daß wir beispielsweise immer nur *einer* »Umweltchemikalie« ausgesetzt sind, sondern stets mehreren. Wann und in welchen Fällen, bei welchen Personenkreisen können sich die Wirkungen nicht nur addieren, sondern gegenseitig verstärken? Oder ist es auch möglich, daß sich die Wirkungen von zwei Umweltchemikalien gegenseitig aufheben? So wie sich Arzneimittelwirkungen aufheben können? Welche Körperorgane werden betroffen?

Wenn wir ehrlich und nüchtern die Situation zu klären versuchen, müssen wir sogar eingestehen, daß wir oft nicht einmal wissen, welcher Stoff uns oder unsere Umwelt denn nun eigentlich schädigt! Was da an Schadstoff zum Beispiel in der Luft oder dem Wasser vorhanden ist, das kann uns ein geschulter Chemiker vergleichsweise genau sagen. Aber was geschieht mit eben diesem Stoff im Organismus des Menschen, eines Tieres oder einer Pflanze? Ist er selbst vielleicht sogar nicht einmal giftig, sondern wirkt als Gift erst ein Stoff, der im Körper daraus entsteht? Hier werden wir noch jahrzehntelang Forschungsarbeit leisten müssen.

Und derlei Forschung wird aufwendig sein, besonders auch wenn es um mengenmäßige, quantitative Untersuchungen geht. Denken wir nur einmal an unsere tägliche Mikroumwelt, unseren Arbeitsplatz. Hier wollen wir sicher sein, daß die Einwirkung von Schadstoffen während einer vierzigstündigen Arbeitszeit gleich Null ist. Aber, wenn etwa Bodenbelag aufgeklebt wird, kann es zu hohen Konzentrationen an Lösungsmitteldämpfen in der Raumluft kommen, bei Anstricharbeiten ebenso. Schwere Schadensfälle, ja Todesfälle, sind, besonders bei Nichtbeachtung von Arbeitsvorschriften, bekanntgeworden. Auch Fleckenentferner, selbst die bei Schreibmaschinenarbeiten gern verwendete weiße Korrekturflüssigkeit, sie enthalten Lösungsmittel, deren Dämpfe giftig sind, und leicht werden die erlaubten Raumluftkonzentrationen überschritten. In Küchen oder Räumen mit Gasheizung, auch in Zimmern mit Kaminheizung, steigen die Anteile an Kohlenmonoxid und Kohlendioxid in der Luft gelegentlich weit über den amtlich »erlaubten« Wert! Da ist fast jeder von uns ein Umweltsünder, von den Rauchern wollen wir gar nicht reden.

Werfen wir noch einen Blick auf unsere Nahrungsmittel, die ganz »reinen«, unbehandelten, die in idealer Natur gewachsenen Lebensmittel. Wo liegt denn hier die Grenze zu den Giftpflanzen? Der Schwarze Pfeffer, die Petersilie, der Senf, Champignons, die Morcheln, Himbeeren, der Rhabarber, ja selbst unsere Kartoffeln und die so wohlschmeckende dunkle Brotkruste, sie alle enthalten Schadstoffe, teils sogar krebserregende. Überhitzte Fette, unser Kaffeegenuß, auf Holzkohlenfeuer gegrilltes Fleisch, alles bedenklich, wenn Sie so wollen. Wo sind die Grenzen? Daß 0,8 Promille beim Alkohol schon eine Vergiftungsgrenze sind, dürfte allgemein bekannt sein. Ein Lebensmittel-Null-Risiko könnte uns eigentlich nur eine klinische Ernährung mit synthetischer Nahrung bieten. Es bleibt als wichtigste Regel für unsere Ernährung: Nicht zu viel, nicht zu fett, nicht zu süß.

Bleibt das Lebensmittel Wasser. Nur selten sind wir uns dessen bewußt, daß uns hier die Natur einen ganz bösen Umweltstreich gespielt hat: Die Hauptmenge des irdischen Wassers, die Ozeane, hat sie versalzen. Vermutlich wird der Salzgehalt der Meere sogar noch wesentlich steigen.

Wohin wir auch sehen, uns umgibt eine Umwelt, von der wir zwar gerne glauben möchten, sie sei für den Menschen geschaffen, doch das ist ein Irrtum. Die Natur um uns bietet uns eher klägliche Existenzbedingungen, weitab von der Annahme, was »natürlich« ist, sei für uns auch »gut«. Wir erwehren uns in unserem Zeitalter der Chemie der naturgegebenen Mißstände mit chemischen Mitteln. Das ist eine Art Notwehr. Wissend, daß wir letztlich auch nur ein Naturfaktor in der Evolution sind, ist unser Handeln evolutionsgerecht. Wir gehorchen dabei Naturgesetzlichkeiten in einem chemischen Kampf ums Dasein.

Literaturverweise

Für dieses Buch sind viele hundert Veröffentlichungen verarbeitet worden. Sie alle einzeln aufzuführen würde den Umfang und damit auch den Preis des Buches unangemessen steigen lassen. Die Mehrzahl der benutzten Arbeiten stammt aus den folgenden Zeitschriften: »Nature« (England), »Science« (USA), »Naturwissenschaften« (Deutschland), »Naturwissenschaftliche Rundschau« (Deutschland), »New Scientist« (England), »Bulletin of Environmental Contamination and Toxicology« (USA).

Daneben wurden zahlreiche detaillierte Zeitschriften-Original-Veröffentlichungen aus vielen Ländern ausgewertet. Aktuelle Zeitungsinformationen stammen vielfach aus der »Neuen Zürcher Zeitung« und »Die Zeit«.

Folgende Bücher beziehungsweise mehrbändige Ausgaben dienten unter anderen als Nachschlagewerke: »Handbook of Geochemistry« (Berlin/Heidelberg/New York), »Handbook of Chemistry and Physics« (Cleveland), »Chemie der Pflanzenschutz- und Schädlingsbekämpfungsmittel« (Berlin/Heidelberg/New York), »Handbuch der Lebensmittelchemie« (Berlin/Heidelberg/New York), »Ullmanns Encyklopädie der technischen Chemie« (Weinheim), »The Handbook of Environmental Chemistry« (Berlin/Heidelberg/New York).

Hinzu kommen Werke aus den Geowissenschaften, der Biologie, der Toxikologie und der Naturwissenschaftsgeschichte. Seiner klassischen Bedeutung halber sei das Werk »Unfälle beim chemischen Arbeiten« von A. Ebert, Zürich 1948(!), besonders genannt.

Der aufmerksame Leser wird in dieser Übersicht ausgesprochene Umwelt-Bücher und Umwelt-Zeitschriften vermissen. Das ist verständlich, da sich diese häufig auf biologische oder chemische Augenblicksbefunde beschränken oder umweltpolitische Diskussionen in den Vordergrund stellen.

In diesem Buche aber werden die Grundfragen behandelt, vor allem: Wie ist die natürliche Umwelt chemisch beschaffen, was wird in sie eingebracht, und wie und in welcher Form verbleiben diese Substanzen im Lebensraum? Warum dieses Problem entscheidend ist, wird im Buch deutlich gemacht.

Viele Fachkollegen haben den Verfasser mit Auskünften unterstützt, ihnen gilt sein besonderer Dank. Auch der Teilnahme an mancherlei Tagungen und Konferenzen verdankt er wertvolle Hinweise.

Register